미래학교의 5가지 기반

학교 조직차원에서 바라본 미래학교 세우기

한홍진 지음

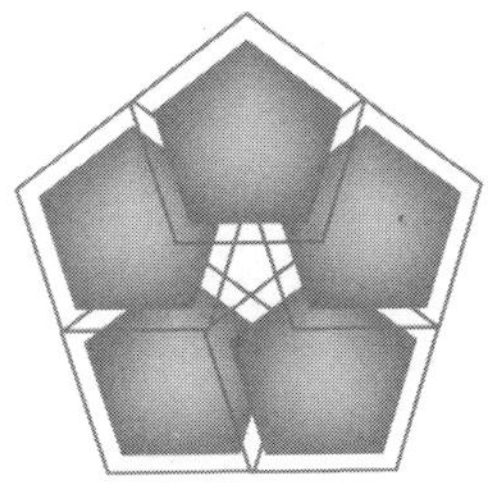

The Five Bases of Future Schools

서 문

유목민에게 오아시스의 샘물은 어떤 의미를 가질까? 지친 몸에 원기를 회복시켜줄 수 있고 새로운 목초지를 향해 나아갈 의욕을 불러일으킬 것이다. 지쳐있는 우리의 학교에게는 지금 오아시스의 샘물이 필요하다. 신뢰의 샘물로 마른 목을 축이고 생기를 잃어버린 몸을 씻어 내야 한다.

『사막을 건너는 여섯가지 방법』의 저자인 스티브 도나휴Steve Donahue는 사하라 사막에서 꼭 오아시스에 멈추어야 하는 이유로 세 가지를 들고 있다. 첫째는 쉬면서 기력을 회복해야 한다. 둘째, 여정을 되돌아보고 정정해야 할 것은 정정한다. 마지막으로 오아시스에서는 같은 여행길에 오른 다른 사람들을 만날 수 있다.

당장 앞에 닥친 일들을 그때그때 처리하면서 기진맥진한 상태가 되어 버린 학교가 활력을 회복하고, 앞을 내다보면서 제대로 나아가고 있는지 확인하면서 큰 그림을 그려 보는 과정은 더 많은 일을 하는 데 필요하다. 점점 척박해져 가는 교육 환경 속에 도사리고 있는 위험 요소와 또 다른 오아시스에 대한 정보를 얻을 수 있는 귀중한 기회 또한 학교의 생사를 갈라놓을 수 있다. 이 책이 사막

한가운데 있는 오아시스이기를 기대한다.

유목민에게 마음이 끌리는 것은 도나휴의 지적대로 그들이 겸허하기 때문이다. 겸허해지는 과정을 겪었기 때문에 더욱 인간적인 사람들이기도 하다. 그가 말하는 겸허해진다함은 그저 자기가 완벽하지 못하다는 것 그리고 영원한 존재가 아니라는 작은 진실을 받아들이는 것이다. 약점까지 포함하여 있는 그대로의 자신을 받아들이는 것이 바로 겸허함이며 이를 통해 더 높이 일어설 수 있다.

성공하기 위해서 학교는 겸허해져야 한다. 그리고 이러한 겸허함에 기초하여 더 인간적인 모습으로 다시 태어나야 한다. 무엇보다도 변화를 외면하는 완고함이 문제다. 아직도 폐쇄적이고 관료적인 학교 조직은 보다 개방적이 되어야 하며 자율적이고 전문성을 높이 사는 조직으로 변화되어야 한다. 학교가 맞닥뜨린 경쟁의 물결을 남의 일인 양 모른 척 지나쳐 버릴 수는 없다. 겸허히 경쟁자들의 존재를 인정하고 신뢰를 회복하기 위해 비지땀을 흘려야 한다.

근대 초기 학교가 국민교육제도의 한 단위로 등장한 이후 지식을 독점하는 시대가 계속되었다. 그러나 이제는 상황이 바뀌었다. 학교교육이 아니라도 언제 어디서나 학습이 가능해졌다. 그럼에도 학교는 여전히 구태의연한 교육모델에 집착하고 있는 모습을 보이고 있다. 이 시대의 대표적인 미래학자들 가운데 앨빈 토플러와 하이디 토플러Alvin Toffler & Heidi Toffler는 『부의 미래』에서 '학교 공장school-factory'이라는 표현을 사용하고 있다. 그들은 학교가 공장형 대량교육으로부터 벗어난 새로운 모델로 교체하는 노력이 필요함을 역설하고 있다. 선진국에서 현대적이라 여겼던 교육기관조차도 그동안 시행해 온 공교육과 마찬가지로 역기능적이고 시대에 뒤쳐져 있다. 게다가 소위 개혁이라고 불리는 것조차 공장형 대량교육만이 교육의 유일한 방법이라는 은밀한 가정을 내포하고 있다. 공장형태를 벗어난 새로운 모델로 교체하기보다 무의식적으로 '학교공장'을 더 효율적으로 굴러가게 하는 것에 집중해 온 것이 사실이다.

학교가 그 동안 누려왔던 교육제공자로서 절대적인 권위는 점점 약화될 것처럼 보인다. 교육수요자들이 당연히 학교를 선택할 것이라는 판단은 오만함의 극치임이 드러나고 있다. 교사만이 학생을 가르칠 수 있다는 편협한 사고도 만연해 있다. 교육수요자들로부터 신뢰를 듬뿍 받고 있는 짱짱한 교육프로그램들이 얼마든지 있는 판에서 학교는 들러리 신세로 전락하고 있다. 끊임없는 자기성찰이 필요했음에도 이를 게을리 해온 것이 사실이다. 피터 드러커Peter Drucker의 말대로 인간에게 교육이 필요하기 때문에 학교가 존재해야 한다는 근본적 존재의 당위성만 가지고는 일이 되지 않는다.

다양한 교육모델을 지닌 교육기관들과 학교 간의 경쟁이 본격화될 것이다. 새로운 교육기관들은 교육성과에 대한 새로운 해석을 바탕으로 효율성을 강조할 것이다. 개방적인 문화뿐만 아니라 교육환경의 변화에 대한 빠른 대응 능력을 지니고 있을 것이며, 탁월한 경영능력까지 가지고 있는 경쟁 상대도 있을 것이다.

이러한 경쟁의 파도는 학교 내부에도 밀어닥칠 것이다. 기존 교육과정에 도전장을 내미는 혁신적인 교육과정들이 선보일 것이다. 바로 학생들의 선택에 몸을 내맡기는 수요자 중심 교육과정이나 맞춤형 교육과정 등으로 불리는 것들이 늘어날 것이다.

물론 경쟁의 원리가 항상 최고의 성과를 보장하는 것은 아니며, 교육에 있어서는 더욱 그러할 것이다. 이는 무엇보다도 학교가 다양한 목적을 수행하기 때문이며 교육의 특성상 대가를 치르지 못하는 대상자도 수용해야 하는 학교의 존재이유 때문이다. 그럼에도 불구하고 교육과 시장의 원리를 결합시키려는 경쟁의 흐름은 변화나 개혁으로부터 무풍지대로 남아있을 수 있었던 학교를 흔들어 깨울 것이다.

고립은 곧 도태를 의미할 수밖에 없는 상황에서 학교에게는 개방적인 조직문화를 형성하는 일이 무엇보다 중요한 과업이 될 것이다. 개방적이지 못한 학교문화는 다른 사람들로부터 도움을 청하지 않으려고 하는 두려움을 가진 사람에 비유할 수 있다. 집 주변에 쌓아 놓은 벽은 그 안에 있는 사람들에게 안도감을 준다. 벽이 자신과 외부를 분리해 주기 때문이다. 그러나 그 벽은 성가신 차단장치가 되어 커뮤니케이션 비용을 늘려놓을 수 있다.

짧지 않은 역사에도 불구하고 학교가 경험을 살려 새로운 국면을 주도하지 못하는 이유는 홀로 서기에 익숙하지 않기 때문이다. 중요한 결정을 항상 남에게 의존해 온 학교는 지금처럼 변화가 극심한 상황 속에서 홀로 서기를 할 수 있는 힘을 갖추는 데 실패했다. 혼자가 되는 법을 모르는 조직은 변화되는 상황에서 불안감을 느끼게 되고 이러한 불안감은 변화에 저항하게 만든다. 미래를 준비하기 위해 꼭 해야 할 일로부터도 도망칠 수 있는 방법을 찾기에 급급하도록 만든다.

미래예측 경영컨설팅 회사인 브레인리저브의 대표인 페이스 팝콘Faith Popcorn은 사람들이 먼 미래를 기대하기 위해서는 자신이 미래를 통제할 수 있다고 느껴야 하는 것이라고 하지 않았는가? 불안감을 느끼는 것은 어쩌면 당연한 것일지도 모른다. 처음 가는 길이다. 그러하기에 더욱 겸손할 수 있다. 비록 지금은 그 위세가 한 풀 꺾였지만 그래도 한때는 보편적인 공교육을 쥐락펴락했던 존재가 아닌가? 그러나 과거의 영광이 미래로의 여정에 걸림돌이 되어서는 안 된다.

미국 공교육의 선도자였던 호레이스 만Horace Mann은 인류의 역사에서 창조된 모든 제도 가운데 가장 위대한 제도가 바로 공교육제도라고 예찬한 바가 있다. 이 제도로 인하여 옛날 같으면 학교교육과 같은 체계적인 교육을 받을 수 없었던 계층의 자녀들이 혜택을 입게 되었다. 공교육제도는 교육의 평등을 실현케 한 것으로서 오늘날 지구상의 모든 나라들이 이 제도를 채택하고 있지만, 안타깝게도 세계의 어디에서나 커다란 질병을 앓고 있다. 그러나 학교가 겸허히 현실을 인정하고 과거의 값진 경험을 바탕으로 변화에 혼신의 노력을 기울인다면 학교는 성공적으로 과거의 영광을 회복할 수 있다. 학교는 몸을 추스르고 부활을 위한 여정을 서둘러 시작해야 한다.

『천의 고원』을 저술한 질 들뢰즈Gilles Deleuze와 펠릭스 가타리Felix Guattari는 '이주민'과 '유목민'을 구별하고 있다. 이주민이란 어느 영토에 이주하여 그 영토를 이용하며 살지만 그 영토가 불모가 되면 버리고 떠나는 자들이다. 반면 유목민은 불모가 된 땅을 떠나지 않고 오히려 거기서 살아가는 법을 창안하는 자들이다. 우리의 학교는 실패를 이겨내고 새로운 길을 찾는 유목민이 되어야 한다.

이 책에서 말하는 미래 학교란 유목민다운 겸허함을 가지고 성공에 안주하거나 실패에 굴복하지 않으면서 새로이 길을 찾아내려는 열정으로 충만한 구성원들로 가득 차 있는 학교를 가리킨다. 겸허히 경쟁자들의 존재를 인정하고 신뢰를 회복하기 위해 혼신의 노력을 기울이는 학교를 의미한다. 이 학교는 변화를 지향하는 개방적인 조직문화를 가지고 있다. 또한 관료적이고 획일적이기 보다는 교사 개개인의 다양성과 전문성에 기초하여 조직을 운영해 나간다. 구성원과 조직은 각자의 역할을 인정하고 협력한다. 이러한 학교는 학생들의 욕구를 충족시키고 그들의 꿈을 이룰 수 있도록 도울 수 있는 학교가 될 것이다. 변화하는 환경에 적응하는 능력을 가진 학생들을 제대로 키워내는 학교가 될 것이다.

이 책은 이러한 학교가 직면하게 될 미래의 교육환경을 제시하고 있다. 이들 환경은 학교의 존립에 기반이 된다. 학교는 교육환경의 일부이기도 하지만, 이들 환경을 바탕으로 한다. 이들은 모두 융합되어 학교경영에 영향을 미칠 수 있는 것들로서 개방, 문화, 협력, 경쟁, 학습이다. 이들은 미래를 이야기할 때 사람들의 입에 자주 오르내리는 키워드이기도 하다. 이들은 또 미래를 향해 가고 있는 학교에게 보내는 신호와도 같다. 신호를 제대로 보지 못한다면 학교는 정해진 목적지에 도달할 수 없다.

이 책은 이들 5가지 기반을 심층적으로 파악하고 포괄적인 대응 전략을 제시하는 데 중점을 두었다. 학교경영 실제에 적용할 수 있는 보다 구체적인 해법은 다음을 기약한다.

2009년 4월 25일
鑑天軒에서
한 홍 진

Contents

■ 서 문 / 3

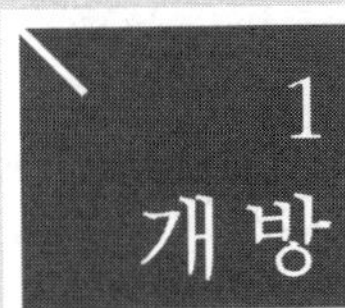

······························ 17

1장 네트워크 사회 ······························ 25
개방적 네트워크 / 28
아이디어 네트워크 / 30
비계층적 네트워크 조직 / 33

2장 인간중심 ······························ 40
사람의 시대 / 43
전자 공동체 / 46
책임감 / 48

3장 토론문화 ······························ 52
열린 사회 / 55
쌍방향 의사소통 / 59

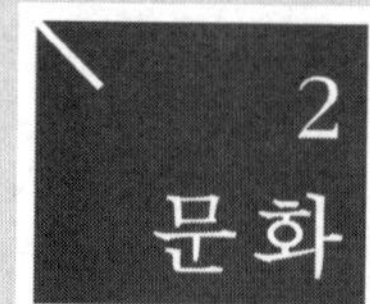

.... 63

4장 창조성 72
창조적 다수 / 76
과거에서 창조로 / 80

5장 창의적 긴장 84
실험정신 / 87

6장 문화 상대주의 91
수 용 / 94
제3의 길 / 99
비평정신 / 103

7장 문화 생산자 107
상상력 / 112
창조 경제 / 118

3 협 력

······························ 125

8장 개인과 조직 ······························ 132
공유 비전 / 137
제도와 자율 / 144
보 상 / 149

9장 통 합 ······························ 153
관대함 / 157
시스템적 사고 / 163

10장 공 유 ······························ 167
부가가치의 창출 / 170
기대 수준의 공유 / 174

11장 신 뢰 ······························ 180
비용의 절감 / 184
상호이해 / 187

4 경쟁

·· 191

12장 교육논리 대 시장논리 ··············· 200

13장 수요자 중심 ······························ 209
개인성 / 215
소비자의 저항 / 220
유연성 / 222

14장 선 택 ·· 227
차터스쿨 / 231
아카데미 / 234
바우쳐 제도 / 238
홈스쿨링 / 240

15장 분권화 ······································ 244
자율성 / 248
책무성 / 253

16장 평 가 ·· 258
동 의 / 262
비용의 감소 / 265
적응성 / 268

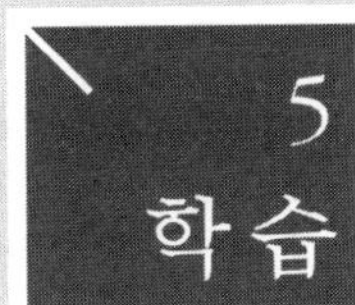

.... 273

17장 과정적 지식 282
이해력 / 285
선언적 지식 / 288
실용성 / 292

18장 학습능력 294
원격교육 / 296
정보활용능력 / 299
자기주도학습능력 / 304
협동학습능력 / 307

19장 전문성 312
전문성 지향 조직 / 316
변화 지향 / 325

20장 학습 공동체 334
학습 지향성 / 340
협조적인 학습 환경 / 342
촉진적 리더십 / 345

■ 참고문헌 / 351

1

개 방

The Five Bases of Future Schools

1장 네트워크 사회
2장 인간중심
3장 토론문화

끊임없이 능력을 키워라. 평평해지는 세계에서 좋은 일자리가 널려 있다. 단 지식과 아이디어를 갖춘 사람에게만 그렇다.

토머스 프리드먼이 『세계는 평평하다』에서

개인이나 조직은 일상적으로 정보를 축적하고 교환한다. 날로 발달하는 네트워크는 탁월한 저장 능력과 전송 능력을 지니게 되었다. 이로 인해 정보를 축적하고 이동시키기 위한 비용이 대폭 줄었다. 이러한 네트워크의 발달은 그 이용자들의 개방성과 합쳐져 세상을 열어젖히고 있다. 축적된 정보와 지식을 개방하고 함께 나누려고 하는 열린 사고는 훨씬 쉽게 목표에 도달하게 해주고 있다.

콜린 파월Colin Powell은 2001년 미국 국무장관에 취임했다. 당시에는 유엔 결의안 내용을 알고자 할 때 그는 지시를 내린 뒤 최소한 몇 분, 어떤 때는 몇 시간을 기다려야 했다. 그러나 지금은 구글google에서 '유엔 안보리 결의안 242'라고 치기만 하면 된다. 또 보좌관에게 정보를 찾아오라고 지시하는 경우도 드물다. 이미 정보를 가지고 있기 때문이다. AOL의 이사를 역임한 바 있는 파월은 다른 나라 외무장관과 의견을 나눌 때 정기적으로 이메일을 활용한다.[1)]

명령하고 지시받는 기존의 조직 구조가 동등한 입장에서 서로 돕는 개방적 구조로 바뀌고 있음을 보여주는 좋은 사례다. 네트워크의 발달로 인해 조직 내 위계질서가 동반자적 관계로 바뀌고 있다. 조직 내 고급 정보를 독점하고 있다는 이유로 권력을 행사할 수 있다는 생각은 이제 환상에 불과하다. 정보의 공유화로 과거에 상급자만이 알고 있던 정보가 이제는 하급자에게도 개방되어 있다. 이에 따라 상급자가 창출할 수 있는 부가가치는 상대적으로 줄어들 수밖에 없다.

한편 토마스 프리드먼Thomas Friedman은 세계가 평평해졌다는 것이 위계질서가 무너지면서 보통 사람들도 큰일을 할 수 있게 되었다는 것만을 의미하지는 않는다고 말한다. 그것은 높은 지위에 있는 사람들도 이제는 정말 보통 사람들처럼 움직일 수 있게 되었다는 것으로 이는 스스로 보다 많은 일을 할 수 있게 되었다는 것을 의미하는 것이다.2)

이른바 네트워크 시대에는 공유하는 분위기와 상호교류를 가능하게 해주는 소프트웨어가 모든 조직의 성패를 결정할 수 있다. 얼마 전부터 오픈소스open source 운동이 엄청난 인기를 끌고 있다. 이는 네트워크 사용에 따른 비용과 컴퓨터 작업 비용을 줄여 준다. 지적 재산권을 지키는 대신 전 세계에 걸쳐 수백만 명이 필요한 소프트웨어들을 무료로 쓸 수 있도록 했기 때문이다. 구글은 인터넷 지도 서비스 '구글맵스'와 위성사진 서비스 '구글어스'를 무료로 제공하고 있다. 원하는 사람은 무료로 지도와 위성사진을 검색할 수 있다. 다른 기업도 수익사업에 이를 활용할 수 있도록 했다. 이는 구글맵스와 구글어스를 순식간에 세계적인 정보 서비스로 성장시켰으며, 이를 광고와 연동시켜서 매출을 증대시켰다. '영업비밀'을 공개하는 기업이 망하기는커녕 오히려 더 많이 돈을 벌어들이고 있다. 바로 정보는 나만 갖고 있기보다 나눌수록 가치가 있다는 개방성이 가져 온 이득이다.

개방된 네트워크를 지닌 학교는 교사들 사이에 상호교류를 위한 공용어를 가지고 있어야 한다. 또 구성원 모두에게 공개된 데이터베이스도 필요하다. 외부 환경에 대한 결정적인 자료를 얻고 이를 즉시적으로 공유할 수 있도록 해주는 시스템을 구비하고 있어야 한다. 이러한 시스템은 학교의 당면한 문제를 효과적으로 해결할 수 있도록 해 준다.

이와 함께 교사들이 가진 개방성도 중요하다. 고범서 전 숭실대 총장은 미래 사회에서는 효율적으로 문제를 해결하려면 여러 분야의 전문가들을 종합적으로 동원할 필요가 있음을 강조했다. 이때 동원된 전문가들의 팀워크가 능률적으로 되고 안 되고는 개방성에 달려 있다고 역설했다. 자기의 부족한 면을 다른 교사들의 지식과 경험에 의해서 보완하고 시정하려는 개방성이 요구된다. 개방성 없이는 자기의 협소한 전문적 세계 속에서 고독하고 메마른 회색의 삶을 살 수밖에 없을 것이다.[3] 모든 교사가 함께 이해하고 힘을 모아 일하지 않고는 주어진 과제를 제대로 해결할 수 없다.

개방을 지향하는 조직은 다양하면서도 상충되는 견해들을 창출하고 동시에 수용할 수 있어야 한다. 왜냐하면 이러한 조직 분위기는 하루가 다르게 변하는 상황 속에서 새로이 발생하는 도전들에 효과적으로 대처해 갈 수 있게 해주기 때문이다. 바로 경쟁력을 갖추도록 해준다.

『헝그리 정신』의 저자 찰스 핸디Charles Handy의 지적대로 진정한 열린 사회가 되려면 다양한 믿음이 공존하고 보호받는 사회가 되어야 하며, 자신의 생각을 자유롭게 토론할 수 있어야 한다. 열린 사회는 닫힌 사회보다 활기차고 원활하며 보다 고무적이다.[4]

개방된 미래 학교 조직에게 교사마다 가지고 있는 주관적인 해석과 의견은 귀중한 자산들 가운데 하나임에 틀림없다. 그러나 이들이 제대로 선용되려면 비평정신을 격려하는 조직 분위기는 필수적이다. 1998년 동아신춘문예 음악평론 가작수상자였던 김현수의 말을 빌리면 다음과 같다. "나는 '눈에 보이는 것', '주어진 것', '이미 있는 것'을 '의심'하고 '거부'하고 '비판'하게 하는 비평을 흠모한다. 비평은 나의 삶을, 우리의 삶을 능동적이고 주체적으로 만드는 동력이라 생각하기 때문이다."[5] 변화의 엔진이 되어 자신이 속한 공동체의 지속적인 발전에 밑거름이 되는 것에서 자신의 존재 의미를 찾고자 하는 열정이 엿보이는 대목이다.

비평이 자유로운 개방된 조직 분위기가 형성될 때 각 개인은 끊임없이 자신의 장단점을 분석하고 보완해 갈 수 있다. 조직은 이를 경쟁력의 기반으로 만들어 갈 수 있다. 점점 더 치열해지는 경쟁 속에서 상대적으로 경쟁력을 갖춘 학교 조직이 되기 위해 비평정신의 고양은 필수적이다. 시스템 전체의 흐름을 지체시키는 개인이나 조직이 아니고 원활히 합류하는 개체가 되려면, 끊임없이 자신을 수렴, 보완해 가야한다. 이를 위해 비평정신은 그 훌륭한 수단이 될 수 있다.

학교가 미래를 이끌어갈 인재를 준비하는 장site이라면, 학교는 외

딴 섬처럼 고립되어 있어서는 곤란하다. 제러미 리프킨Jeremy Rifkin은 그의 저서 『소유의 종말』에서 컴퓨터가 매개하는 상업적, 사회적 네트워크의 비중이 점점 커지는 세계에서 접속의 권리가 갈수록 중요해진다고 말했다. 그는 과거와는 달리 관계를 맺고 공조를 구축하며 관심을 공유하는 네트워크에 동참할 수 있는 기회가 얼마나 있느냐에 따라 자유의 많고 적음이 판가름 나는 시대라고 했다. 네트워크의 세계에서 자치를 고수한다는 것은 단절과 고립을 더 나아가 도태됨을 의미한다.6)

학교는 어느 단체나 기관보다도 더 외부의 변화에 민감해야 한다. 변화로부터 차단되어 있어서는 미래를 제대로 준비할 수 없다. 학교가 보다 효과적으로 변화 상황을 파악하고 그에 대비하기 위해 조직 구성원이 자발적으로 노력하도록 유도하는 데 있어 개방적인 조직 분위기는 절대적으로 필요하다.

둘러쳐져 있는 벽 안을 피난처로 여기던 사람들에게는 벽을 허무는 일은 발가벗은 느낌을 갖도록 하기에 충분하다. 고려대 교수인 권대봉과 신현석은 학교는 이제 학교의 담 속에만 존재하는 공간이 아니라고 역설하고 있다. 심리적으로는 지역사회의 거의 모든 사람들이 관심을 갖고 있는 개방된 공간이며, 물리적으로도 학교시설은 더 이상 폐쇄적이고 비공개적인 장소가 아니다.7)

학교에 개방적인 분위기가 필요한 것은 무엇보다도 개방된 환경에 익숙한 사회 구성원을 키우기 위함이다. 폐쇄적이고 국수주의적인 자세나 권위적인 방식으로는 올바로 교육시키기 어려울 것이다. 합리적으로 생각하고 행동하도록 가르치는 일이 개방의 이점을 확신하는 교사의 역할일 것이다. 자유로운 토론에 기초한 개방된 학교 조직은 이러한 교사들이 존재하기 위한 전제조건일 것이다.

개방은 곧 무한경쟁을 의미할 수 있다. 이제 학교에도 경쟁의 원리를 도입해야 한다. 경쟁은 시장원리의 근간으로서 '최상의 선택'이 가능하도록 하기 때문이다. 문제는 '인간성의 고양'을 목표로 하는 교육과 '경제성'을 기초로 하는 경쟁을 어떻게 접속시키느냐에 달려있다. 이 과제를 푸는 실마리도 개방지향적인 조직을 만들어 가는 데서 찾을 수 있다. 학교를 누구나 마음대로 드나들 수 있는 공원들을 만들어 가야 한다. 시간과 공간에 구애받지 않고 누군가를 만나 이야기를 나누고 함께 고민도 하면서 변화의 모습들도 즐길 수 있는 지식창조의 장을 만드는 데 앞장서야 한다. 인간성과 다양성이 흐드러지게 개화할 수 있는 네트워크 공원들은 우리를 보다 가치 있는 미래로 안내할 것이다.

1장

네트워크 사회

네트워크들이 실시간으로 연결되어 있다. 그 속에서 연결된 사람들 사이의 커뮤니케이션과 상호작용이 시간과 공간의 제약 없이 가능하게 하고 있다. 특히 무선 인터넷의 발달로 인해 '눈에 보이는 선wire에 따른 연계'를 넘어설 수 있다. 이제는 '눈에 보이지 않는 무제한의 연계'가 가능해졌다. 이러한 연계성은 사회의 모든 단위들을 어떤 장소에서든지 그리고 어느 시간에서든지 서로 상호작용할 수 있도록 해 주었다.[8)]

네트워크 사회에서는 네트워크의 규모가 확장되어 각종 네트워크를 타고 정보의 통합과 상호작용이 양방향, 다방향으로 일어나게 된다. 일례로 중국의 콜센터에서는 한국 SAMSUNG 고객들의 전화를 받는다. 인도 의사들이 미국 환자들의 흉부 X-Ray 촬영 결과를 판독한다. 미국 학생들은 일본 학생들의 영어 온라인 과외를

맡는다. 지리적 환경이나 거리에 관계없이 언어와 국가의 장벽을 넘어 실시간으로 지식과 작업의 공유가 가능한 웹에 기반한 지구적 규모의 활동공간이 창조되고 있는 것이다.

물론 이러한 네트워크 시대를 살아가는 데 따르는 부담도 있다. 항상 네트워크에 접속된 상태를 유지해야 하는 부담을 안고 살아가고 있다. 언제 어디서나 커뮤니케이션이 가능한 온라인on-line 상태에 있어야 한다. 전 세계 휴대폰 가입자가 2004년 1억7,500만 명에서 2007년 말에는 20억 명으로 폭발적으로 증가했다. 김성도 고려대 언어학과 교수는 최근 출간한 『호모 모빌리쿠스』에서 '휴대전화 거는 인간'이란 뜻의 라틴어 신조어까지 만들었다. 길게 풀어쓰면 '호모 모빌리스 텔레포니쿠스Homo Mobilis Telefonicus'다. 그는 인터넷과 TV, 휴대전화 같은 도구를 통해 외부와 소통에 실패하면 손해 볼 수밖에 없는 구조가 휴대전화 가입률의 기하급수적 상승세를 불러왔다고 평가하고 있다.[9)]

네티즌netizen들이 함께 가꾸는 정원도 등장했다. 버클리Berkely대학의 켄 골드버그Ken Goldberg 교수의 '텔레가든(1995)'은 유저user들의 도움으로 가꿔나가는 원격 정원이다. 베란다의 화분들처럼 저 조그만 정원의 식물들은 보살핌이 있어야 한다. 인터넷에 접속한 유저들은 캠 카메라로 정원을 지켜보며 식물들을 함께 보살피게 된다. 작품에는 로봇 팔이 달려 있다. 유저들은 자신의 PC로 이 팔을 원격 조정하여 살아있는 식물에 빛을 쬐고 물을 주게 된다. 새로 씨를 뿌리는 것도 가능하다. 1995년에 시작된 이 프로젝트는 놀랍게도 2004년까지 계속됐다고 한다. 정원의 식물들이 거의 10년 간

네티즌들의 도움으로 생명을 유지할 수 있었던 것이다.[10)]

21세기는 인터넷 등 다양한 정보통신 수단을 이용해 상품이나 서비스를 교환하는 것이 보편화될 것이다. 교육, 취업, 상거래 등에서도 그 활용 범위는 점점 더 넓어 질 것이다. 날로 진화되고 질이 높아지는 전자 네트워크에 의존해서 정보 · 지식을 모으고 이를 활용하게 될 것이며 새로운 것을 창조해 낼 수 있을 것이다.

이러한 시대를 살아가기 위해서는 다른 사람과 어울리고 협력할 수 있는 조화능력이 매우 중요한 능력이 될 것이다. 보안업계의 대표적인 회사인 안철수연구소의 안철수 대표는 자신의 회사가 지향하는 인재의 특성을 'A자형 인재'로 부르고 있다. A자형 인재란 '사람 인'자 '人'에 그 사이를 잇는 선을 추가하여 삼각 균형을 이루도록 한 것이 영어의 'A'자다. 앞으로 오는 사회에서는 타인과의 원활한 네트워킹이 가능한 능력과 태도를 겸비하지 않으면 안 된다는 것이다. 여기서 안철수가 말하는 네트워킹 능력은 단지 사교기술만을 말하는 것은 아니다. 새로운 기술을 개발하거나 회사를 경영하는 데는 동료나 직원, 또는 사회의 여러 관련자들로부터 전문 지식만이 아니라 다양하고 창의적인 아이디어를 제공받고 헌신적인 협력을 얻어야 한다. 이를 위해서는 다른 사람들과 잘 어울리고 지지를 받을 수 있는 인성을 갖추어야 함은 물론 팀워크 작업을 잘 해 낼 수 있는 품성과 태도를 갖추어야 한다.[11)]

개방적 네트워크

과거 어떤 사회도 사회적 네트워크가 없었던 사회는 없었다. 그러나 물리적, 기술적 발달 수준으로 볼 때 지금처럼 전 지구적 차원에서 다양한 네트워크로 밀접하게 연결된 사회는 없었다. 반 다이크Van Dijk는 그의 저서 『네트워크 사회』에서 21세기를 네트워크 사회라고 칭하면서 네트워크가 미래 사회의 신경체제가 될 것이라고 말했다. 이러한 하부구조가 과거 상품과 사람을 운반하기 위한 도로의 건설보다 더 큰 영향을 우리 사회 전체와 개인의 삶에 미칠 것으로 예상할 수 있다고 했다.[12)]

문제는 이러한 구조를 어떻게 활용하느냐에 달려있다. 주변에서 흔히 볼 수 있는 폐쇄적인 네트워크는 학연, 지연, 혈연 등과 같은 동질성을 강조한다. 이들 네트워크는 매우 배타적이며 때때로 이기적인 성향도 가지고 있다. 이러한 네트워크가 폐쇄사회를 만들어 갈 수도 있다. 『전자정보공간론』의 저자 윤영민은 폐쇄성이 두드러지는 사회적 네트워크에 의해 한 사회가 지배될 경우 컴퓨터 네트워크가 제 구실을 다 할 수 없다고 했다. 폐쇄적인 네트워크가 컴퓨터 네트워크상의 정보의 흐름을 차단해 버리기 때문이다.[13)]

반면에 모든 네트워크가 서로 연결되는 개방적 네트워크의 경우 정보의 흐름이 원활히 일어날 수 있다. 특정 조직 내에 만들어져 있는 네트워크의 구조는 조직의 경쟁력을 좌우할 수 있다. 맥킨지 & 컴퍼니 선임 고문인 에릭 바인하커Eric Beinhocker는 그의 저서 『부의 기원』에서 사회적 네트워크 구조가 개인이나 조직 차원에서 매우 중요하다고 강조했다. 예를 들어, 어떤 조직이 엄격한 경력 단계에 따라 승진하거나 커다란 창고와 같은 형태의 부서들을 가지고 있을 수 있다. 이런 조직체의 경우에 그 사회적 네트워크는 임의성이 충분하지 않을 것이며 지나치게 구조화되어 버릴 것이다. 그렇게 되면 정보가 주변으로 퍼져나가기 위해서는 여러 단계를 거쳐야 한다. 이로 인해서 부족한 소통, 느린 의사결정이 초래된다는 얘기다.

이와는 대조적으로 어떤 조직들은 의도적으로 사람들을 여러 기능과 업무를 거치도록 한다. 이를 통해 조직 내에 보다 다양한 연결성을 갖도록 사회적 네트워크를 만든다. 물론 사람들이 너무 자주 바뀌면 그 사회적 네트워크가 엉망이 될 수도 있다. 그러나 적당히 하면 조직의 기능을 획기적으로 향상시킬 수 있다. 제너럴 일렉트릭GE은 사람들을 조직의 경계에 관계없이 이동시킨다. 그리고 서로 다른 지역 출신 사람들에게 지속적인 사회적 네트워크를 형성할 수 있는 기회를 주는 프로그램으로 유명하다.[14)]

조직이 가진 네트워크의 개방 수준은 조직의 미래와 관련하여 중요한 관건이 될 수 있다. 학교 조직과 관련하여서도 예외가 될 수 없다. 국민대 사회학과 김환석 교수는 기술적 측면에서는 빠른 정보화에도 불구하고 학교 간 및 학교-지역 사회 간의 인적 · 조직적 네트워크와 협력체제 구축은 미비한 실정임을 지적했다.[15)] 학교의 교육 정보화의 수준에 버금가는 개방된 네트워크를 구축해 가야 하는 과제가 놓여 있다.

장차 학교는 개방된 의사소통open communication을 통해 의사결정과

정의 유연성을 키우는 조직이 되어야 한다. 교사와 관리자 사이에 있는 전통적인 라인구조나 틀을 최소화 시켜야 한다. 대신 유연성 있는 정보전달 네트워크가 그 자리를 대체하게 된다. 구성원 각자가 가진 의견을 자유스럽게 제시할 수 있는 조직 분위기가 조성될 것이다. 교사들 간의 의견이 신속히 교환될 수 있는 장치가 마련될 것이다.

이러한 과정을 통해 학교 조직의 장점인 수평적 분업에 따른 이득을 최대한 향유해야 한다. 그러나 열린 네트워크에서 조직의 가치를 증대시키기 위해서는 개인이나 부서별 손익보다 조직 차원의 손익이 우선시 되는 문화와 만나야 한다. 관리자는 부서 간 협조가 필요한 업무를 수행함에 있어 협조의 방향이 학교 차원에서 가장 이득이 되는 쪽을 지향하도록 해야 한다. 각 부서 나름대로의 손익 계산에 휘둘려 협조를 기피하거나 업무가 넘어오지 못하도록 선을 그어버리는 이기적인 행위는 방치되어서는 곤란하다. 또한 각 부서가 이웃 부서의 업무에 관심이 없는 배타적인 분위기를 개선해서 부서 간의 업무처리에 도움을 주도록 할 필요가 있다. 수평적 분업의 형태가 갖는 한계를 극복해서 조직 전체의 가치가 증대될 수 있도록 해야 한다.

아이디어 네트워크

네트워크는 더욱 쉽게 목표에 도달할 수 있도록 도와준다. 거래

비용을 줄여 주는 것이다. 컴퓨터 네트워크를 이용해 다양한 분야를 접할 수 있는 지식에 대한 검색의 수월성은 결국 독창적인 지식이 창출될 가능성을 높여 놓았다. 샌프란시스코 소재 컨설팅회사 날리지패션의 책임과학자인 리처드 오글Richard Ogle은 『스마트 월드』에서 미래는 네트워크의 창조적 활용이 발전의 핵심이 되는 시대가 될 것이라고 말했다. 그는 이 세상을 발전시켜온 모든 창조성과 창조물이 그저 천재적인 한 개인의 자질에서만 비롯된 것은 아니라고 분석했다. 창조적 도약을 이룬 천재나 거장들은 공통적으로 다양한 지식으로 구성된 아이디어 네트워크를 갖고 있었다는 것이다.[16)]

그가 사례로 들고 있는 '아비뇽의 아가씨들'은 어느 날 갑자기 피카소Picasso의 머릿속에서 완성된 후 튀어나온 것이 아니다. 그가 1906년 트로카데로 박물관에서 접한 아프리카 전시물들로부터 받은 영향 때문에 창조될 수 있었던 것이다. 바비인형도 종이인형을 통해 성인 여성의 모습에 자신을 투영하려던 아이들의 은밀한 욕구를 이해함으로써 탄생했다. 프랭크 게리Frank Gehry의 혁신적인 창조물인 구겐하임 미술관은 건축에 미술과 과학이 접목됨으로써 건축계 자체를 변화시켰다. 다시 말해서 이미 형성돼 있던 아이디어들이 하나의 노드node가 되어 서로 링크link됨으로써 시너지 효과를 일으키고, 이것이 극적인 도약을 가능케 했다는 것이다. 창조적 도약은 천재나 거장 혼자만의 사유물이 아니다. 그들을 둘러싼 다양한 분야, 지식, 기술, 패러다임, 사유방식 등으로 구성된 사고의 공간에서 유추와 통합이 이뤄진 결과인 것이다.

네트워크는 멀리 떨어진 다양하고 분산된 행동자들로 하여금 그 어느 때보다도 풍부하고 더 나은 정보를 가지고 상호 간에 통신, 협의, 조정, 협력할 수 있도록 하고 있다.[17)]

그러나 매일경제 문화부 차장인 허연은 인터넷을 통해 무료로 지식을 얻을 수 있게 된 것이 '축복'일 수도 있지만 동시에 '재앙'이 될 수도 있음을 지적했다. "기술 천국 시대는 유토피아가 아닌 디스토피아dystopia가 될 가능성이 더 높다."는 리프킨의 경고와 함께.[18)] 인터넷이 일반화되기 전에는 거의 모든 지식은 대가를 치러야 했다. 인터넷은 이 모든 지식과 정보를 무료로 얻을 수 있도록 만들었다. 지식이 무료로 유통되면서 지식을 생산해내는 사람들은 하층민으로 전락하게 될 지도 모른다. 지식을 가진 전문가들이 자기만의 지식을 사회에 내어주는 조건으로 얻는 저작권이 거의 의미가 없기 때문이다. "이런 식으로 지식이 무료화된다면 어느 누가 새로운 지식을 생산하려고 할 것인가?"라고 허연 차장은 반문하고 있다.

네트워크 시대가 가진 또 다른 문제점 가운데에는 정보의 옳고 그름을 평가할 수 있는, 또한 진실과 악의를 구분할 수 있는 지혜나 안목이 없을 때 예상되는 오류도 있다. 또한 사적인 영역이나 특정 집단에게만 의미를 갖는 정보가 공적인 영역에 나타나 혼란을 초래하기도 한다. 그럼에도 불구하고 네트워크 시대는 거부할 수 없는 강력한 트렌드다.

가까운 장래에 학생들은 정보의 바다를 마음껏 헤엄쳐 다니며 다른 학생의 생각을 공유하고 최고의 전문가가 제공하는 지식을 자기의 것으로 만들 수 있다. 시간과 공간을 초월하여 스스로 교육을 할 수 있게 될 것이다. 이러한 상황에서 학교는 학생들의 등대가 되어야 한다. 네트워크라는 도구를 제대로 활용할 수 있도록 유도해 주는 교사가 있을 때, 학생들은 교육다운 교육을 받을 수 있을 것이다. 특히 기술의 노예가 되지 않고 인간에 대한 신뢰를 잃어버리지 않으면서도 편리한 기술을 자유로이 이용할 수 있도록 지도하는 역할을 맡아주어야 한다.

새로운 세대는 어려서부터 네트워크 미디어를 다루어 왔기 때문에 이들을 수용하고 활용하는 능력이 교사들보다 뛰어날 수 있다. 또한 관심분야와 관련된 정보의 질과 양에 있어서도 학생들이 교사들보다 더 많은 정보를 가지고 있을 수 있다. 네트워크 미디어는 단순한 도구일 뿐이다. 이를 활용하는 학생들이 자신의 생각과 소신을 가지고 있을 때 이들 도구들을 제대로 사용할 수 있게 된다. 경우에 따라서는 무가치하고 심지어 해가 될 수 있는 쓰레기 같은 정보들 속에서 헤매다가 시간과 노력을 탕진할 가능성도 많기 때문이다. 학생들이 전자정보통신 혁명의 피해자가 아니라 수혜자로 남을 수 있도록 지도할 수 있는 역량을 갖추어야 할 것이다. 다시 말하여 전자문명이기의 활용과 인간성의 존중 사이에서 균형감을 잃어버리지 않게 지도해 갈 수 있는 교사들이 모인 학교가 되어야 한다.

비계층적 네트워크 조직

비계층적 네트워크 조직은 다양한 특성을 가지고 있는 미래의 조직체계다. 문명이론가인 프란시스 후쿠야마Francis Fukuyama에 따르면, 하이테크 사회로 발전할 수록 이 같은 네트워크 조직에 대한 관심이 높아질 수밖에 없다. 그가 요약한대로 비계층적 네트워크 조직이란 "조직 구성원 모두가 동료 관계이며, 중앙에서 관리하는 명령체제가 없이 각 구성원들이 모두 독립적으로 의사결정을 할 수 있는 수평적 조직"을 말한다.[19)]

많은 조직들이 비계층적 네트워크 조직을 목표로 혁신을 추진하고 있다. 그러나 위계적이고 중앙집권적이었던 조직이 수평적이며 병렬적인 업무처리 구조로 이행하는 데는 많은 시간과 투자가 요구되고 있는 듯하다.

비계층적 네트워크 조직의 활성화를 위해 무엇보다 중요한 것은 정보공유 시스템을 구비하는 일이 필요하다. 과거에는 정보가 상위계층에 의해 독점되었다. 그것은 관료주의 시스템을 통제하는 무기였다. 그러나 미래가 요구하는 것은 그러한 순차적인 방식 또는 계층적인 정보공유 방식이 아니다. 미래는 조직의 정보를 필요로 하는 모든 이들이 공유할 수 있는 동시적 방식을 필요로 한다. 여기서 동시적이란 즉각적인 접근가능성을 뜻한다. 왜냐하면 미래는 고객의 욕구를 누가 먼저 파악하고 대응하느냐에 따라 승패가 갈리는 고객화된 경제이기 때문이다.

해리 덴트Harry Dent는 그의 저서 『직업혁명』에서 고객들과 접촉하는 사람들이 조직의 전략적, 재정적, 고객적 정보들을 즉시 볼 수 있어야 하며, 고객과 접촉하는 각 조직원들은 그 들 각자가 얻은 정보의 즉각적인 공유를 통해서만 보다 효율적이고 경쟁력 있는

조직을 만들어 갈 수 있다고 강조했다.[20)]

교사들이 학교의 고객이라고 할 수 있는 학생들과 학부모들을 접하면서 얻은 '고객'관련 정보들이 관리자에게 효율적으로 전달되어야 한다. 관리자는 이러한 정보들을 토대로 하여 미래의 전략적 초점을 확정지을 수 있다. 또한 이렇게 결정된 전략적 초점이 교사들에게 전달되어야 교육목표 달성을 위해 힘을 모을 수 있다. 동시적 정보공유가 제대로 이루어지지 않을 때 효율적인 조직은 물 건너간 것이다. 전방위에서 얻어진 정보들이 후방위의 지원 부서나 관리자에게 신속히 전달될 수 있어야 한다. 후방에서 습득한 정보 역시 동시적으로 전방의 교사들에게 전달될 수 있어야 한다. 이때 비로소 학교는 효율적인 조직이 될 수 있다. 학습자의 다양한 욕구를 수용하고 그 욕구충족 과정을 통해 고객만족도를 높이는 효율적인 정보공유 시스템은 네트워크 조직 활성화를 위한 필수요소가 되어야 한다.

비계층 네트워크 조직의 활성화를 위해서는 창의성을 키워나갈 수 있는 메커니즘도 필요하다. 창의성 계발을 위해서는 우선 관리자에게 보다 많은 시간이 부여될 수 있는 시스템이 필요하다. 논리를 개발하고 비전을 설계하는 것이 관리자의 가장 중요한 역할이다. 그들이 언제 이 일을 할 수 있을 것인가?

그 방법가운데 하나는 의사결정과정을 적극적으로 하부로 이양하는 것이다. 이렇게 되면, 관리자들은 의사결정에 투입되었던 시간을 다른 쪽으로 활용할 수 있게 된다. 즉, 네트워크 조직을 설계하고 그 네트워크를 통해 사람들을 고양시킴으로써 높은 수준의 전략적 초점을 볼 수 있도록 유도할 수 있게 된다. 이러한 시스템으로 교사들의 동기유발도 동시에 가능하게 된다. 교사들이 각자의 업무와 관련하여 더 많은 의사결정을 내리고 늘어나는 다양성과 복잡성에 대처하는 기술을 터득하여 미래를 준비할 수 있도록 만들어 주는 것이다.

미래를 준비하는 조직에게 필요한 것은 계층적이고 순차적인 양식에 따라 위에서 아래로 흐르는 위계적 방식이 아니다. 바로 병렬처리 방식으로 움직이는 거대한 신경조직의 네트워크다. 조직 내의 누구라도 의사결정을 내리고 다른 단위들과 거래나 제휴관계를 맺을 수 있어야 한다. 창의적인 의견을 제시하고 변화를 추구할 수 있는 분위기가 준비되어 있을 때, 조직은 엄청난 수준의 탄력성을 유지할 수 있게 된다.

반복되는 일상적인 업무에 안주하려는 유혹으로 인해 창의성을 계발하고자 하는 구성원이 줄어들 때, 네트워크 조직은 성립되기 어렵다. 특히, 계층적인 조직 구조 속에서 편안함을 느끼며 책임의식을 내던져 버린 구성원들이 늘어난다면, 창의성 계발은 설 곳을 잃어버리게 되고 네트워크 조직은 하나의 환상으로 남아 있게 될 것이다.

반복되는 업무들을 PC 속으로 집어넣고 교사들이 더 많은 시간을 창의적인 정신을 키우고 활용하는 일에 사용할 수 있는 메커니즘도 하나의 수단이 될 수 있다. 여기서 한 가지 꼭 짚고 넘어가야 할 것은 그 지향하는 가치는 바로 '고객중심'이어야 한다는 것이다. 관리자나 평교사의 개인적인 욕구가 아니라 고객의 욕구에 의해 지배되는 시간활용이 되어야 한다.

비계층적 네트워크 조직의 활성화를 위해 필요한 요소들 가운데 비공식 조직의 활성화를 들 수 있다. 비계층적 네트워크 조직은 구성원들 간의 동시적인 커뮤니케이션과 정보의 자유로운 흐름에 기초를 두고 있다. 빈번한 커뮤니케이션은 확실히 구성원 간의 갈등을 표면화하고 의견의 불일치를 해소하는 데 도움을 줄 수 있다.

그럼에도 불구하고 닫힌 사고를 가진 일부 관리자들은 그들의 직책에 자연스럽게 권위가 따라붙어 비공식 관계가 갖는 어떤 힘을 억누를 수 있을 것으로 생각하고 있다. 또한 관리자들 중에는 자신의 지시가 미치지 않는 어떤 그룹을 걱정하는 나머지 비공식 네트워크의 존재를 막을 엄격한 규율을 제정하기도 한다. 또 다른 관리자들은 정보를 물어다 줄 첩보원을 두려고 시도하기도 한다. 하지만 주요 그룹들을 관리하고 종업원들과 자발적인 접촉에 나서고 있는 의식이 깨인 관리자도 있다.[21] 비공식 조직은 조직의 윤활유다. 비공식 조직을 통한 사교적 연계는 공식 조직을 견실하게 만들 수 있다.

토론모임이나 축구부, 볼링모임, 당구동아리, 시네마동우회 등 비공식적인 모임을 통해 교사들은 서로의 관계를 발전시켜 나갈 수 있다. 이러한 관계는 조직의 목표 달성에 공헌할 수 있다. 비공식 모임마다 공유가치는 서로 다를 수 있다. 그러나 이러한 모임들이 활성화되면서 공유가치가 서로 다른 비공식 조직들끼리의 협조도 가능하게 되며 구성원 모두의 관계증진에 커다란 기여를 할 수 있게 된다. 특히 교사 개개인의 업무가 분산되어 있어서 교사들 간의 접촉범위가 타 조직에 비해서 좁은 학교 조직의 경우, 비공식적인 조직의 활성화는 교사들 사이의 긍정적인 상호작용 기회를 제공해 준다. 수평적인 네트워크화의 진전과 비공식 조직의 활성화는 서로에게 상승작용을 할 수 있다.

비계층적 네트워크 조직화 가능성에 대해 논의할 때 학교 조직의 특성은 그리 비관적이지 않다. 차라리 낙관적인 기대를 가질 수도 있을 것 같다. 학교 조직이 가진 장점들로 독립적인 업무처리방식과 동료 의식을 들 수 있기 때문이다. 교사별로 각자의 수업진행에는 타 교사가 개입할 여지가 거의 없으며, 업무처리에서도 거의 독립적이다. 학교업무를 잘게 쪼개어 병렬적으로 나누어 처리하고 있는 것이다. 하지만 평교사, 중간 조정자 및 최종 결정자와의 직렬적인 연계는 조직운영상 최소한의 요소가 되어야 하며 효과적인 의사전달 시스템이 준비되어 있다는 전제가 필요하다.

또한 동료 교사 간의 업무분담이나 사회적인 자리매김에서 대단히 수평적이다. 나이나, 사회에서의 경험, 학벌 등등 타 조직에서라면 주요한 자리매김 결정 요인이 될 수 있는 것들이 '선생님'이라는 용어 속에서 동질 집단화되는 조직이다. 물론 학교 조직 내에서도 연륜과 교직경력 등이 완전히 무시되지는 않고 있다. 이는 조직의 일반적인 특성으로 받아들일 수 있다. 이 경우 역시 공정한 능력 평가 시스템과 효과적인 조정장치가 있다는 전제가 필요하다.

에릭 바인하커Eric Beinhocker가 『부의 기원』에서 주장했던 대로 계층 구조적 네트워크에 대한 편견을 경계할 필요도 있다. 그는 계층적 구조가 원래 나쁘다고 바로 가정해 버리는 것을 지나치게 단순한 생각으로 보았다. 그는 계층 구조적 네트워크가 상호의존성은 떨어지지만 적응성은 매우 뛰어난 특징을 가지고 있음을 지적했다. 반대로 비계층적 네트워크는 밀접한 상호의존성으로 인해 부정적인 변화를 초래할 수 있어서 적응성을 떨어뜨릴 수 있다고 주장했다.[22)]

어느 네트워크 구조도 완벽할 수는 없다. 또 어떻게 운용되느냐에 따라 조직의 발전에 기여할 수도 있고 조직을 몰락시킬 수도 있다. 학교 조직이 가진 고유의 장점들을 제대로 살리기 위해서는 비계층적 네트워크에 더욱 관심을 둘 필요가 있다. 안타깝게도 학교의 네트워크 구조가 계층 구조적 네트워크로 편향되어 가는 추세가 계속되고 있다. 이로 인해 학교 내부적으로 수평적 분업 구조라는 특성을 제대로 살리지 못하고 있는 것이 사실이다. 학교 감독기관과의 관계에서는 계층적 구조가 점점 더 고착화되어가고 있는 것이 현실이다.

우리는 바인하커가 네트워크 구조에 대한 최종적인 해법으로 제시한 대안에 주목해 볼 필요가 있다. 그가 제시한 해법은 계층적 구조 내의 조직 단위들에게 보다 더 많은 자율성을 부여하는 방안이었다. 그는 조직을 스핀 오프spin off(조직의 재편성 방법으로, 자회사 등의 형태로 모회사에서 분리 독립시키는 것을 의미한다)하거나 회사를 분리함으로써 궁극적인 자율성을 조직에 부여하는 것을 제안했다.[23)] 그의 해법을 따른다면, 각급 학교, 학교 내 각 부서, 부서 내 각 교사는 더욱 많은 자율성을 부여받아야 할 것이다.

2장

인간중심

정보통신 매체의 발달로 점점 개방적인 사회가 되고 있지만 구성원들 간의 스킨십skinship을 증대시킬 수 있는 기회가 상대적으로 줄어들고 있다. 소통이 보다 단기간에 보다 적은 비용으로 가능하게 되면서, 서로를 더불어 생각하는 의식은 상대적으로 더 필요하게 되었다.

리프킨은 글로벌 네트워크global network로 사람들이 연결되면 실시간에서만 일어나는 사회관계를 누릴 수 있는 시간은 그만큼 줄어들 것으로 보고 있다. 또 얼굴과 얼굴을 맞댄 상태에서만 맛보는 친밀한 관계를 유지하기도 어려울 것으로 예상하고 있다. 그는 전자통신이 매개하는 환경의 지배를 받는 21세기에는 지리적 공동체 안에서 사람들끼리 직접 살을 맞대고 어울릴 수 있는 기회를 모든 나라에서 만들어야 한다고 강조했다. 이런 노력을 등한시 할 경우,

가장 깊은 수준의 체험을 통해 타인과 교감할 수 있는 개인의 능력은 깡그리 망가질 가능성이 있음을 경고했다.[24)]

재택근무도 늘어나고 있다. 이에 따라 '나' 이외의 다른 사람과 접촉할 수 있는 기회는 더욱 줄어들고 있다. 소호SOHO:small office, home office, 모빌오피스mobile office는 이제 일상용어가 되었다. 인터넷의 출현과 함께 가상회사cyber company, 가상학교cyber school, 홈스쿨링home schooling과 같은 신조어도 꾸준히 등장하고 있다. 업무의 성격상 밤낮의 구분이 별로 의미가 없는 직업이 늘어나고 있다. 사람과 사람이 만나서 필요한 것을 교환하고 충족시키는 전통적인 삶의 방식이나, 밤에는 잠을 자고 낮에는 일을 한다는 통념이 깨지고 있다. 정보통신기술의 발달에 힘입어 독립적으로 살고 일할 수 있게 되면서 개인화에 따른 문제점들을 보완하기 위한 여러 대안들이 등장하고 있다. 하지만 기술과 인간성을 균형 있게 결합시킨 대안을 찾아내기란 그리 쉽지 않다.

애플사는 '가장 혁신적인 아이디어는 상호간 접촉과 생각을 교환함으로써 형성된다.'는 확신 하에 근로자들의 재택근무를 권장하지 않고 직접 회사에 나와 서로 접촉 기회를 갖도록 유도했다.[25)] 정보통신기술의 발달로 재택근무가 시도되고 있는 상황 속에서도 조직 구성원 사이의 상호작용이나 쌍방향 의사소통 기회를 실질적으로 늘려 조직의 생산력을 높이고자 하는 노력을 엿볼 수 있는 예다.

조직 내에 축적된 지식이나 인적자원의 수준이 아무리 높아도 이들을 잘 융합시킬 수 있는 네트워크와 그 관리능력이 확보되어 있지 않으면, 성공적인 조직으로 살아남기 힘들 것이다. 미래 조직의 경쟁력은 첨단 하드웨어의 활용에도 불구하고 결국은 인간적인 요소에 의해 좌우될 것이다.

산업 시대에는 여러 가지 자원을 지리적으로 얼마나 집중시킬 수 있는가에 경쟁력이 달려 있었다. 그러나 21세기에는 이들을 지리적으로 집중할 필요 없이 사회 이 곳 저 곳에 분산된 상태로 둔다. 그러면서도 그것들을 네트워크화해서 필요할 때 이용할 수 있는 능력이 필요하다.[26] 인적 자원의 경우에도 사방에 흩어져 있다. 얼마나 분산되어 있느냐가 경쟁력의 척도가 되기까지 한다. 필요할 때에는 언제라도 첨단 미디어가 이들을 연결시킬 수 있기 때문이다.

학교 조직도 마찬가지다. 다양하고 효율적인 미디어의 등장으로 학교 조직 내 교사들이 직접 만날 수 있는 기회가 점점 줄고 있다. 그럼에도 불구하고 가장 중요하고 결정적인 정보나 지식은 아직도 직접 대면을 통해 교환되고 있는 경향을 보인다. 직접 대면 기회의 축소가 비인간적인 면의 확대로 직결되지 않으려면, 직접 대면의 기회를 통한 인간적인 보완이 요구된다. 학교 내 휴먼네트워크의 강화가 필요하다.

조직의 목표를 세우고 세부 실천 사항을 마련할 때에도 '인간성'을 가치판단의 근거로 해야 한다. 생산성을 지나치게 의식할 때, 제도중심의 의사결정에 의존하기 쉽다. 이를 보완하는 방법은 제도중심이 아니라 인간중심으로 조직 분위기를 만들어 가는 것이다.

개방의 시대에 학교는 여러 학생들이 모여 직접적인 만남과 소통의 장을 제공하는 기관으로 존속해야 한다. 서로를 인정하고 자신만을 내세우지 않는 지혜를 배울 수 있는 곳으로 자리 잡아야 한다. 타인의 삶의 방식으로부터 지혜를 얻어 이를 각자가 강해지는 데 활용하는 방법을 배울 수 있는 곳이 되어야 한다. 다른 사람과 만나고 자신의 뜻을 전하고 상대방의 의도를 이해하는 기회가 줄어들수록 그러한 방법에 대한 교육의 필요성은 더욱 커질 것이다. 학교는 학생들의 사회성을 키워주고 어쩌다 만나게 되는 누군가와도 인간적으로 하나가 될 수 있는 방법을 교육해야 한다.

사람의 시대

한 때 'N세대'라는 용어가 유행했다. 1977년 이후 태어난 세대들로 인지능력이 생길 때부터 컴퓨터와 친숙한 젊은 층을 가리킨다. N세대는 '넷 제너레이션net generation'을 뜻하는 말로 미국 사회학자 돈 탭스콧Don Tapscott이 『N세대의 무서운 아이들』이란 책에서 처음 사용하였다. 그는 N세대를 디지털 기술, 특히 인터넷을 아무런 불편 없이 자유자재로 활용하면서 생활방식이 자연스럽게 인터넷이 구성하는 가상공간을 삶의 중요한 무대로 인식하는 디지털적 삶을 영위하는 세대로 규정했다.27)

디지털 아이들digital kids, 사이버 아이들cyber kids, 사이버 세대cyber generation, 테크노 아이들techno kids이라고 부르기도 한다. 이 모두가 신세대가 디지털 시대의 세대임을 지적한 명칭이다.28)

지난 2005년 5월 1일 제일기획이 내놓은 한 보고서에는 '포스트 디지털 세대PDG:Post Digital Generation'란 용어가 등장했다. 이 보고서에서 말하는 PDG는 "자연스런 일상 생활로 차갑고 기계적인 디지털 환경과 문화 속에서 성장했지만 인간적, 아날로그적 감성을 소유하고 자신감에서 비롯된 주체적이고 낙천적인 성격을 가진 신세대"를 가리킨다. 주로 13~24세의 중 · 고교, 대학교에 재학 중인 학생들 사이에 분포돼 있다. 제일기획 브랜드마케팅연구소 이주현 차장은 "PDG는 인간적인 정감에 애착을 갖고 실패를 두려워하지 않는 등 합리적이면서 인간적인 면모를 보여 주고 있다."며 "인간의 얼굴을 한 디지털 세대로 보면 될 것 같다."고 말했다.[29)]

이러한 새로운 세대의 출현은 차갑고 이기적 개인주의 시대인 디지털 시대가 지나가고 있음을 시사하고 있다. 초기 디지털 세대에 나타났던 '고립된 개인'을 탈피하고 싶은 바람도 느껴진다. 이제는 인간을 위한 따뜻한 기술, 수평적 네트워크의 진화, 공동체 문화 확산 등에 대한 요구가 나타나고 있음을 알 수 있다.[30)]

우리 학생들은 그 어느 시대보다도 다양한 첨단 미디어를 활용하고 있다. 컴퓨터 네트워크를 통해 대인커뮤니케이션이나 원초집단에서 얻을 수 있는 만족을 누릴 수 있게 되었다. 학생들은 컴퓨터 앞에 앉아서 순식간에 각종 모임에 참여하고 새로운 모임을 만들기도 한다. 그들은 취미 · 문제의식 · 느낌 · 가치 등이 같은 사람들을 학교에서보다 더 쉽고 빠르게 발견할 수 있다.[31)] 사이버 공간이 가진 이러한 가능성은 학교의 매력을 줄어들게 하고 있다. 학교는 학생들이 친구들과의 만남을 통해서 인간적인 유대감을 공유할 수 있는 곳이다. 학교에 갈 때 친구를 보러가는 것도 주요한 목적 가운데 하나였다.

이러한 새로운 커뮤니케이션 상황에 효과적으로 대응하기 위해서 인간성의 고양을 목표로 하는 교육의 필요성은 점증할 것으로 보인다. 해결해야 할 과제는 학교가 중심이 되어 변화된 사회 상황에 적응하는 데 적절할 것으로 평가되는 사회성 계발 시스템을 구축하는 것이다. TV나 PC 화면에서 만나게 되는 선생님들의 강의를 듣는 학생들에게 지식의 전달은 가능하다. 그러나 인간적인 만남이 가져다주는 인성의 고양을 기대하기는 어려울 것이다. 선생님의 얼굴이 나오고 선생님의 목소리가 나오는 매체의 경우는 그래도 낫다. 문자만으로 만나게 되는 학생과 선생님의 만남은 인간성이 없는 기계와의 만남에 비해 크게 나을 것이 없다. 기술이 아무리 발달되어도 사람과 어우러지지 않으면 효과적일 수 없다. 학교는 앞으로도 계속 누군가를 직접 만나고 같이 어울릴 수 있는 포근한 만남의 장소로 남아 있어야 한다.

『인재 전쟁』의 저자인 에드 마이클스Ed Michaels 등은 "20세기가 생산성의 시기였다고 한다면, 21세기는 분명히 인간성의 시대가 될 것"이라고 단언하고 있다. 성공하는 조직들이 탁월한 전략, 기술, 시스템 등에 많은 관심을 기울이고 있지만 이것보다 더 선결되어야 하는 것이 사람이다. 전략, 기술이나 시스템을 만드는 것도 사람이다. 마찬가지로 그 전략, 기술이나 시스템을 실행하는 것도 사람이기 때문이다.[32)]

미국 텍사스오스틴대 교수인 토머스 데이븐포트Thomas Davenport도 인간과 컴퓨터의 조화를 강조했다. 그는 인간을 "지식을 이해하고 해석하며 다른 정보와 복합시키고 지식을 구조화할 수 있는 유일한 주체"로 정의한다. 이에 반해, 컴퓨터는 고차원의 어려운 일들을 수행해 낼 수 있다는 것이다. "구조화된 지식의 변화와 분배차원에서 컴퓨터는 인간에 비해 훨씬 우수한 능력을 지니고 있다."고 강조한다. 그의 결론에 따르면, "결국 컴퓨터를 다루는 것은 인간이고 따라서 인간과 컴퓨터의 적절한 조화가 필요할 것"이라고 결론짓고 있다.[33] 지식을 효과적으로 관리하고자 한다면 인간의 기본적인 특성을 이해하는 일이 선결과제다. 인간이 중심이 되어야 하며 시스템과 기술은 인간의 행복추구를 위한 도구일 뿐이라는 인식이 필요하다.

우리는 네트가 인간관계를 대신하지 못한다는 점을 이해할 필요가 있다. 에스터 다이슨Esther Dyson은 "네트는 전화와 마찬가지로 인간관계를 맺는 또 다른 수단일 뿐이다."라고 역설하고 있다.[34] 정보통신혁명이 약속하는 미래의 모습들이 교사들을 흥분시키고 있다. 그러나 창조성의 계발이나 개성의 발현 등 인간적인 노력은 점점 더 많이 요구될 것이다. 자동화로 대체가능한 직업들이 사라져가면서도 컴퓨터가 할 수 없는 고급훈련이 요구되는 직업은 수요가 늘어나는 현상에서도 이러한 추세를 확인할 수 있다.

전자 공동체

미래학자 앨빈 토플러Alvin Toffler가 말한 것처럼 미래 사회의 사람들은 새로운 전자통신수단의 활용으로 지리적 한계를 완전히 초월한 전자 공동체telecommunity에 살게 될 것이다.[35] 전자 공동체에 속한 사람들은 사회적 상호작용을 위해서 얼굴을 마주칠 일이 없다. 컴퓨터 네트워크라는 상호작용의 매체를 이용하면 된다. 따라서 전혀 모르는 사람과도 공동생활을 하게 된다. 그리고 이들과의 협력이 때로는 가족이나 친구들과의 상호작용 보다 더 중요하게 될 수도 있다.

이러한 전자 공동체는 학생들이 학교에서 쉽게 멀어지도록 환경을 조성하고 있다. 학생들은 접촉 도중에 상대와 생각이 다르거나 마음이 맞지 않으면 번거로운 절차를 거치지 않고도 대화를 중단할 수 있다. 통신을 거두어들이고 컴퓨터 스위치를 끄면 된다. 굳이 학교에서 만나는 교사나 친구에게처럼 관계를 유지하기 위해서 예의나 인내심 등을 갖고 있어야 할 필요가 없다.[36]

이제 학생들은 너무나 쉽게 동일한 생각이나 느낌, 문제의식을 가진 사람들을 찾아낼 수 있다. 그러나 아무리 사이버 시대가 진전되어도 우리의 기본적인 생활은 물리적이고 현실적인 공간에서 이루어 질 것이다. '가상공간'은 단지 물리적인 공간이 우리에게 제공할 수 없는 것들을 가져다주면서 우리 생활의 필수 요소로 다가올 것이다.

학교는 학생들이 각종 모임에 참여할 수 있는 기회를 줄 수 있어야 한다. 학교는 인간적 유대가 바탕이 된 공동체가 가지는 의미를 가르쳐야 한다. 그리고 인간관계의 중요성을 체험할 수 있는 교육내용을 준비해야 한다.

더 나아가서 다른 사람들과 더불어 사는 지혜를 교육받을 수 있는 학교가 필요하다. 특히, 왜 '인간가치의 고양'이 모든 행위의 중심에 있어야 하는 지를 학생들에게 명쾌히 설명해 줄 수 있는 학교를 원하고 있다. 그들이 살아가야 할 시대에 맞추어 사회성의 의미를 재정의할 수 있는 학교가 필요하다.

책임감

인터넷을 비롯한 다양하고 효율적인 네트워크 미디어의 등장으로 사람들 간의 상호영향력은 증대되고 있다. 한 사람이 다른 사람에게 미치는 영향력이 더욱 확대되고 있다. 반대로 다른 사람으로부터 영향을 받을 수 있는 가능성도 더욱 증가되었다. 이러한 상호영향성의 보편화로 개개인의 사회에 대한 책임감이 더욱 중요하게 되었다.

그 책임감은 내가 존재하기 위해서 다른 사람이 필요하다는 사실을 깨닫는 것으로부터 시작된다. 나와 다른 동료는 바로 내가 그 자리에 존재하기 위한 절대적인 요소다. 사람은 아무리 첨단의 매체를 이용하더라도 철저히 남과 격리되어서는 아무 것도 할 수 없다. 만남의 기회가 보다 제한적이 되어 갈수록 이렇게 저렇게 연결된 다른 사람들과 함께 하는 기술을 터득해야 한다. 타인의 필요성 인식에 따른 책임의식은 이기심을 가치 있는 욕망으로 바꾸어 놓을 수 있다. 이기주의가 사회 전체를 위해 기여할 수 있으려면, 각자가 다른 사람들에 대한 책임감을 가지고 있어야 한다. 한편, 책임감이 결여된 권리 주장이나 자유의 추구는 네트워크 사회를 병들게 할 것이다.

조직은 건물에 비유될 수 있다. 건물을 떠받혀주는 기둥들이 충실할 때 건물의 안정성을 보장할 수 있다. 건물은 제 기능을 다 할 수 있다. 만일 기둥들이 부실할 경우 건물이 붕괴되듯이 그 책임을 다하지 않는 구성원이 있을 때, 그는 자신의 쇠락뿐만 아니라 조직 전체의 붕괴를 초래할 수 있다. 각 기둥이 받혀주어야 할 하중을 제대로 견디지 못하면 다른 기둥에게 부담을 주게 된다. 이처럼 책임이행을 등한히 하는 구성원은 다른 구성원에게 부담을 주게 된다.

『지식시대의 조직, 이렇게 키워라』의 저자들 가운데 한 사람인 베르나 앨리Verna Allie 사장은 만일 약속한대로 행동하지 않으면 그 사람은 네트워크에서 힘을 잃게 된다고 했다. 쫓겨나지는 않겠지만 아무도 그와 지식을 공유하려 하지 않는다.[37] 연결할 상대방이 없어서 고립될 수밖에 없다면 네트워크 사회는 무의미하다.

책임을 다했을 때, 돌아오게 될 긍정적인 편익이나 부정적인 손해에 대하여 미리 알 수 있도록 돕는 시스템이 필요하다. 문제는 그 책임이 일방적으로 부여된 것일 때 발생할 수 있다. 구성원 각자의 자유의지가 반영되어야 한다. 각자가 가진 고유성과 자유에 대한 본능을 조직의 설립 목적과 합치되도록 하기 위해 필요한 자율성은 그에 따른 책임까지도 스스로 선택할 수 있도록 하는 자율을 요구한다. 일방적으로 주어진 책임을 다하기 위해 자율적이 되기를 요구하는 것은 자율의 탈을 쓴 타율일 뿐이다. 도예가가 도자기 가마에서 꺼낸 도자기들 가운데 잘못된 것들을 그 자리에서 깨버리는 장면을 가끔 보게 된다. 쓸 만해 보이는 데도 깨버리는 것은 그 도자기에 대한 책임의식 때문일 것이다. 누가 될지는 몰라도 그 도자기를 감상하고 사용하게 될 사람에 대해 도자기를 만든 이가 갖는 책임의식이 작용하는 것이다.

우리의 학생들이 접하게 될 미래 사회는 각 개인이 구체적이고 효율적으로 분배된 기능을 철저히 수행할 때 제대로 돌아가는 시스템 사회다. 다양성을 수용하고 개인의 능력을 인정하지만, 동시에 그 수행 결과에 대하여 각 개인이 철저히 책임을 지는 사회다.

따라서 미래 교육은 사회 구성원 개개인의 개성과 책임의식이 사회유지의 기초가 된다는 신념을 학생들로 하여금 깨닫게 하는 것으로부터 시작되어야 한다. 시스템 사회의 존립 기반인 책임의식을 고양하는 학교의 역할은 창의적이고 능력 있는 개인이나 팀의 협력을 통해 사회의 경쟁력을 제고하는 데 결정적인 기여를 할 수 있을 것이다.

현재 또는 가까운 장래에 학생들이 참여하게 될 정보 공동체의 개념을 올바로 가르칠 필요가 있다. 어떻게 이를 활용할 수 있을지에 대한 지식과 그 공동체 구성원들과 원활하게 의사소통할 수 있는 방법을 알려주어야 한다. 새로운 형태의 인간관계, 달라진 정보수용방식이나 생활방식 등 네트워크 시대를 살아가는 데 필요한 지식과 관련한 내용들을 가르쳐줄 수 있어야 한다.

이른바 신세대 학생들은 어려서부터 통신 네트워크를 이용해왔다. 그들은 PC통신이나 휴대 전화, 인터넷 등을 통해 형성되는 인간관계에도 익숙해 있다. 학교는 이들을 네트워크 시대의 주역으로, 미래 사회의 핵심 구성원으로 육성해야 할 것이다. '개인의 주체성을 유지하면서 공동체의 다양한 가치관을 수용하고 타인과 공생하는 능력을 키우는 것'이 교육의 역할이다. 그렇다면 미래의 학교는 전자 공동체의 성숙한 구성원이 되는 데 필요한 가치관과 정보 공동체를 적극적으로 활용하는 방법을 교육하는 사이버 시대의 견인차가 되어야 할 것이다.

3장

토론문화

토론은 각 개인이 가진 차별성이 외부의 질서와 만나 하나로 합일되는 만남의 장을 열어준다. '나'와 '세계'가 만나는 고리가 되며 자신을 세계에 투사하고 세계를 호흡할 수 있도록 만들어 주는 토론은 조직 생명력의 근간이다.

토론문화가 정착된 조직은 각 구성원의 다양한 경험과 사상의 공유를 통한 지식창조에 성공함으로써 경쟁력을 확보해 갈 수 있다. 사회가 복잡해지고 복합성이 증대되고 있다. 이제 획일적인 가치기준에 따라 모든 것을 분석하고 대응할 수 없다. 따라서 여러 시각과 견해가 잘 섞여 새로운 논리적 판단을 만들어 낼 수 있는 도구가 요구되고 있다. 이런 상황에서 토론은 매우 효과적인 도구가 될 수 있다. 구성원 각자가 가진 새로운 시각과 다양한 관점을 토론과 같은 상호작용을 통해 수렴함으로써 조직의 설립 목표를 가장 효율적으로 달성해 가는 조직이 바로 우리가 추구해야 할 미래 조직의 모습이다.

다니엘 벨Daniel Bell은 새로운 지식의 창출이 "전체의 모습을 알 수 없는 지적 모자이크의 파편들을 모아 다른 방식으로 조합함으로써 진행되거나, 혹은 새로운 선택의 프리즘이나 초점을 열어 보이는 새로운 각도에 따라 거대한 개념구조를 다시 형성함으로써 이루어진다."고 했다.[38] 그가 말한 지식창조 과정은 토론이 지향하는 다양성의 수렴과 매우 유사해 보인다. 앞에서 학교가 맡아야 할 미래역할들 가운데 하나로 제시한 '새로운 지식을 창조해 내는 일'은 토론문화가 뒷받침될 때, 보다 적은 비용으로 수행될 수 있을 것이다.

토론을 통해 변화를 실행해 갈 수도 있다. 자신의 의견이나 신념을 동료 교사들에게 전달할 수 있는 기회가 될 것이다. 동시에 동료 교사들이 생각하는 바를 전달받을 수 있는 기회가 된다. "정신작용이 자신의 경험의 범위나 상상력에 한정된다."고 한 존 베리John Bury의 견해를 받아들인다고 할 때,[39] 이러한 귀중한 기회는 그 범위를 넓히는 데 분명한 기여를 할 수 있다. 조직 구성원들의 안목이 넓어졌을 때, 이는 조직, 더 나아가 사회 전체의 발전에 커다란 기여를 할 수 있을 것이다.

토론은 조직 구성원들의 조직 내 행동을 지배하는 관습이나 가치관에 대한 회의감에 대해 검증해 볼 수 있는 기회를 주기도 한다. 조직 내에는 보편적으로 받아들여지는 제도들이 있다. 조직 내에는 이 제도들을 유지하기 위해 개인이 가진 고유성의 일부를 잃어

버리는 사람들이 존재한다. 이런 사람들은 항시 제도의 효율성에 대해 의심해야 한다. 조직의 변화를 주도할 수 있는 힘은 이러한 회의나 의심으로부터 나오기 때문이다.

토론문화는 완고함을 추구하는 교육제도나 의사표현 방식에 엄청난 부담을 요구할 수 있다. 변화를 주도하는 자율적인 문화에 익숙해 있지 않기 때문이다. 특히, 보편화된 제도의 제약에 자율성이 예속되어 있는 상황에 익숙해 있는 교사들로 구성된 학교의 경우에는 제도에 대한 회의감이나 의심 그 자체가 공포의 원인이 될 수 있다.

그러나 토론이 가져다주는 이점은 이러한 부담이나 공포를 감내하도록 한다. 동료 교사들과의 상호이해를 넓히는 수단이 된다. 뿐만 아니라 새로운 지향점을 인지할 수 있도록 해주는 열려진 길이다. 또한 변화에 필수적인 모험을 경험할 수 있는 신나는 여행의 기회를 제공해 준다.

결국 토론문화는 구성원 간의 커뮤니케이션 기회를 늘려 조직이 한 단계 성장하는 데 결정적인 기여를 할 수 있다. 자율성을 회복할 수 있는 귀중한 기회가 된다. 이는 제도나 규범의 진정한 존재 의미를 인정하는 자율적인 사람에게 부여되는 보상으로서의 의미를 갖는다. 이는 어쩌면 어린 시절에 그렇게 신선하고 중요했던 것들이 몇 년 뒤에 진부하고 무의미한 것들로 변해있던 경험에서 느꼈던 성장의 생명력을 다시 경험할 기회를 줄지도 모른다.

학교가 지식활용 방법이나 지식창출 기술을 제대로 가르치고자 한다면, 교사들이 토론문화에 익숙해 있어야 할 것이다. 토론과정을 통해 토론 참여자들은 얼마나 효과적으로 지식을 활용할 수 있는지 알게 된다. 또한 어떻게 새로운 지식을 창출할 수 있는 지에 대한 지식을 얻을 수 있게 된다. 많은 토론을 통해 다양성을 인정할 수 있게 된다. 이러한 다양성들을 효과적으로 결집시켜 부가가치 높은 지식을 창출하는 기법을 체득할 수 있게 된다. 조직 가치로서의 토론문화의 정착은 학교가 미래에 수행해야 역할을 효율적으로 수행하는 데 절대적인 기여를 하게 될 것이다.

곽태영 건국대 교수는 경쟁력 있는 조직에 토론문화가 정착되어야 하는 이유를 잘 정리하고 있다. 그는 다음과 같이 말했다. "숲에는 자신이 원하는 나무만 심을 수는 없는 일이다. 여러 수종들이 어우러지며 때로는 잡초의 싸움에서 저항력도 기르면서 자연스런 숲이 형성되어야 한다. 새로운 묘목들이 맘에 드는 수종이 아니라고 해서 너무 가지치기를 하든가 아예 옮겨 심는다면 결코 우리가 숨 쉴 수 있는 숲은 조성되지 않을 것이다. 건강한 숲엔 볼 것도 많고 새로운 생명이 움트는 토양이 있다. 생기 있는 숲에는 새소리도 있고 온갖 진기한 생명체가 나름대로 호흡하면서 공동체를 형성해가기 마련이다. 편안한 숲이어야 하고 그래서 늘 그 속에서 즐거이 놀아야 한다. (……) 단일 수종으로 지배되는 산림은 재배하기 편한 만큼 타수종의 이식을 불허한다."[40]

열린 사회

오늘날 사회는 매우 전문화, 다양화되고 있다. 따라서 혼자서 모든 것을 해결할 수 없으며 다른 사람과 정보를 나누고 협력해야 한다. 숙명여대 정보방송학과 박천일 교수는 정보 공동체를 "구성원이 개별적으로 생산 · 보유하고 있는 정보를 필요할 때 언제든지 즉시 상호교환하고 활용할 수 있는 체계를 갖춘 열린 사회"라고 정의하고 있다.41)

영국의 철학자 칼 포퍼Karl Popper는 『열린 사회와 그 적들』이라는 유명한 저서에서 인류문명을 '열린 사회'와 '닫힌 사회'의 투쟁으로 보았다. 그가 말하는 열린 사회는 인류가 인간다운 삶을 유지하면서 살 수 있는 유일한 사회이며 전체주의에 대립되는 개인주의적 성격을 띠고 있다. 열린 사회에서는 개인의 자유와 권리가 확보된 사회이며, 개인이 그의 이성에 입각해서 스스로 판단을 내리고 책임을 지는 사회를 의미한다. 이에 반해 닫힌 사회는 국가가 시민사회 전체를 규율하면서 개인의 판단이나 책임은 무시하는 사회를 말한다. 포퍼는 열린 사회가 되기 위해서는 구성원 개개인 간의 자유로운 토론과 비판이 이루어져야 한다는 점을 강조했다.42)

한편 런던경제대학에서 포퍼에게 수학한 적이 있는 조지 소로스George Soros는 그의 저서 『오류의 시대』에서 열린 사회를 서로 다른 생각을 가진 사람들이 공통의 가치를 추구하되 서로를 존중하면서 평화롭게 사는 사회라고 정의하고 있다.43)

찰스 핸디Charles Handy도 "진정한 열린 사회Open Society란 다양한 믿음이 공존하고 보호받는 사회"를 가리킨다고 했다.44) 이런 사회에서 그 구성원들은 자신의 생각을 자유롭게 토론할 수 있다. 열린 사회는 닫힌 사회보다 더 활기차다.

열린 사회에서 학교가 교육의 핵심에 위치하기 위해서는 자유로운 토론과 비판을 존중하는 풍토를 고무해야 한다. 바르게 정착된 토론문화를 기반으로 하여 변화를 수용하는 개방적인 문화가 필요하다.

우리의 학생들은 장차 정보 공동체의 성숙한 구성원으로 성장해 갈 것이다. 이들이 참여하게 될 정보 공동체는 구성원들 사이에 정보의 흐름이 막히지 않고 흐를 수 있는 열린 조직으로 개념화할 수 있다. 조직이 경쟁력을 갖추기 위해서는 정보 공동체를 만들어 가야 한다. 왜냐하면 정보 공동체는 조직 구성원 간의 정보격차를 해소시키는 데 결정적인 기여를 할 것이다.

이때 토론은 원활한 의사소통을 통해 정보나 지식을 공유할 수 있도록 해 준다. 이렇게 얻어진 정보나 지식에 근거하여 논리적인 판단이 가능하도록 하며, 정보격차를 제거할 수 있게 된다. 이는 구성원들의 자기업무에 대한 만족도를 높여 궁극적으로는 조직의 생산성을 높이는 역할을 할 것이기 때문이다.

정보 공동체는 각 구성원과 구성원을 연계시키는 비계층적 네트워크 구조를 기반으로 한다. 따라서 정보가 관리자에 의해 통제되는 단순한 분배 형태가 되어서는 정보 공동체가 형성되기 어렵다. 교사들 간 정보의 공동이용을 유도해서 각 교사에게 좀 더 많은 의사결정권한을 부여하고 통제권을 부여하는 조직이어야 할 것이다. 이러한 노력으로 보다 나은 전략의 수립과 업무수행이 가능해진다.

효과적인 정보전달 체계는 조직이 보유한 가치를 유지하는 데서 한 걸음 더 나아가 새로운 가치창조를 통해 경쟁력 있는 조직으로 만드는 주춧돌이 되기 때문이다. 정보독점을 통한 조직관리는 세월을 역행하는 것이다. 고급 정보를 가지면 고위직이고 저급 정보밖에 가질 수 없다면 하위직이라는 인식이 일반화되어 있는 조직 분위기라면, 정보는 오히려 조직을 분열시키는 수단이 될 것이다. 정보접근가능영역에 제한이 있을 수 있다는 상황을 받아들인다 하더라도 이러한 정보 불균등을 하나의 조직관리 수단화한다면, 선진 조직이 될 수는 없을 것이다.

정보 공동체의 궁극적인 목적은 정보공유를 통한 열린 조직화와 정보 공유과정에서 얻어지는 조직의 가치증대다. 조직의 관리자는 구성원들로 하여금 공동 관심사에 대한 의견 교환 기회를 갖도록 끊임없이 유도해야 한다. 토론은 이러한 교류를 가능하게 하는 가장 기본적인 수단이다. 토론을 통해 인간은 자신의 생각과 마음을 전달할 수 있으며 크고 작은 문제들을 잘 해결할 수 있다.[45)] 토론은 명확한 결론을 도출하는 것에 그 목적을 두기도 하지만, 토론참가자들이 자유로운 의사표현을 할 수 있는 장을 마련하는 데서 그 의의를 찾을 수도 있다. 어찌 보면 토론을 통해 우리가 얻곤 하는 결론은 자유로운 표현에 따른 부산물일 뿐이다.

조직을 구성하는 각 구성원에게 조직이 제공하는 반대급부로서 타 구성원과의 만남의 기회제공을 들 수 있다. 이는 결국은 누구와 접속할 수 있느냐의 문제로 귀착된다. 효율적으로 운영되는 학교 정보 공동체는 조직 구성원들 즉, 교사들 간의 빈번한 상호작용의 기회를 부여할 수 있다. 특히 과목의 수가 많고 업무가 수평적으로 세분화되어 있는 학교 조직은 교사들 간의 공동 관심사를 갖기 어렵게 되어 있다. 또 수업시간 운영의 특성상 상호접촉의 기회가 상대적으로 빈번하지 못한 특징을 갖고 있다. 따라서 빈번한 상호작용 기회는 구성원 서로서로에 대한 관심의 수준을 높여 조직 갈등을 줄여줄 수 있다. 이는 궁극적으로 교육서비스의 생산성 향상으로 연결될 것이다.

쌍방향 의사소통

대부분의 서비스와 마찬가지로 교육서비스의 경우에도 그 질은 서비스가 전달되는 동안에 결정된다. 이러한 특징으로 인해서 학생들의 욕구를 충족시키는 데 있어서 이들을 직접 대하는 교사들의 중요성이 매우 클 수밖에 없다. 학생과 교사 사이의 상호작용의 질을 얼마나 높일 수 있느냐가 교육생산성 향상이라는 과제해결의 관건임을 보여 준다.

김동기 고려대 교수 등은 서비스가 가진 4가지 특징들 가운데 하나로 '이질성heterogeneity'을 제시했다. 이는 "서비스의 수행에 있어서 높은 다양성에 대한 잠재력을 의미하는 것으로 생산자마다, 고객마다, 그리고 시시각각으로 서비스의 질이 다르다."는 서비스의 특성과 관련이 있다.[46] 엄밀히 말해서 완전히 똑같은 두 개의 서비스는 없다. 동일한 교육과정에 따라 동일한 학습내용을 전달하더라도 학습자와 교사가 어떠한 상호작용을 하느냐에 따라 교육의 질은 천차만별일 수 있다. 교육서비스가 외형적으로는 같아도 시점이나 대상에 따라 내면적으로는 얼마든지 다른 것이 될 수 있는 것이다.

참여자사이의 상호작용의 질이 교육생산성을 결정짓는 중요한 변수임을 인정할 때, 상호작용을 활성화시킬 수 있는 효과적인 방편을 확보하는 일은 중요한 의미를 갖는다. 효과적인 도구가운데 하나로 쌍방향 의사소통two-way communication을 제시할 수 있다. 이는 쌍방향 의사소통이 학생과 교사사이의 보다 생산적인 관계형성의 토대가 되기 때문이다. 학생 각자가 직면하고 있는 학습에 따른 성과는 모두 다를 수 있다. 따라서 교사가 제시하는 조언들이 특정 학습자집단 내의 모든 학습자를 만족시킬 수는 없다. 이에 반해 쌍방향 의사소통은 학습자 각자의 난점을 파악하고 이를 교사와 학생이 협동하여 극복하는 데 기여할 수 있다.

새로운 시대적 흐름이 되고 있는 쌍방향적 사고는 학습 시스템에도 적용되어야 하며, 이의 적극적인 실천은 '학습자위주의 교육적 흐름'에 합류하는 데 큰 힘이 될 것이다. 쌍방향 의사소통이 갖는 중요성에 대해 강인애는 "쌍방향 의사소통이란 의미자체에 벌써 학습자의 존재가 인식되고 그 중요성이 고려되고 있다는 사실"을 지적했다. 특히 "지식을 단지 개인적 인지작용에 의해 습득되고 형성되는 것이 아니고 사회적 참여와 상호작용을 통해 수정, 확대, 변경의 형태로 지속적으로 구성/재구성되는 것"으로 인식하는 구성주의를 쌍방향 의사소통의 필요성을 뒷받침하는 이론적 근거로 소개했다.47)

조직 또는 학습자집단 내 정보의 창출이나 가공이 효율적으로 이루어질 수 있을 때 비로소 교육생산성 향상이 가능할 수 있다. 참여자 간의 쌍방향 의사소통은 그 목적달성을 위한 훌륭한 수단이 된다. 학교 내 형성된 토론 문화는 학생과 교사 간의 쌍방향적 상호작용이 자연스럽게 일어나도록 하는 환경을 조성한다.

쌍방향 의사소통을 통해 교사는 학습자 개개인의 기호와 학습능력에 맞는 학습을 준비하는 데 필요한 기초정보를 수집할 수 있다. 이러한 절차는 그들의 요구를 충족시킬 수 있는 학습과정이 되도록 하는 데 큰 도움을 줄 수 있다. 시장의 성공을 위해서 구매자와 판매자 간의 효과적인 협상이 요구된다. 마찬가지로 생산성 높은 교육이 이루어지기 위해서는 학생과 교사가 쌍방향 의사소통을 통해 서로의 필요를 효과적으로 전달할 수 있어야 한다.

마이클 자이저Michael Zaiser는 변화하는 시장환경의 중요한 특징들 가운데 하나로 소비자 전체를 대상으로 한 대중마케팅mass marketing의 축소를 제시했다. 그는 "다양한 기호를 가진 적극적인 소비자fragmented consumers 각자를 만족시키는 방법을 찾는 일이 마케팅이 해결해야 할 가장 중요한 과제"라고 말했다. 그는 "쌍방향 매체Interactive Media가 이 문제를 해결해 줄 수 있는 바, 쌍방향 매체를 통할 경우 고객과의 일대일 대응이 가능해지고 각 고객이 원하는 기호를 알아낼 수 있기 때문"이라고 설명했다.[48] 소비자욕구의 파악과 그 대응에 있어 고객과의 일대일 대응의 중요성과 쌍방향 매체의 필요성을 강조하고 있는 것이다.

최근 정부는 '교육정보화'를 위해 많은 투자를 하고 있다. 그러나 효과적인 교육정보화는 학교에서의 쌍방향적 의사소통에 기반을 둔 학습체제가 확립된다는 전제가 필요하다. 정부에서 지원하는 쌍방향 매체가 아무리 훌륭한 것이라도 참여자들의 일방통행적 의식을 불식시키지 못한다면, 그 투자효과를 기대하기 어려울 것이다.

2

문화

The Five Bases of Future Schools

4장 창조성

5장 창의적 긴장

6장 문화 상대주의

7장 문화 생산자

수천 년 동안 반독립 영역에서 존재해 왔고 때에 따라서는 시장의 영향을 받기도 했지만 단 한 번도 시장에 흡수당한 적은 없었던 문화—인간이 공유하는 경험—가 이제 새로운 통신기술이 일상 생활을 지배하는 추세 속에서 점점 경제영역으로 들어가고 있다.

제러미 리프킨이 『소유의 종말』에서

미래 사회는 지식, 정보와 함께 문화가 경제발전의 핵심요소가 되는 문화의 시대가 될 것이다. 물질적인 욕구의 충족에 초점이 맞추어진 가치관이 탈경제적 가치체계로 이행되고 있다.

한편에서는 문화의 세계화가 문화의 동질화를 초래할 것이라고 경고하고 세계화에 반대하는가 하면 다른 쪽에서는 오히려 세계의 문화들이 지금보다 더 다양해 질 것이라고 주장하고 있다.[1)]

에뒤 프랑스의 제라드 뱅데Gerard Bindé 회장은 세계화는 결과적으로 사람들의 행동양식, 패션, 음식, 표현법, 여가를 즐기는 방법에 대해서까지 획일화를 가져왔다고 보았다. 패스트푸드 식당이 세계 전역에서 급속히 증가했다. 영어는 무역, 음악, 영화 등에서 국제적 의사소통 수단으로 자리 잡았다. 문화적 표현도 세계화에서 예외일 수가 없어 문화적 다양성이 상당히 축소됐다. 세계화와 문화의 상관관계는 문화적 충돌이라는 시각에서 다루어져 왔다. 강대국들의 정치적 경쟁이 문화적 동질성을 느끼는 집단 간의 대립으로 바뀌고 있다.[2)]

다른 한편에서는 미래에 우리의 삶의 방식은 매우 다양해 질 것이며, 문화의 다양화가 중요한 추세가 될 것으로 예상하기도 한다.[3] 젊은 세대들의 새로운 문화에 대한 관심과 이에 대한 수용능력이 양적 질적으로 놀라울 정도로 늘어나고 있는 사태를 예로 들면서 문화적 다양성을 긍정적으로 전망하는 견해도 있다.[4]

그러나 한 가지 받아들여야 할 사실은 문화의 세계화는 우리 앞에 와 있고 앞으로도 진행될 것이라는 점이다. 비판하고 반대할 수는 있어도 정보통신 기술이 발달하고 세계화의 전반적인 흐름이 지속되는 한 문화 세계화는 더 빠른 속도로 진행될 것이라고 보아야 한다.[5]

문화가 강조되는 이러한 추세의 기저로 두 가지를 들 수 있다. 경제적 풍요에 따라 문화적인 자기향상을 추구하려는 욕구가 그 하나다. 현대인은 이제 '생존'에만 집착하지 않으며, '삶의 질'에 더 큰 관심을 가지고 있다. 생활수준의 전반적인 향상과 교육기회의 증대로 많은 사람들의 관심이 삶의 질을 높이는 일에 쏠리고 있다. 삶의 질을 높이고자 하는 이러한 욕구는 문화에 대한 관심의 증대로 나타날 것이다.

사회 구성원들이 자신의 삶을 풍요롭게 하는 일에 더욱 적극적이 되어가고 있다. 자유롭고자 하는 인간의 욕구를 충족시킬 수 있는 유용한 수단을 찾아 나서고 있다. 이러한 흐름은 개인이나 사회 전체의 관심이 문화 쪽으로 옮겨가도록 유도할 것이다. 문화는 개개인이 자신을 발견하고 보다 분명히 자신을 표현하는 데 도움을 주기 때문이다. 문화는 또한 공동체 속에서의 자신의 위치를 파악하는 데 결정적인 도움을 줄 수 있다.

빈틈없이 짜인 바쁜 일상 속에서도 여유를 즐기고 싶은 현대인의 욕구는 문화적 욕구의 충족을 통해 해소될 수 있다. 곽수일 서울대 교수는 “삶의 질을 높이는 데 가장 중요한 구실을 하는 것이 문화이다.”라고 전제하고, “열심히 일하기 위해서는 그 만큼 문화적 욕구를 채워줘야 한다.”고 힘주어 말하고 있다.[6)]

포스트잇으로 유명한 3M에는 ‘15% 규칙’이라는 것이 있다. 기술직 사원은 자신의 노동 시간 중 15%를 자신의 일과 무관하게 개인적으로 흥미를 가지고 있는 취미 활동 등에 사용해도 좋다는 의미다. 자유로운 휴식과 여유 있는 시간 속에서 새로운 아이디어와 독특한 신제품이 나올 수 있다는 판단에 따른 것이다. 실제 3M의 미니애폴리스 본사는 직원들이 자발적으로 개최하는 각종 세미나와 심포지엄이 수시로 열려 대학을 방불케 할 정도다.[7)] 정형화되고 획일적이며 집단중심의 가치에서 탈피해 다양하고 차별적이며 개인중심의 가치로 이동하고 있는 흐름을 볼 수 있는 사례다.

이러한 문화지향적 흐름은 여가 시간의 증가와 더불어 더욱 심화될 것으로 보인다. 노동시간 단축으로 여가시간이 늘어나게 되면서 삶의 질을 향상하고자 하는 욕구가 강하게 분출될 것이다. 16대 국회 문화관광위원장을 지낸 최재승은 그의 저서 『문화를 읽는다 미래를 본다』에서 노동 사회로부터 문화 사회로의 이행흔적이 더욱 분명해 질 것이라고 예견했다. 앞으로 여가시간은 계속 늘어날 것이며 소득도 지속적으로 증가할 것이기 때문이라고 그 이유를 제시했다. 개개인은 물질적인 삶과 더불어 건강과 문화를 추구하는 삶을 원할 것이며 경제와 문화가 조화된 삶에 대한 욕구가 높

아질 것으로 보았다.[8)]

문화가 강조되는 또 하나의 이유로 컴퓨터와 정보통신 매체의 발달을 들 수 있다. 이들 매체는 가장 가치 있는 정보 · 지식을 획득하고 이를 생산적으로 활용하려는 필요를 충족시키는 데 그치지 않고 다양한 유형, 무형의 문화가 대중화되는 데 공헌해 왔다. 출판물의 보급 증대나 여행의 자유도 대중전달매체의 보급증가와 함께 문화접촉 기회를 확대시켜왔다. 이들은 문화의 대중화에 엄청난 기여를 해왔다.

제러미 리프킨Jeremy Rifkin은 그의 저서 『소유의 종말』에서 우리가 디지털 통신기술과 문화상업주의의 새로운 시대로 진입하고 있다고 주장했다. 공산품이 지배하던 시절에는 소유권을 가지는 것이 중요했지만 상업화된 전자 통신 기기와 온갖 종류의 문화 생산과 상품에 의해 점점 지배당하는 글로벌 경제에서는 경험 세계에 접속할 수 있는 권리를 확보하는 것이 무엇보다도 중요하다고 강조했다.[9)]

첨단 기술의 발달로 보다 적은 비용으로 훨씬 높은 수준의 문화혜택을 만끽할 수 있게 되었다. 특정 작품이 제작된 당시에는 꿈도 꿀 수 없었던 다양성을 결합시킬 수 있게 되었다. 보다 적은 비용으로도 과거의 문화유산들을 재발견하는 일이 가능해졌다. 음악을 조금만 알아도 명곡을 연주할 수 있게 되었다. 동일한 작곡을 보다 다양한 악기로 연주해 볼 수도 있다. 기호에 맞도록 리메이크해서 감상할 수 있게 되었다. 초심자도 축적된 지식을 활용하여 전문가 수준에서 명화를 감상할 수 있게 되었다. 사이버기술을 응용하여 명화를 재해석해 보는 일도 가능해졌다. 초보적인 지식만 가지고도 명화를 그릴 수 있게 되었다. 앞으로 첨단기기의 개발은 문화관련 노동의 생산성을 높여주고 다양한 요구를 충족시킬 수 있게 될 것이다.

김홍익 신한종합연구소 책임연구원은 미래에 대한 대비의 하나로 개인과 조직의 '문화력cultural power'을 키워야 함을 강조했다. 그는 문화력을 "외래문화의 수용과 독창적인 자문화를 창조, 개발할 수 있는 능력"으로 보았다. 그는 "탈산업 사회에서는 무엇보다 이 문화적 힘이 군사력이나 경제력 못지않은 영향력을 발휘할 것이다. 문화력이야말로 새로운 사회 환경이 요구하는 요소이며 변화에 보다 능동적으로 대응하고 이를 선도할 수 있다."고 강조했다.[10] 한마디로 문화경쟁의 시대가 다가오고 있는 것이다.

한편 롤프 옌센Rolf Jensen은 그의 저서에서 미래의 전쟁이 아이디어와 가치관을 내용으로 하는 "콘텐츠 전쟁contents war"일 것이라고 했다. 그는 가치관, 이데올로기적 기초 등을 적에게도 판매할 수 있는 문화가 승리할 것으로 내다보았다.[11] 그는 또한 한 세기 전에 독일이 자국의 산업혁명을 마케팅함으로써 번영을 구가했던 것처럼 아프리카 국가들도 그들의 문화와 자연을 다른 나라에 판매함으로써 급속히 발전하는 새로운 경제를 창출할 수도 있다고 하기도 했다.[12] 모든 경계를 뛰어 넘는 인터넷 덕분에 미래는 아이디어, 가치관, 문화와 같은 무형 재화에 의해 좌지우지될 가능성이 높아지고 있다.

이러한 흐름과는 달리 유형의 문화가 지나치게 강조되는 교육은 걱정거리일 수밖에 없다. 하드웨어 그 자체가 그 존재이유보다 더 의미를 갖는다거나 외형이나 사용방법에만 치중된 흐름을 경계할 필요가 있다. 사회 각 영역에서 무형의 요소들이 유형의 요소를 무서운 속도로 잠식해 들어오는 추세를 강 건너 불 보듯 할 수는 없다. 유형적인 것에 대한 향수가 미래로 가는 학교의 여정에 장애물이 되도록 해서는 안 된다.

미래 생활은 상당부분 문화생활로 채워질 것으로 예상된다. 최근 고급문화와 대중문화사이의 벽이 허물어지고 있는 추세로 문화의 대중화는 더욱 심화될 것이다. 미래를 대비한다는 학교교육의 역할을 고려할 때, 학교교육 논의에는 문화적 측면이 반드시 반영되어야 한다.

이미 시작된 문화의 시대를 대비해야 하는 현 시점에서 가장 우려되는 바는 획일화, 규격화를 지향하는 딱딱하게 경직된 사고다. 규격화된 지식에 근거하여 운영되다보니 물렁물렁해져 가는 세상의 흐름이 생소할 수도 있다. 지나칠 정도로 획일화된 교육내용은 다양성과 고유성의 의미가 커져 가는 추세를 고려하여 바뀌어야 한다. 학생들의 참신한 다양성을 인정해주어야 한다. 창의성이 발현될 수 있는 기회를 더 늘려가야 한다. 아울러 학생들에게 타인의 문화나 타 조직의 문화를 올바로 인식할 수 있는 안목을 키워줄 필요도 있다. 공유되는 문화의 영역이 넓을수록 학생들은 문화 주체로 성장하기가 수월할 것이다.

문화의 공유가 없는 교육 내용은 단순한 데이터베이스의 무미건조한 이동일 뿐이다. 제대로 된 교육이라면 한 시대의 초미의 관심사나 시대 조류 등과 같은 사회 문화적 소재들을 가지고 풍성하게 이루어져야 한다.

조직 차원에서도 문화적 요소를 부각시켜야 한다. 문화적 요소는 교육의 효과나 질을 결정하는 핵심 변수가 될 수 있기 때문이다. 교사 개인의 정체성 확인이나 상호작용 욕구를 충족시킬 수 있는 문화적 방편들이 구비되어야 한다. 창조성이 발현되도록 하는 쓸만한 자극제도 투여할 필요가 있다. 학교는 교사들에게 자기표현의 기회나 여가선용의 기회를 주어야 한다. 교사 개인이 가진 소질과 창의성을 계발할 수 있도록 도울 수 있어야 한다. 이러한 활동은 교사들의 삶의 질을 높이고 궁극적으로 교육의 효과를 높이는데 큰 기여를 할 수 있다.

4장

창조성

대량생산을 존립 근거로 하는 산업 사회의 중심 가치는 획일성, 균질성이었다. 고전적인 생산성 개념은 규격화를 통한 효율 중시였다. 이러한 생산성 개념으로부터 창출된 가치관은 사회전반에 걸쳐 다양하고 창조적인 가치의 추구에 걸림돌이었다. 조직은 일사분란하게 움직여야 했고 예외는 허용되지 않았다. 학교는 획일적인 교육을 통해 체제에 순응하는 지식인을 양성하는 역할을 부여받았다.

소득이 전반적으로 늘어나고 평균 노동 시간이 단축되었다. 이에 따라 문화적인 삶이 자리 잡는 데 필요한 선행 조건들이 충족되기 시작했다. 정보 통신 기술의 발달로 정보 획득 비용이 절감되면서 얻을 수 있는 지식의 양이 증가되고 그 수준도 향상되었다.

매스미디어 산업의 부흥으로 대중문화가 확산되고 있다. 정보기술의 발달은 뿌리 깊은 복제문화를 낳았다. 이러한 변화들은 문화의 획일화에 한 몫을 했지만, 사람들의 인지수준이 전반적으로 향상되는 데 기여한 부분도 무시할 수 없다.

이와 같은 사회경제적 조건의 급속한 변화는 사람들의 다양하고 창조적인 문화 활동에 대한 갈증을 현저하게 증가시켜 놓았다. 또한 문화생활의 수준이 삶의 질을 결정하는 중요한 기준들 가운데 하나가 되도록 만들었다. 이 같은 풍토 속에서 평준화, 획일화는 이제 다양성, 창조성에게 그 자리를 넘겨 줄 때가 되었다.

경북대의 오영수 교수는 이제 평범한 노동력은 세계 도처에서 얼마든지 조달되거나 기계에 의해 손쉽게 대체될 수 있게 되었다고 분석했다. 또한 이미 알려진 지식은 굳이 암기하지 않더라도 정보고속도로를 통해 언제 어디서든 실시간으로 획득되어 활용될 수 있는 환경이 조성되고 있다고 했다. 이 같은 상황에서 가장 중요한 것은 희소한 인간의 창조성과 그것을 배양하고 육성, 보존, 확산하는 사회 전반의 시스템이라고 강조했다.[13)]

이제 창조성은 가장 인기 있는 화두로 떠오르고 있다. 모든 개인이나 조직이 창조성에 대한 갈망을 갖게 되었다. 창조성은 새로운 관계를 지각하거나 비범한 아이디어를 산출하거나 또는 전통적 사고 유형에서 벗어나 새로운 유형으로 사고하는 능력을 가리킨다.[14)] 미래 사회는 과거의 반복으로 얻은 굳어진 지식보다는 창조적 사고와 혁신적 행동을 통해 습득한 유연한 지식을 원하고 있다. 이러한 지식은 개인은 물론 개인이 속한 조직의 생산력이 향상되는 바탕이 된다.

애플사가 2000년대 들어 최고의 기업으로 급부상할 수 있었던 것은 직원들의 창조성을 존중하는 문화 덕분이었다. 1996년부터는 파산지경에 이르렀고 2001년까지만 해도 어려움을 겪던 애플사가 최고의 전성기를 맞을 수 있었던 것은 MP3플레이어인 '아이팟'때문이다. '아이팟'의 성공 비결은 바로 발상의 전환에 있었다. 애플은 기계성능을 높이는 데에만 집중하고 있던 다른 업체들과 달리 온라인 음악 사이트인 '아이튠즈'를 만들어 '아이팟'을 통해 손쉽게 음악을 내려 받을 수 있도록 했다. 아이팟은 얇고 단순한 디자인으로 발매되자마자 고객을 사로잡았다. 그 결과 '아이팟'은 MP3플레이어를 대표하는 하나의 명칭이 됐을 뿐 아니라 새로운 문화상징으로까지 자리 잡았다. '아이팟' 애용자를 뜻하는 파디poddy, '아이팟'에 열광하는 현상을 뜻하는 파디즘poddism이라는 용어까지 등장했을 정도다. 하지만 처음 아이팟이 만들어졌을 때 개발자는 다른 기업에서 CEO에게 설명할 기회조차 갖지 못했다. 반면 창조적 문화를 갖고 있는 애플은 아이팟 개발자에게 눈을 돌렸고, 여러 직원들의 아이디어를 결합해 성공신화를 쓸 수 있었다.[15)]

미래형 조직이란 구성원이 가진 창조성을 높이 평가하는 조직이다. 한 걸음 더 나아가 이를 조직의 경쟁력으로 활용하는 창조적인 조직이다. 정보화된 사회에서 변화하는 환경에 능동적으로 적응하기 위해서는 창조성은 필수 불가결한 요소라고 할 수 있다. 창조적인 생각과 그 산출물은 개인과 조직을 더욱 풍요롭게 만들어 갈 것이다.

바야흐로 변화 속에서 살아남기 위해 창조성을 발휘해야 할 상황이다. 그럼에도 불구하고 학교는 피터 드러커Peter Drucker가 이야기하는 '조직적 둔함organization inertia'에 빠져 있는 대표적인 조직으로 보인다. 이미 하고 있는 일을 무작정 열심히 하려는 문화에서 벗어나지 못하고 있다.16) 변화를 앞당겨 추진하는 능력을 키우는 데 매우 인색한 조직이다.

철학자이자 정치사상가인 이사야 벌린Isaiah Berlin은 그의 대표적인 논문 '고슴도치와 여우'에서 인간을 두 가지 유형으로 나눴다. '고슴도치 타입'은 모든 것을 하나의 기본 통찰과 연관시키고 하나의 확실하게 구획된 체계 속에서 생각하고 이해하고 느낀다. 반면에 '여우 타입'은 서로 연관되지 않거나 심지어 서로 모순되는 많은 다양한 목표들을 좇는다.17) 학교는 벌린이 말하는 여우같은 조직을 지향해야 한다. 행동 양식이나 사고방식을 변형시킬 수 있는 창조성을 갖추어 나가야 한다.

학교가 단지 기존의 지식을 전수하는 기관이라는 생각에 사로잡혀있다면 학생들을 미래의 인재로 양성하기는 어려울 것이다. 다양한 가치가 존재하는 오늘날 단순히 공공의 진리만을 축적하는 교육은 한계를 지닌다. 학생들로 하여금 창조성과 자발성을 발휘하게 만드는 데 교육의 목적을 두어야 한다. 제도의 획일성을 떠나 각 학교만의 창의적인 인재배출을 위한 교육과정을 마련해야 하는 과제를 해결해야 한다.

창조적 다수

영국의 역사가인 아놀드 토인비Arnold Toynbee는 "창조적 소수가 비창조적 다수를 이끌고 가는 것이 역사 발전이다."라고 했다. 그가 말하는 창조적 소수란 획일성과 평준화의 틀을 부정하고 꿈과 의지, 신념을 무기삼아 마침내 무한경쟁에서 승리한 이들을 가리킨다. 이에 대해 광주대 전경원 교수는 이견을 제시했다. 그는 토인비가 "창조성은 인간의 가장 중요한 자산이다.", "한 사회가 창의적 잠재력 개발에 정당한 기회를 주느냐, 안 주느냐는 그 사회의 삶과 죽음의 문제이다."라고 한 점에 대해서는 공감했다. 하지만 미래에는 창조적 소수에만 의존할 것이 아니라 창조적 다수가 각기의 삶을 잘 운영해 나가야 할 시대이므로 창조적 소수에 대한 그의 패러다임도 바뀌어야 할 필요가 있음을 주장했다.[18)]

워싱턴대 심리학과 교수인 키스 소여Keith Sawyer도 창조성이 철저하게 혼자서 추구해야 하는 개인적인 산물이라고 생각하는 기존의 믿음이 잘못된 것이라고 말했다. 그는 창의력이 협력을 통해 생겨나며, 어떤 일에 대한 개인의 창조적 아이디어도 이전에 다른 사람들과 공유한 많은 아이디어에서 영향을 받게 된다고 말했다. 다수의 사람들이 서로의 생각과 의견을 교환하는 과정에서 나온 통찰력은 개개인의 통찰력을 모두 합친 것보다 더 큰 위력을 발휘할 수 있다는 것이다. 예를 들어, 현금자동인출기에서 전신기와 텔레비전에 이르기까지, 모토로라 레이저폰에서 구글어스와 위키피디아에 이르기까지 위대한 발명품은 모두 한 사람의 천재가 아닌 여럿이

협력하여 이루어낸 것이라는 것이 주요 골자다.[19]

물론 창조적인 구성원이 많다고 해서 반드시 창조적인 조직이 될 수 있는 것은 아니다. 구성원 개개인의 창조성이 시스템을 통해 축적되고 연결될 때 조직은 비로소 창조적이 될 수 있다. 정병철 전국경제인연합회 상근부회장은 연세대 경영대학 학생들을 대상으로 한 특강에서 "기업의 창조성과 경쟁력은 핵심인재에서 나오기 때문에 창조적인 인재들을 많이 확보하는 것과 그들이 조직 내에서 잘 어울려서 성과를 극대화할 수 있는 시스템을 만드는 것이 중요하다."고 말했다.[20]

이는 소여의 견해와 일치한다. 소여는 개인의 천재성이 아니라 집단의 천재성이 세상을 이끈다고 일깨워주고 있다. 그렇기 때문에 조직이 발전하려면 집단의 천재성을 발휘할 수 있도록 절묘한 협업 시스템을 갖춰야 할 필요가 있음을 역설하고 있다.

시스템이 갖춰지려면 먼저 창조적인 인재들이 잠재력을 적극적으로 발휘할 수 있게 해주는 환경이 조성되어야 한다. 구성원 각자가 가진 창조성이 보호받는 환경이 필요하다. 수종의 다양성이 숲을 풍성하게 만들듯이 조직 구성원의 창조성을 인정해주는 조직문화는 창조성의 발현을 저해하는 획일성의 폐해를 막아줄 것이다. 사람들이 문화적 기회가 다양하고 풍요로움 속에서 자유롭게 아이디어를 표출하고 정보를 교류할 수 있는 풍토도 구비되어야 한다. 이러한 환경 속에서 여러 사람들의 참신한 발상을 조직의 창조성으로 발전시킬 수 있는 시스템이 가동될 수 있다.

창조성을 축적해 성공적인 조직을 만들어 가는 메커니즘의 예로 리처드 오글Richard Ogle이 말하는 '스마트 월드smart world'를 들 수 있다. 미국의 언어학자이면서 비즈니스 컨설턴트이기도 한 오글은 복잡계 과학의 한 갈래인 네트워크 이론을 통해 창조성의 비밀을 찾고자 했다. '스마트 월드'란 바로 다양한 분야의 아이디어들이 '네트워크화하면서 생성된 유기체적 아이디어 공간'인데, 창조성은 이를 잘 이용할 때만 탄생한다고 주장했다.[21]

네트워크 아이디어 공간은 오랜 지적 성과로 이뤄진 학문 세계일 수도 있고 수많은 작품의 예술계일 수도 있다. 과학, 제도, 신화, 비즈니스 모델, 문화 등이 얽히고설킨 세계다. 창조성에 영감을 줄 아이디어는 링크link를 통해 노드node(데이터 통신망의 분기점이나 단말기의 접속점을 뜻하는 용어)와 허브hub(유달리 수많은 링크로 연결된 노드)를 떠다닌다. 이 세계가 '스마트 월드'다. 그는 이런 네트워크를 생각하지 않고 오로지 천재적 두뇌만으로 창조적 아이디어를 떠올리는 건 불가능하다고 주장했다. 반대로 네트워크 공간에서 노드와 허브를 오가며 상호작용하는 아이디어들을 상상력, 통찰, 직관으로 잡아채는 능력이 필요하고 했다.

오글은 아이디어 공간을 가장 효과적으로 활용해 창조성의 도약에 이를 수 있는 법칙 9가지를 소개하고 있는데, 그 가운데 하나로 '티핑 포인트 법칙'을 들 수 있다. 티핑 포인트는 양의 증가가 갑자기 질적 변화로 급격히 전환하는 것을 가리킨다. 적합한 아이디어를 많이 찾아내면 낼수록 어느 순간 이 아이디어들이 상호작용에 의해 창조성으로 전환된다는 것이다.

일반화된 방법을 이용해 이미 확인된 지식을 전수하는 기관으로 간주되어 온 학교 조직의 경우, 변화보다는 안정, 다양성보다는 통일성을 추구해 온 것도 사실이다. 전통적인 획일주의나 관료제를 고수하려는 경향이 가진 필요성도 일부 인정할 수밖에 없는 조직이었다. 창조적인 분위기를 촉진하기 위한 노력도 여타 조직에 비해 등한히 해왔고 창조성의 발현에 대한 보상도 상대적으로 미약했다.

하지만 이제는 창조적인 자산을 창출해 낼 수 있는 인재의 양성이 교육의 중요한 기능이 되는 시대다. 그러한 역할을 맡아주어야 할 구성원들이 가진 독창성을 보장하는 일이나 그 발현에 대한 지원은 당연한 것이다. 학교는 환경의 변화에 매우 민감해야 하는 조직이다. 사회 각 방면에서 창조적인 사고를 목말라하고 있는 상황을 학교도 무시해서는 안 된다. 고도의 창조성을 발휘하는 조직으로 바꾸어 가기 위한 교사들의 노력이 요구되고 있다.

구성원들의 창조성이 조직의 성패를 좌우한다는 신념으로 창조경영을 지향하는 삼성의 사례를 눈여겨 볼 필요가 있다. 창조경영으로 잘 알려진 삼성은 2007년 3월에도 '창의력의 재발견'이라는 제목의 3부작 시리즈를 사내에 방송했다. 그 가운데 1부 방송은 창의력의 사례였다. 초현실주의 작가인 르네 마그리트René Magritte의 작품을 소개하면서 창의력은 어려운 것이 아니라 "우선 내가 가지고 있는 것을 조금 다르게 보는 것"이라고 전했다. 2, 3부에서는 창조경영이 향후 기업의 성패를 좌우하며, 직원들의 창의력이 그 기초를 이룰 수 있음을 강조했다.[22)]

각 구성원의 창의성이 집적될 때 비로소 창조적인 조직 운영이 가능하다. 창조적인 학교 조직을 만들기 위해서는 교사 개개인의 창조성을 모을 수 있는 시스템이 구비되어야 한다. 창조성을 지닌 교사들을 많이 모으는 것은 매우 중요한 일이다. 그러나 이에 못지 않게 중요한 일은 이들 교사들이 학교 내에서 창조성을 최대한 발휘할 수 있도록 하는 것이다.

과거에서 창조로

창조가 없던 것을 만들어 내는 일이지만 과거와의 단절을 의미하지는 않는다. 기존에 구축한 자원이나 사고를 완전히 무시하는 것은 위험하다. 과거가 단순 반복되어서는 안 되지만 과거가 창조의 가치를 가늠하는 기준인 것만은 확실하다. 모방 역시 새로운 창조의 근원이 될 수 있다.

『열정과 기질』에서 하워드 가드너Howard Gardner는 지크문트 프로이트, 알베르트 아인슈타인, 파블로 피카소, 이고르 스트라빈스키, TS 엘리엇, 마사 그레이엄, 마하트마 간디 등 20세기 인류사 각 분야의 7명의 대가들이 가진 창조성을 분석하고 있다.[23] 이들은 공통적으로 유년시절에는 세상의 일반적인 원리와 서로 다른 특별한 문제에 대한 관심을 키웠고 처음 흥미를 느낀 문제를 탐구하다가 이 분야를 마스터하겠다고 결심한다. 대가들도 최소한 10년 이상 꾸준히 노력하며 자기분야의 지식을 통달한다. 그 뒤 그 분야에서 모순적인 요소를 발견하거나 새로운 요소를 창조하며 주변 사람들의 격려 혹은 방해를 받는다. 이 과정에서 대가는 서서히 새로운 상징체계와 언어 혹은 표현방식을 만들어간다. 지속적인 노력을 기울여 전문 분야에 대해 통달한 후에 창의성을 발현시킬 수 있었음을 보여준다. 창조성이 과거를 기반으로 하고 있음을 보여준다.

그러나 과거에 대한 섭렵에서 그친다면 진정한 창조성을 만날 수 없다. 이에 안주하지 않고 현실을 변화시킬 수 있는 새로운 가치를 창출하려면 어려운 발전 단계를 거쳐야 한다.

내일신문 김선태 기자는 하찮아 보이는 미생물의 창조와 인간의 창조를 대장균을 예로 들어 비교하고 있다. 대장균의 크기는 가로 1천분의 1밀리미터, 세로 5백분의 1밀리미터 정도에 불과하다. 하지만 한 마리의 대장균이 담고 있는 DNA 정보량은 비유하자면 종이테이프 10킬로미터의 길이 즉, 자기 몸길이의 1백억 배에 해당한다. 대장균 같은 미생물이 이처럼 어마어마한 정보를 하나도 잃어버리지 않고 주기적으로 재생한다는 사실 자체가 어떤 의미에서 정교한 창조다. 그러나 사람의 창조행위는 이들과 다르다. 사람은 우선 의식을 통하여 사물의 운동 법칙과 속성을 파악하며, 다음에는 이를 기초로 사물을 의식 속에서 재구성하며 재구성된 의식에 따라 새로운 사물, 어떤 경우에는 자연에 존재하지 않는 사물을 창조한다. 만일 창조행위가 복제나 모방에 그친다면 사람보다 월등히 뛰어난 능력을 발휘하는 동물을 얼마든지 찾을 수 있다.[24)]

이원재 한겨레경제연구소장도 "창조성은 반드시 새로운 것을 만들어내는 데 있는 것은 아니다."라고 하면서 "남들이 가지 않는 시장을 먼저 보는 혜안, 남들은 옛날 것이라 여기는 것의 재발견, 빠

르고 정확하게 의사결정해서 움직이는 힘 등이 창조에 해당된다." 고 설명했다.[25)]

스티브 잡스Steve Jobs는 자기가 창업한 회사에서 쫓겨난 뒤 망해가는 애니메이션 회사를 인수해 재기하고 나서 다시 애플사로 돌아올 수 있었다. 고현진 LG CNS 부사장은 잡스가 복귀할 수 있었던 이유를 진화되는 창의성에 대한 이해로 보고 있다. 즉, 잡스가 자기주장이 강한 창의성에 대해 반성하고, 함께하는 창의성에 대해서 이해하게 되었기 때문으로 보았다. 또한 그 결과가 일하는 프로세스로 남고 시스템으로 구축되어 가는 진화 과정을 이해했기 때문이라고 분석하고 있다.[26)] 과거를 딛고 일어서는 창조성을 이해했기 때문에 잡스의 복귀는 가능했다.

학교가 과거만을 전달하는 기관이라고 보는 시각은 시대에 뒤떨어진 것이다. 과거를 바탕으로 새로운 가치를 창출하는 창조의 매개체로서 역할을 해야 한다. 학교는 이른바 창조성의 시대에 모방과 복제의 과거에 집착하지 않고 진정한 창조성을 키우는 곳으로 거듭나야 한다.

서울대 공과대학장인 강태진 교수는 20세기 산업화 시대의 대량생산 방식에 맞추어진 교육방식은 세계화, 탈대량화, 다양화로 정의되는 21세기 지식정보사회에는 더 이상 적합하지 않다고 지적했다. 창의적 방법으로 답을 찾아가는 과정을 중시하기보다는 정량화한 정답을 실수 없이 찾는 방법을 가르치는 교육으로는 창의성이 설 자리가 없다는 것이다. 그는 그동안 한국에게는 선진국이 해놓은 성과를 본뜨기 위한 이해력이 필요했음을 인정했다. 그러나 이제 선진국으로 진입하기 위해서는 다양하고 깊은 지식을 바탕으로 스스로 새로운 것을 만드는 창의성이 필요하다고 강조했다.27)

학교에서 적극적인 창조성 개발 교육을 하려면 교사들이 창조성을 발휘할 수 있어야 한다. 교사들에게 재량권을 부여해 자신의 수업을 설계하고 실행할 수 있도록 하는 것도 한 예가 될 수 있다. 교사로 하여금 이미 확정되어 있는 교육과정의 틀을 크게 벗어나지 않으면서 수업내용이나 교수기법을 자유롭게 선정할 수 있도록 해야 한다. 또한 교재 내용을 재구성하거나 추가 또는 발췌하는 등 교재 활용에도 완전한 재량권을 부여해야 한다. 학교경영의 뿌리라고 할 수 있는 교수학습 운영에 창조성을 부여하는 일은 미래형 학교로 나아가는 의미있는 첫 걸음이 될 것이다.

5장

창의적 긴장

피터 센게Peter Senge는 그의 유명한 저서 『제5경영』에서 창의적 긴장creative tension을 창조하고자 하는 미래의 구상인 비전과 현실 사이의 긴장이라고 정의했다.[28] 이러한 창의적 긴장은 당면한 현실이 비전을 소멸시키도록 만들기보다는 비전에 더 가까이 가도록 당겨주는 역할을 한다. 그는 비전(우리가 원하는 것)과 현실(우리가 원하는 것과 관련하여 우리가 어디에 있는가)을 동시에 보아야만 우리가 창의적 긴장을 만들어 낼 수 있다고 말했다. 창조적 긴장은 긴장이 해결되려고 하는 자연적인 경향에 의해서 생기는 힘으로 비전과 현실을 한데 묶어 준다.

창의적 긴장은 한 마디로 '미래에 대하여 더 많이 마음을 쓰려고 노력하는 것'이라고 정의할 수 있다. 먼 길을 가는 두 나그네가 있다. 한 나그네는 그 날 그 날 갈 길에 대하여만 마음을 쓰면서 여행을 하는 데 반해, 또 한 나그네는 그 날 뿐만 아니라 며칠 뒤까지 챙기면서 여행을 하고 있다. 당연히 며칠 뒤까지 관심을 가지고 있는 나그네에게 걱정거리가 더 많을 수밖에 없을 것이다. 후자를 창의적 긴장을 하는 나그네라 부를 수 있다.

구성원 각자는 자기 자신과 자기가 속한 조직의 미래에 대해 상상할 수 있어야 한다. 창의적 긴장은 우리에게 추가적인 부담을 요구한다. 그래도 우리는 창의적 긴장을 추구해야 한다. 창의적 긴장을 통해 구성원 개개인은 자신에 대한 이해와 함께 자신이 속해 있는 조직이나 사회에 대한 이해를 늘려갈 수 있을 것이다. 이는 합리적인 선택에 큰 도움을 주어 조직의 목표 달성에 결정적으로 기여할 것이다.

미래가 요구하는 창의적 긴장은 우리가 신화처럼 믿고 의지하며 항상 잃어버릴까 불안해하는 어떤 것도 완성된 것이 없다는 생각을 기초로 한다. 모두가 완성으로의 과정에 있는 것이다. 정해진 것은 없으며 언제라도 바뀔 수 있는 것이라는 생각이 요구된다. 고정관념이나 기존의 가치관을 수용은 하되 변화를 인정하는 의식은 자기만의 것을 표현하고자 하는 개성표현 욕구와 합쳐져 문화가 자랄 수 있는 기반을 마련한다. 남과 다른 자신을 발견하고 존재의미를 재확인할 수 있게 해주기 때문이다.

창의적 긴장이 조직문화로 자리 잡도록 하기 위해서는 실험정신을 격려하고 동시에 새로운 아이디어가 자유롭게 제시될 수 있는 조직 분위기를 갖추어 가는 노력이 요구된다. 런던대 경영대학원 교수인 게리 하멜Gary Hamel은 “변화를 이끌려면 자기 조직의 미래에 대해 상상할 수 있어야 한다. 이 같은 목소리를 종합하고 통합해야 새로운 부가가치의 원천을 만들 수 있다."고 전제했다. 이어서 그는 "변화를 추진하려면 모든 조직 구성원들이 참여할 수 있는 리더십이 필요하다."고 역설했다.29) 미래를 위해 변화를 이루고자 할 때 조직 차원의 창의적 긴장이 필요하다. 창의적 아이디어가 자유로이 공유되는 조직 분위기가 필요하며, 창의적 긴장이 가진 절대가치를 인정하는 관리자도 필요하다.

창의적 긴장을 조장하여 새로운 아이디어가 생성될 수 있는 능력을 보유하게 된 조직에게 결정적으로 요구되는 것은 개인의 창의성, 혁신성을 발휘할 수 있는 조직 분위기다. 조직 내에서 장려해야 할 문화를 가진 구성원이 조직 내에서 자기의 문화를 구성원 모두가 공유할 수 있도록 유인하는 동기부여가 있을 때, 조직은 가치 있는 문화를 제대로 활용할 수 있게 된다.

학교는 흔히 혁신보다는 안정에 무게중심을 두는 조직문화를 가지고 있다고 볼 수 있다. 학교는 변화에 대비한 창의적 긴장이 요구되는 상황에서 학교는 다른 조직에 비해 더욱 격심한 충격을 겪을 수밖에 없을 것이다.

미래의 학교는 교사들의 창조적 능력에 결정적으로 의존하게 될 것이며, 창의적 긴장은 그 창조적 능력을 키우는 데 절대적으로 기여할 것이다. 창의적 긴장이 학교 조직문화의 수준을 높이고 궁극적으로 조직의 경쟁력을 높이는 데 기여하기 위해서는 교사 모두가 '창의적 긴장'이 가진 절대가치를 인정할 수 있어야 한다.

교사 각자의 지속적인 탈피노력과 함께 창의적 긴장을 조장하고 그 결과물을 모두가 공유할 수 있는 풍토를 조성해야 한다. 이러한 풍토는 '자아실현을 통한 인간주의적 사회의 실현'이라는 포스트모던 시대의 모습에 한 걸음 다가갈 수 있도록 할 것이다.

창의적 아이디어가 생성되고 이를 조직 구성원들이 활용하는 과정을 통해서 조직에 가장 적절한 것으로 '최적화'되어 간다. 각 교사가 개성을 표현할 수 있는 환경이 조성되어야 한다. 서로 모여 정체성을 잃지 않으면서 자신의 견해를 자유롭게 교환할 수 있는 풍토가 조성될 필요가 있다. 이러한 환경은 생기있는 조직문화를 만들어 학교 조직의 존립을 보장할 것이다.

실험정신

변화를 위한 실험정신의 격려는 문화의 진전을 의미한다. 도전의식, 실험정신을 갖춘 구성원을 발굴하고 격려해 주는 조직문화는 그들의 아이디어를 통해 조직의 창의력 증대에 기여한다.

실험정신의 격려와 관련하여 우려되는 바는 창조와 모방의 혼돈이다. 새로운 것을 창조하고자 하는 의지는 상대적으로 약해지고, 조합과 모방을 통해 다양성에만 치우칠 수도 있는 가능성에 대한 걱정이다. 컴퓨터를 통한 커뮤니케이션의 효율화는 전통적인 공동체와는 다른 공동체의 출현을 가져왔다. 새롭고 신선한 정보의 창조보다는 기존의 정보를 적절히 조합하는 재생산이나 정보의 유통에 보다 많은 관심이 쏠리고 있는 상황이다. 리메이크곡들이 유행하고, 수십 년 전에 공연되었던 신파극들이 재공연되고 있다. 이러한 상황들은 어쩌면 창조와 모방 간의 혼돈을 초래할 수 있다.

재포장도 원래의 포장 못지않게 매력적일 수 있다. 때로는 재포장 과정을 통해 숨겨져 있던 보물을 발굴하는 계기가 될 수도 있다. 재포장에 더욱 커다란 관심이 쏠리기도 한다. 사회 전체의 부가가치를 늘릴 수 있다.

그러나 간과해서는 안 될 것은 이미 그 인기를 검증받은 적이 있는 기존의 묵은 정보나 그 재포장에만 매달려 있는 조직문화는 실험정신의 퇴색을 가져올 수 있다. 겉모양만을 추구하는 하류문화의 뿌리가 될 수 있는 위험성을 내포하고 있다. 특히 재생산에 대한 지나친 집착은 대부분 장기적인 계획이나 근본을 챙기기보다는 단기적이고 소비지향적인 취향에 영합하는 행태이기 때문이다. 새로운 정보의 생산이 뜸해지다 보면 경험에의 집착으로 돌아서게 된다.

실험정신의 약화를 아쉬워하는 소설가 이청준의 지적은 과거에 대한 모방에 집착하는 문화 행태와 관련해 대단히 시사적이다. 그는 근래 들어 몇몇 문학 작품들은 그 미학구조가 새 정보의 생산(본래 의미의 창작생산)보다 지나치게 유통(2차적 재생산)쪽에 의지하는 경향을 보이고 있는 점에 우려를 보내고 있다. 그는 “하지만 이런 흐름이 어디 문학이나 소설에서 뿐이겠는가. 예술이고 학술이고 새 정보유통 매체의 혜택을 누리고 있는 오늘의 문화활동 전반에 걸쳐 나타나는 일반적인 현상”이라고 애써 자위하는 듯한 인상을 남기고 있다.[30)]

편리함, 상업성, 효율성 등등 여러 가지 이유로 급속히 세력을 넓혀가고 있는 지나친 과거 의존은 이제 새로운 것을 창조하고자 하는 열정과 투자에게 자리를 내주어야 할 때가 되었다.

이화여대 미술사학과 오진경 교수는 "우리가 늘 새롭고 독창적인 미술의 창조에 대한 기대와 희망을 가지는 이유도 인간이 도전의식과 실험정신을 포기하지 않는 한 역사 속에 존재하는 모든 문화적 행위는 고유한 가치와 의미를 지님을 믿기 때문이다."라고 역설했다.[31)] 동일해 보이는 어떤 두 사상이나 작품은 각각이 창조된 시점을 고려한다면, 결코 같을 수 없다. 실험정신이 배어 있다면 진정한 반복은 존재하지 않는다.

한 때 일본에서 관심을 끌었던 회화작품 전시회는 실험정신이 가지는 의미를 되새기게 하고 있다. 고호의 얼굴대신에 전혀 다른 화가의 얼굴이 들어 있는 자화상을 볼 때, 또는 밀레의 유명한 작품인 '만종'의 일부를 바꾸어 저녁 태양대신 UFO가 등장할 때, 기존의 가치관에 의존해 온 관람객들은 불안감을 느낄 수 있다. 고호의 자화상을 보는 순간, 그와 관련해 자신이 그 동안 축적해 온 정보, 지식, 문화를 떠올리고, 또다시 자신을 확인하면서 안도감과 자부심을 느낀다. 그러나 기존의 통념을 깨는 실험적인 그림을 보면서 잘 유지되고 있는 가치구조가 무너질지도 모른다는 불안감과 분노를 느낄지도 모른다.

그럼에도 우리는 실험정신을 유발해야 한다. 도전의식, 실험정신을 갖춘 구성원을 발굴하고 격려해 주는 조직문화가 필요하다. 이들은 아이디어를 통해 조직의 창의력 증대에 기여한다. 이들은 조직문화의 수준을 높이고 궁극적으로는 조직의 경쟁력을 높이는 원천이 되기 때문이다. 실험의 추구는 문화의 진전을 의미하기 때문이다.

교사들이 가진 실험정신을 격려하는 학교 분위기는 훌륭한 대안이 될 수 있을 것이다. 학교는 예외보다는 원리원칙에 더 집착하는 특성을 갖는다. 이러한 조직의 경우 하나의 문화 유형만을 계속 추구하려는 경향이 강할 수 있다. 그러나 부산대 경영학과 서병인 교수의 지적대로, 급변하는 환경과 상호작용하는 조직들이 하나의 유형만을 계속 추구하다 보면 조직의 유효성에 긍정적 영향을 미치던 문화가 부정적 영향을 미치는 문화로 바뀌게 되어 조직의 생존이 위태로워질 수 있다.[32] 따라서 학교도 변화 속에서 생존하려면 유사한 가치만을 추구하는 데서 벗어나야 한다. 폐쇄성을 벗어나 상반된 가치나 역설적 가치까지도 추구하는 실험정신을 고무해야 한다.

그러나 실험정신의 오용은 경계 대상이다. 학교평가를 위해서나 일시적인 분위기 조성을 위해 실험정신이 잘못 사용되어서는 안 된다. 최초의 창작의지는 윤색되어 버리고 과거의 인력으로부터 벗어나지 못한 무늬뿐인 실험정신의 발호가 우려된다. 양식이나 제도, 외양 갖추기에 급급할 뿐 이들이 궁극적으로 지향해야 할 새로운 가치관 창조의 노력은 줄어들게 된다. '교단선진화'의 예를 놓고 볼 때, 이는 다양한 매체를 교육에 활용하려는 투자로서 매우 긍정적이다. 그러나 교사나 학생들의 노력이 그 활용방법이나 새로운 표현형식을 만들어내기에만 경쟁적으로 투입되는 경우를 볼 수 있다. 혹시 교육의 본질이라 할 수 있는 창의성 계발에 대한 관심이 상대적으로 줄어들지 않을까 걱정된다.

6장

문화 상대주의

프랑스의 화장품 회사에 인류학자들이 많이 고용되어 있다. 이것은 민족이나 종족 혹은 인종 마다 냄새와 색깔 또는 화장에 대한 각각의 미적 기준이 있으며 일상 생활의 방식에 따라 화장품의 종류나 용도가 다르기 때문이다.[33)]

각 사회의 고유 문화는 서로 다른 자연환경과 사회적 상황에 적응해 가면서 오랜 세월에 걸쳐 축적되어 온 경험의 결과로 볼 수 있다. 따라서 어떤 절대적 기준으로 평가할 수 없는 그 사회만의 고유한 특성과 가치를 지니고 있다. 때문에 기준을 정해 특정 집단의 문화는 다른 특정 집단의 문화에 비해 우월하거나 열등하다고 평가하는 것은 무의미하다는 것이 '문화 상대주의'의 기본 전제다.

문화는 특정한 자연적 및 문화적 환경은 물론 인간의 욕망, 이상, 자유 의지, 이성, 창의력 등의 복합적 산물이다. 모든 인간집단의 환경은 절대로 동일할 수 없다. 따라서 그러한 것들 간의 역동적 그리고 유기적 관계에서 생기는 문화는 다른 어떤 문화와도 완전히 동일할 수 없다. 똑같은 자연적 및 문화적 조건에서도 문화의 주체로서의 한 집단의 창의력, 기술, 논리적 사고 등에 따라 그 문화의 양식이 다른 문화의 양식과 전혀 다를 수 있다. 거대도시 LA 내에 중국, 일본, 한국계 이민들이 각기 따로 모여 세운 차이나타운China Town, 리틀 도교Little Tokyo, 코리아타운Korea Town은 비록 그것들의 건축자재는 같아도 그 양식과 전체적 분위기는 어딘가 서로 다르다.[34)]

각 개인은 나름대로 독자적인 믿음이나 신념, 가치관을 가지고 있다. 마찬가지로 어느 조직이나 독특한 의사결정방식, 가치관이나 행동양식, 그리고 조직 분위기 등을 갖고 있다. 조직마다 가지고 있는 특성을 조직문화라고 부를 때, 이러한 문화는 각 조직의 존립 목적을 달성하는 데 결정적인 영향을 미칠 수 있다. 이른바 소프트 사회가 성숙되어가면서, 조직문화의 영향력은 더해 갈 것으로 예상된다. 조직의 문화 특성을 파악하고, 이러한 문화적 전통에 얼마나 잘 맞는 조직 관리를 할 수 있는가가 문화의 시대에 각 조직의 과제가 되고 있다.

이때 '어떤 조직문화를 집중적으로 강화해 나가야 하며, 미래가 요구하는 새로운 문화를 어떻게 형성해 갈 것인가?'와 같은 문화상대주의에 기초한 조직문화 키우기가 해법이 될 것이다.

'자신의 꿈'을 존중하고 그 꿈의 실현을 위해 애쓰는 것은 각 개인이 가진 하나의 권리다. 다만, 모든 구성원이 각자의 꿈을 실현시켜 나가는 것이 때로 조직의 화합을 해칠 수 있는 가능성이 문제가 될 수 있다. 그러나 자신의 선택이 중요한 만큼 타인의 선택 역시 존중해 주어야 한다는 상대주의적 의식을 가진 구성원들로 구성된 조직은 이러한 문제점을 극복할 수 있을 것이다. 개인 간 문화의 차이를 받아들일 때 자신의 문화도 존속할 수 있다는 의식을 가진 구성원을 미래 조직은 원하고 있는 것이다.

그러나 차이를 존중하는 이러한 다문화주의가 항상 인정받을 수는 없다. 문화의 상대성이란 문화 발전에 있어 특정한 법칙과 규범이 존재하지 않으며, 문화의 우열을 평가하는 것이 무의미하다고 보는 것이다. 이것이 어떤 사회의 문화든지 다 좋고 옳다는 뜻은 아니다. 문화적 차이를 내세워 자신을 정당화하려는 시도가 있을 수 있기 때문이다.

아무리 독창적인 문화라 하더라도 자유나 인권과 같은 모든 인간 사회에 있어야 할 보편적 가치가 있게 마련이다. 이러한 보편적 가치는 문화의 차이를 뛰어넘어 모든 사람이 수긍할 수 있는 합리성이 있어야 한다. 개인 간에도 차이가 존재한다. 그러나 사람을 사람답게 만드는 어떤 글로벌 스탠다드global standard는 사람들 간에 존재할 수 있다. 조직의 경우에도 마찬가지다. 조직 별로 차이가 있을 수 있지만, 조직으로서 존립하기 위해 공통적으로 필요한 문화의 내용을 기준으로 삼아야 한다.

결국 이 문제는 상대주의의 특수성과 보편주의의 합리성 간의 균형을 추구하는 소위 제3의 길을 추구하는 것이 최선이 될 것이다. 어떤 식으로든 두 관점의 통합을 모색하는 시도들 가운데 찰스

테일러Charles Taylor의 관점이 있다. 그는 공동체의 정체성과 문화적 다양성이 담보하려는 다양한 개인의 존재를 전적으로 인정하면서도 인권의 보편적 가치와 상호존중을 인류공통의 가치로 주장하고 있다. 모든 특수성과 차이성을 인정하라는 그의 주장이 상대주의적 상황에 빠지면서 그가 당초에 목표로 삼았던 새로운 보편성 윤리를 위협할 수 있다는 지적도 있다. 그러나 개인주의를 초월하여 타인에 대한 관심과 배려를 통해서, 그리고 공동체 차원에서 문화적 차이에도 불구하고 타문화에 대해 인내심을 갖고 상대를 이해하려는 태도에서 진정한 통합은 가능한 것이다.[35)]

수 용

이정호 서울대 영문과 교수는 포스트모더니즘의 두드러진 특징으로 '불균형의 조화'를 강조해 왔다. 그는 이 시대가 하나의 지배적인 문화가 모든 흐름을 주도하는 것이 아니고, 개별화되고 차별화된 작은 문화권이 형성된 시대임을 강조했다.[36)]

바야흐로 개별적으로 서로 다른 가치관이 그 정체성이나 소속성을 잃지 않으면서 수용되고 그 바탕위에서 이루어지는 다원화가 절대적으로 요구되는 시대가 오고 있는 것이다.

다원화된 사회란 한마디로 타인의 존재를 의식하고 각자가 가진 고유성과 차별성을 솔직히 인정하는 가운데 서로의 지혜를 배우는 겸허한 태도를 그 기반으로 하는 사회다. 미래학자 다니엘 벨Daniel

Bell은 '혼합주의syncretism'라는 표현을 사용했다. 이 표현처럼 문화의 시대에는 다양한 문화양식이 서로 무차별적으로 차용되고 혼합되는 추세가 일반화될 것이다.[37)]

이 시대에 가장 필요한 생존의 자산은 상대방이 가진 문화 즉, 세상을 받아들이는 틀, 적응방식을 수용하는 능력, 그리고 문화적 소통능력이다. 환경, 조건, 역사, 전통, 관행 등등이 결합된 총체적 체계 속에서 사람의 사고와 행위를 설명하는 혜안과 기술이 필요하다. 그래야 새로운 시각과 신선한 지식을 개발할 수 있다. 타자와 타문화를 이해하고 향유하는 능력 즉, 문화적 소통능력과 문화의 수용능력은 이제 우리에게 가장 절실히 필요한 생존의 자산이다.[38)]

이상주는 그의 저서 『미래를 위한 한국교육』에서 진정한 의미의 세계화를 위해서는 다른 문화나 세계에 대해서 해박한 지식을 가지는 것만으로 충분치 않다고 강조했다. 그는 문화적 차이나 다양성을 너그럽게 받아들이는 관용스런 마음 즉, 문화적 상이성을 인정하는 태도가 중요하다고 말했다. 문화적 상이성에 대한 관용의 태도야말로 상이한 인종과 문화 사이에서 흔히 나타나는 위화감을 극복할 수 있게 하는 가장 근본적인 심리적 요소이기 때문이라는 것이다.[39)]

철학자이며 신학자, 영연방 유대교 최고 지도자 조너선 색스Jonathan Sacks는 6,000개 언어가 인류 문명을 풍요롭게 하듯이, 차이는 우리를 작게 하는 게 아니라 크게 하는 것임을 인정하자고 제안했다. 차이의 존엄을 이해하게 되면 인류는 다양성과 더불어 살아가는 법도 배울 것이고, 서로의 차이를 존중할 줄 아는 사람들끼리 소통하는 깊은 이해야말로 오늘날 인류에게 진정으로 필요한 희망의 열쇠라는 것이다. 그는 "과연 타자를 우리의 믿음과 생활 방식을 위협하는 존재로 볼 것인가, 아니면 인류 공동의 유산을 풍부하게 해준 존재로 볼 것인가" 물었다. 그러면서 "우리의 파괴 능력이 커진 만큼, 상상력의 관대함 또한 커져야 한다."고 주장했다.40)

다양한 문화적 접촉이 증가하고 있다. 이에 따라 다른 문화를 포용하는 자세가 필요해지는 동시에 자신이 속한 문화에 대해 정체성을 확보하는 일이 중요해 질 것이다. 다양한 문화가 어우러지는 사회에 대해서 이를 긍정적으로 보고 서로 존중해 주는 풍토가 필요할 것이다.

이러한 다문화주의multiculturalism에 대해 이견이 있기는 하지만 세계화와 정보화 사회에서 어느 정도의 다문화주의는 불가피한 선택으로 보인다. 다문화 사회에서 사람들은 다른 문화에 속한 사람들과 의사소통을 하는 능력이 중요해진다. 이러한 다문화와의 교류 능력intercultural competence은 교육을 통해서 함양될 수 있다.41)

다문화교육MCE:Multicultural education은 문화의 다양성을 인식하는 데서 출발해야 한다. 또한 각 개인이 적어도 한 개 이상의 문화집단에 동시에 소속돼 있으면서 서로 다른 문화집단과도 상호 연결되어 있음을 인식하는 데서 시작해야 한다. 학교는 학생들로 하여금 국가, 종교, 계층, 성별, 인종, 직업별로 다양하고 서로 다른 문화집단이 공존하고 서로 영향을 미치고 있음을 깨닫도록 해야 한다. 이를 바탕으로 하여 상대 문화집단을 이해하고 상호교류가 원활히

이루어질 수 있도록 도와주어야 한다.[42)]

요즈음 청소년들은 자기 자신만의 독특성을 추구하고 싶어 한다. 집단 속에 있으면서도 언제나 그 집단과는 다른 자기만의 독특성을 과시하고자 한다. 그들에게 남다르게 산다는 것은 옷, 행동방식, 취미, 여가 생활 등에서 나타나 보일 수 있도록 신경을 쓰면서 사는 것을 의미한다.

비록 대중문화를 통속적이고 자극적이며 상술이 연합된 천박한 문화로 보는 입장이 있지만, 분명한 것은 문화의 대중화현상은 시대의 흐름이다. 문화의 대중화가 편견과 완고함의 완화, 이질성의 수용을 통해 다양화, 개방화, 민주적 분위기를 진전시킨다는 사실을 인정해야 한다. 문화의 시대는 학교에게 그 교육대상인 10대 학생들을 문화수용의 주체로 인정하려는 노력을 요구하고 있다.

진정한 열린 교육이란 바로 다원주의가 교육의 근간을 이루는 교육을 가리킨다. 학교는 서로 다른 성장 환경과 상이한 문화적 규범을 가진 학생들이 모이는 곳이다. 학생 개개인이 가진 문화적 규칙은 학교의 규범이나 교사들의 가치관과 충돌을 일으킬 수 있다. 여기서 서로 다른 문화를 인정하고 수용해야 할 필요가 생긴다. 학생과 교사는 각각의 문화가 다르더라도 서로의 문화를 받아들일 수 있어야 한다. 각자의 고유성을 유지하면서 교류의 폭을 넓혀갈 수 있어야 한다. 문화 간의 충돌과 갈등은 교육의 역할 수행에 걸림돌이 될 수 있다. 학생들과 교사들이 스스로 주체가 되는 문화사이의 격차를 지나치게 내세우는 사태는 발생하지 않도록 해야 한다. 교사들이 학생들의 문화를 수용하지 않는 상황에서는 열린 교육을 하기 어렵다.

개성과 개별화의 자리가 없는 집단주의와 일방적인 커뮤니케이션으로는 미래에 필요한 사고의 탄력성과 창의력을 키울 수 없을 것이다. 열린 학교는 학생들의 다양성을 받아들이는 학교다. 학생마다 가지고 있는 고유한 가치를 모든 학생들이 인정한다. 이를 통해 구성원 개개인의 존엄성을 가장 중요한 결정변인으로 받아들이는 사회 분위기를 조성하는 데 결정적인 기여를 할 수 있다.

21세기는 열린 조직을 원하고 있다. 진정한 열린 조직은 상대방의 문화를 편견 없이 자유롭게 경험하고 이를 수용하고자 하는 자유의지가 제한받지 않을 때에만 가능하다. 구성원 개개인이 가진 고유성을 인정하고 개인가치를 높여 가는 과정이 일견 무질서하고 혼란스러워 보일 수도 있다. 그러나 이러한 과정의 효과적인 극복은 그 결과물이 조직 전체에 혜택을 줄 수 있도록 할 것이다. 다양성을 인정하고 발현을 조장하는 열린 조직에 대한 관심과 노력이 절실히 필요하다. 이는 포스트모던 시대에 인간중심의 조직문화를 지키기 위한 의미있는 투자가 될 수 있다.

문화의 시대에 조직 관리자가 맡아야 할 책무가운데 하나로서 문화 상대주의에 기초한 조직문화 키우기를 들 수 있다. 관리자는 먼저 각 구성원이나 부서별로 고유한 문화적 특성을 파악해야 한다. 이어서 어떻게 이러한 문화적 전통에 잘 맞는 조직 관리를 할 수 있는가를 고민해야 한다. 이들 가운데 어떤 조직문화를 집중적으로 강화해 나가야 할 것인지, 미래가 요구하는 새로운 문화를 어떻게 형성해 갈 것인지를 구성원들과 함께 논의해 갈 수 있어야 한다.

제3의 길

알바레스Alvarez 박사는 인도 서부 해안의 작은 관광도시 고아에서 아시아, 아프리카, 라틴아메리카에서 출판된 책들만 판매하는 대안 서점 아더북스토어를 20년간 운영해 왔다. 그는 또 서구의 학문적 전통이 갖는 '보편주의universalism'에 맞서 다원성 교육을 강조하는 '멀티버시티multiversity'운동을 이끌고 있다.

"인도에서는 연간 8만 종 이상의 책이 출간되지만 미국 영국의 책이 서가를 대부분 차지하고 있어요. 아시아, 아프리카에서 출판된 책은 거의 볼 수가 없죠." 알바레스가 말했던 내용의 일부다.

네덜란드 에인트호번공대에서 과학기술사 전공으로 박사학위를 받은 뒤 환경운동을 해 오던 그는 1984년 말레이시아 페낭의 '제3세계 네트워크' 설립식에 참석했다가 실험 삼아 말레이시아 환경보호 운동가들의 책들을 인도에 들여왔다. 생각보다 반응이 좋자 2년 뒤 장인 집에 책 창고를 만들고 책을 사러 아시아, 아프리카, 라틴아메리카를 돌아다니기 시작했다.

지역적 특성이 강한 책들을 주로 골라 들여온 뒤 우편으로 판매하던 그는 1988년 창고에 작은 서점을 열었다. 1990년엔 아예 출판사를 차렸다. 20년간 미국이나 영국에서 출판된 책은 단 한 권도 취급하지 않는데도 연간 250만 루피(약 7,000만 원)가량의 책이 팔린다. 그의 서점은 론리플래닛 가이드 등에도 등장하는 지역 명소이기도 하다.[43)]

위의 사례는 문화 보편주의와 문화 상대주의 사이의 갈등의 한

파편이다. 한 가지 분명한 것은 모든 문화가 국경을 뛰어넘어 실시간으로 직 · 간접적으로 영향을 미치는 개방된 시대에 상대주의나 보편주의 가운데 어느 한 쪽이 대안이 될 수는 없다는 것이다. 해결책은 문화적 특수성이 가진 편협성과 보편주의의 합리성을 균형 있게 조화시켜 나가는 것이다. 보편주의적 합리성을 수용하면서 문화적 특수성을 어떻게 가미할 것인가가 과제로 떠오른다.

미국 미시간대학 심리학과 교수인 리처드 니스벳Richard Nisbett은 『생각의 지도』에서 동양과 서양의 사고방식의 차이를 인정하고, 동양과 서양이 서로의 장점을 수용하여 두 문화의 특성이 함께 공존하는 문화 형태를 제시하고 있다. 그는 인간의 사고 과정은 문화와 상관없이 동일하다고 믿는 철저한 보편주의자였다. 그러나 이런 관점을 수정해 나가면서 상호보완적 융합의 가능성을 제시했다.[44)]

그는 마치 요리의 재료들이 각각의 속성은 그대로 지니면서도 서로 어우러져 하나의 새로운 요리를 만들어내듯이, 두 문화의 통합이 두 문화의 가장 좋은 특성들만을 모아놓은 걸작이 될 것을 기대하고 있다.

문화의 시대에 강한 조직은 구성원 개인별, 부서별로 맡고 있는 역할의 차이가 조직 전체의 문화를 분산시키지 않는 조직이다. 더 나아가 차별적이고 고유성이 강한 개인별, 부서별 문화를 수렴하여 조직 전체 문화를 경쟁력 있게 만들어 가는 분위기가 있는 조직이다.

전 피바디대 교수인 테렌스 딜Terrence Deal과 셀커크어소시에이츠

사장이었던 앨런 케네디Alan Kennedy는 차별성의 인정이 문화조직의 근간임을 강조했다. 그들은 "강한 문화를 가진 기업은 그들이 서로의 차이를 인내하고 극복하기 때문에 강한 것이다."라고 분석했다. 그러한 기업의 구성원들은 "이것을 깨달음으로써 서로 존중하고 단합하며, 이러한 차이점을 극복하기 위한 기회를 즐기게 된다."고 말했다. 그에 따르면, 이러한 과정에 참여한 모든 사람은 그들 자신의 역할과 전체 속의 일원으로서 보다 강력한 역할에 대하여 흡족하게 생각하게 된다.[45)]

조직의 경쟁력 제고에 상대주의적 사고방식이 긴요함을 지적하고 있는 것이다. 각 개인별, 각 부서별 문화가 특징적인 조직의 경우, 이들 부분 문화의 강화가 전체 문화의 강화로 이어질 수 있도록 분위기를 잡아나가야 한다. 서로 다른 문화를 수용해 가는 경험을 통해 조직 전체의 문화를 풍요롭게 할 것이다. 때때로 발생할 수 있는 갈등은 조직 전체를 결속시킬 수 있는 귀중한 자원이 될 수 있을 것이다. 미래 조직이란 개인별, 부서별로 존재하는 문화의 차이를 공유해 가는 조직 분위기를 가진 조직이다.

학교 조직의 경우에도 관리자의 교육관과 교사들의 교육관이 서로 다를 수 있다. 이때, 어느 한쪽의 의견만을 수용해야 하는 상황은 바람직하지 못할 것이다. 관리자가 가치관과 신념, 존경받을 수 있는 교사상을 제시함으로써 조직의 분산된 힘을 결집하는 일은 한 가지 예가 될 수 있다.

(주)럭키 사장이었던 성재갑은 "기업이 아무리 좋은 전략을 세우고 그에 따른 혁신을 하려 해도 조직 구성원간 내재되고 공유된 가

치세계 즉, 기업문화라는 기어와 맞물리지 않으면 공염불이 되고 만다. 기업문화가 기업의 혁신과 이상적으로 조화되고 결합될 때 기업은 활성화되고 전체적인 상승효과로 나타나 지속적인 성장을 이룩할 수 있다."고 강조했다.[46] 조직문화야말로 조직의 미래를 설정하는 데 기초가 된다. 각 개인이나 특정 부서가 가진 문화가 조직문화로 수렴될 때 문화는 경쟁력의 원천이 될 수 있는 것이다.

매력적인 조직은 보편적인 사고방식과 행동양식을 갖춘 구성원들로 구성되어 있어야 한다. 그러나 그 행동양식은 구성원 각자의 문화적 다양성이 폄훼되지 않으면서 존립하는 보편적 윤리이어야 한다.

차별성이나 정체성은 문화 시대를 살아가는 개인이나 조직의 경쟁력의 근원일 것이다. 문화 시대는 바로 이러한 차별성을 얼마나 효율적으로 결집시켜 조직의 존재이유를 확보할 수 있느냐에 조직의 생사가 달려있는 시대다.

비공식 네트워크의 활성화는 한 가지 방안이 될 수 있다. 이를 통해 구성원들이 가치기준을 공유하고, 특정 목표 달성을 위해 적극적으로 매진하도록 유도할 수 있다. 비공식 네트워크는 또한 상대적으로 권력이 있는 특정 문화집단의 문화나 가치관을 무시하는 문화폭력을 방지하는 데도 도움을 줄 수 있다. 이는 조직의 화합과 바람직한 문화경험을 가능하게 한다.

각 개인은 자신이 속해 있는 문화 없이는 존재할 수 없다. 조직의 문화 역시 개개인의 공헌이 있을 때 성립할 수 있다. 개인은 자신이 속한 조직이나 그 조직의 문화와 분리될 수 없다. 교사 개개인의 경쟁력이 모여 학교 조직의 경쟁력을 만든다. 개개인의 능력을 키우는 것은 궁극적으로 학교의 경쟁력을 제고시키는 일이 된다. 따라서 학교는 교사 개개인의 잠재능력을 최대한 발휘할 수 있도록 유인하는 동기부여에 지속적으로 투자해야 한다.

특히 비공식 네트워크의 활성화는 가장 주요한 투자 대상가운데 하나가 되어야 한다. 이는 각 교사가 가진 문화를 이해할 수 있는 기회를 넓혀 개개인이 가진 고유성의 통합을 통해 조직의 설립목적을 보다 효율적으로 달성할 수 있도록 하기 때문이다. 살아있는 비공식 네트워크는 학교 조직의 분산된 힘을 결집하는 데 큰 공헌을 할 수 있을 것이다.

비평정신

21세기는 소위 '전자의 세기'로서 첨단 통신수단들을 이용한 대량의 정보와 이미지로 넘쳐날 것이다. 각종 네트워크와 팩스, 휴대용 전화와 인터넷의 발달은 문화의 개념을 바꾸어 놓고 있다. 이제 문화는 무언가 특별한 것이거나 상류층이 즐기는 어떤 것이 아니다. 일상적으로 접하는 대중적인 문화가 그 중심을 이루는 시대가 되고 있다.

그러나 통신수단의 발달이 가져올 정보 · 지식의 풍요가 곧 문화의 질적인 향상을 보증하는 것은 아니다. 양적으로 풍부한 문화상품들이 곧 그 질까지 높여놓는 것은 아니라는 것이다. 대중문화가 자기만족적인 엘리트주의적 권위와 도덕적 편견을 극복하여 다원주의 사회로 나아가는 동인을 제공하고 있다. 그럼에도 불구하고 오히려 경제논리에 의해 압도되거나 대중문화가 갖는 역기능적 요소들로 인하여 문화의 격차만 넓혀 놓을 수 있다. 문화충격으로 사회의 혼란을 야기할 수도 있다. 대중문화는 그 표현양식으로 볼 때 긍정적인 측면과 부정적인 측면을 동시에 가지고 있다. 선택을 마음대로 할 수 있긴 하지만 판단하는 자세가 성숙되지 못한 경우에 비이성적이며, 편향된 수용에 따른 문제가 예상되기도 한다.

문화라는 복잡한 실천체계는 해석을 요구한다. 해석을 거쳐서 비로소 문화는 미적인 기준을 갖고 나타난다. 문화는 해석이라는 지적인 해석을 거치지 않고는 우리의 일부로 나타나지 않는다. 민족문화의 경우를 보더라도 지역적으로 특수한 부분들은 보편주의적 해석의 과정을 거쳐서 재구성되어야 세계적인 평가의 대상이 된다.[47]

대중문화의 확산으로 사람들은 많은 정보를 공유하게 되고 이들에 대한 가치 판단을 일상적으로 하게 되었다. 이러한 상황에서 개인 혹은 조직의 문화를 스스로 비판적으로, 합리적으로 해석할 능력을 가지고 있느냐 그렇지 못하느냐가 지적 수준을 판가름하는 요인이 되고 있다.

다양한 가치가 공존하는 상황은 윤리적 상대주의의 경향성이 짙은 분위기를 자아낼 수 있다. 이는 자칫 무책임한 선택, 허무주의적 자포자기, 모든 것이 마찬가지라는 값싼 평등의식과 무조건적인 다수결주의에 빠지기 쉽도록 만들 수 있다.[48] 비평정신은 이러한 상황에서 더욱 강조될 필요가 있다. 교사들은 비판적 사고를 통해 책임 있는 선택을 해야 한다. 가치가 다양하다고 하여 아무것이나 선택하는 것이 아니다. 오히려 다각적인 분석과 평가가 수반되는 책임 있는 선택이 이루어지도록 해야 한다.

비평이 자유로운 개방된 조직 분위기는 경쟁력 개선에 큰 도움이 될 수 있다. 교사 개개인의 주관적인 해석과 의견은 미래 학교의 귀중한 자산이다. 이러한 자산들이 제대로 선용되려면, 비평정신을 격려하는 개방적인 조직 분위기는 필수적이다. 비평정신은 끊임없이 조직의 강점과 약점을 점검하고 이를 보완해 가는 데 공헌할 수 있다.

문화의 시대에 학교는 대중문화의 긍정적 측면과 순기능을 키워주는 역할을 수행하는 기관으로 자리 잡아야 한다. 이를 위해 교사들은 '표현의 자유와 함께 이에 따르는 책임에 대한 의식'을 학생들에게 심어줄 수 있어야 한다. 지나친 상업주의나 외양중시풍조와 결합된 문화상품은 경계의 대상이다. 이러한 저급한 문화상품이 대중전달매체를 통해 무분별하게 전달되도록 해서는 안 된다. 판단이나 의식이 확립되지 않은 학생들을 하류 문화로 유인해 갈 수 있기 때문이다.

학생들은 대중문화를 통해 새로운 경험을 얻게 된다. 이러한 경험은 인격형성과 그 성숙도에 영향을 미칠 수 있다. 미래 사회를 이끌어 갈 학생들이 대중문화의 다양성에서 인격도야의 기회를 얻을 수 있도록 유도해 가는 일은 미래를 위해 학교가 맡아주어야 할 일이다.

학교는 학생들이 다양한 문화적 체험을 통해 사회의 '공적인' 가치체계를 형성할 수 있도록 해야 한다. 이를 통해 미성숙한 아동을 성숙한 사회인으로 길러낼 수 있다. 이러한 사회적인 가치체계의 습득을 통해 각 개인은 보다 건전한 의식과 가치관을 갖고 사회에 적응할 수 있게 된다.

그 동안 학교교육에서는 획일성, 타율성이 강조되어 왔다. 이는 비판적 사고능력을 키울 수 있는 기회를 박탈해 왔던 것도 사실이다. 이제 비평정신을 갈고 닦을 수 있도록 해야 한다. 이때 대중문화에 대한 획일적인 비판만이 문제를 해결할 수는 없다는 판단이 바탕에 있어야 한다. 보다 균형 잡힌 분별력을 바탕으로 수용과 거부가 이루어질 수 있도록 교육시켜야 한다. 이를 통해 부정적인 측면의 수용을 억제하고 긍정적인 측면의 수용을 확대할 수 있게 될 것이다. 대중문화의 능동적 수용을 통해 건전한 인격형성이 가능할 것이기 때문이다.

학교에서 키워준 문화에 대한 의식과 안목은 학생 개개인이 수준 높은 문화상품을 향유할 수 있도록 할 것이다. 또 개인과 함께 사회 전체가 문화적으로 성숙될 수 있는 기회를 늘려 갈 것이다. 이러한 노력은 우리 사회의 중류문화의 질을 높이고, 동시에 문화소외계층이 보다 쉽게 중류문화와 만날 수 있도록 하는 데 기여할 수 있다.

7장

문화 생산자

문화의 시대에는 각자의 개인생활이나 사회생활을 보다 문화적으로 표현하고자 한다. 창조적이고 자발적인 활동을 통한 자아실현에 의미를 부여하는 경향이 심화될 것이다. 차별성과 개성으로 정체성을 확보하고자 하는 욕구가 늘면서 '선택' 문제에 관심이 증대될 것이다. 남들이 소유하지 못한 것을 얻으려고 경쟁하기 보다는 자신에게 어울리는 생활방식을 선택함으로써 삶의 질을 높이는 데 초점이 맞추어 질 것이다.

이러한 경향은 문화산업이 빠르게 성장하는 밑거름이 되고 있다. 문화산업은 일반산업의 배 정도로 빠르게 성장하고 있는 것이 세계적인 추세다. 미국의 경우, 문화산업은 수출의 규모와 이익률 면에서 1, 2위를 다투는 산업이다. 우리나라에서도 경제성장 평균치보다 3배 정도로 빨리 성장하고 있다.[49]

미국의 미디어 랩이 내놓은 보고서도 2020년에 산업의 50%가 여가와 오락산업이 될 것으로 예측하고 있다. 여가를 즐겁게 보내고, 있는 시간을 즐길 수 있는 문화 산업이 절반을 차지한다는 것이다. 그리고 사람들은 새로운 경험을 축적하기 위해서 돈과 시간과 노력을 쏟아 붓게 된다. 여행 산업이나 영화, 음악, 전시회와 같은 예술이 우리 생활에서 차지하는 비중이 상상을 초월할 정도로 높아지게 된다고 한다.50)

전반적인 소득의 증가와 취향의 다양화로 문화 시장의 규모는 기하급수적으로 증가할 것이며, 문화는 기존 산업 영역과 빠르게 결합하면서 주요 기간산업으로 발전할 것이다. 이러한 상황에서 미래를 생각하는 조직은 소비 중심의 문화가 생산 중심의 문화로 대체되어 가는 흐름에 대비해야 한다.

성신여대에 재직하고 있는 심상민 교수는 그의 신간 『컬처 비즈니스』에서 문화경영으로 가는 지침 일곱 가지 가운데 하나로 "소비하는 문화에서 생산하는 문화"로 가야한다고 주장했다. 집에서 TV를 보거나 극장에서 영화를 보고 뮤지컬을 관람하는 것과 같은 엔터테인먼트는 문화를 경시하는 것이라고 단언하고 있다. 보고 즐기는 관객의 자리를 박차고 나와서 생산하는 문화를 꿈꾸어야 한다는 것이다.51)

리프킨도 같은 생각을 가지고 있다. 그는 글로벌 경제의 중심축이 상품과 서비스의 소비에서 체험의 소비로 다시 한 번 바뀌고 있는 오늘날, 인간의 본성도 다시금 변화를 겪고 있다고 말했다. 지난 세대의 사람은 자신을 '양식 있는 인간'으로, '매력 있는 인간'으로 여겼다. 거기에는 생산 중심의 가치관, 소비 중심의 가치관이 각각 반영되어 있었다. 그러나 새로운 세대사이에서는 스스로를 문화라는 장터를 이루는 수많은 드라마에서 연기하면서 각본과 무대를 경쾌하게 옮겨 다니는 '창의적 공연자'로 간주하는 경향이 늘고 있다고 분석했다.52)

미래에는 매력적이고 가치있는 문화를 생산해 낼 수 있는 조직이나 개인이 경쟁력을 가질 것이다. 남과 차별화 되는 아이덴티티identity를 창조해낼 수 있는 능력을 갖추는 일도 자신의 존재감을 살려나가는 데 중요한 자원이 된다.

따라서 조직의 성공과 실패는 구성원들이 지니고 있는 의미있고 희소가치가 있는 생각과 아이디어를 얼마나 잘 이끌어낼 수 있는가에 달려 있게 될 것이다. 한 걸음 더 나아가 이러한 생각과 아이디어를 어떻게 가공, 유통, 확산시켜서 경제적, 사회적으로 새로운 부가가치를 생산해 낼 것인가가 조직의 과제가 될 것이다.

구성원 개인의 문화적 욕구를 충족시킴으로써 조직의 생산성을 향상시키는 노력이 학교에도 필요하다. 물질적 삶의 보장은 물론 교사 개개인에게 삶의 의미 전달이나 동기 부여를 함으로써 성공적인 조직을 만들어갈 필요가 있다.

이를 실행하려면 구성원들이 상상력을 마음껏 발휘할 수 있도록 조직과 제도를 개선해야 한다. 아울러 상상력의 의미를 깨닫고 앞서가는 생각과 아이디어로 새로운 가치를 창출하는 구성원에 대해 충분한 보상이 있어야 한다. 그러나 동료들의 상상력에 대해 달갑지 않게 여기거나 냉소를 보내 동료들의 창의력과 상상력의 싹을 잘라버리려는 사람들은 비난받아 마땅하다. 새로운 상상이 실험되고 개화할 수 있는 환경과 여건을 만들어 주는 것이 중요하다.

리프킨의 표현대로 새로운 시대의 주역은 근면이 아니라 창조다. 사업은 일보다는 유희에 가까워질 것이다. 문화사업의 초석이라고 할 수 있는 창조성과 예술성을 확보하기 위해 모든 분야의 기업이 조직 환경을 재구축하는 작업에 나서고 있다. 업무 환경은 실체험의 마케팅과 문화적 연기를 중시하는 유희환경으로 서서히 탈바꿈하고 있다. 기업은 예술적 창조성을 유도할 수 있는 여유로운 분위기를 조성하기 위하여 '놀기 좋은' 온갖 종류의 혁신적 제도를 도입하고 있다.[53)]

그 동안 검증받은 과거가 학교의 존립에 큰 힘이 되어 온 것은 부정할 수 없는 사실이다. 우려스러운 것은 과거에 대한 편협한 집착이 학교 조직의 상상력의 발현을 가로막는 장벽이 되는 일이다.

실패에 대해 지나칠 정도로 예민한 문화를 가지고 있다는 평가도 학교 조직이 문화 생산 기관으로 서기 위해서 뛰어넘어야 할 과제다. 학교 조직에도 실험정신이 고양될 수 있는 분위기를 마련하는 일도 필요하다. 이건희 삼성그룹 회장이 2007년 신년사에서 이야기한 "실패와 창조는 물과 물고기 같아서 실패를 두려워하면 창조가 살 수 없다."는 말을 새겨들을 필요가 있다.[54)]

독특한 가치를 지닌 무엇인가를 끊임없이 창조해 내는 사회만이 문화적으로 풍부해 질 수 있다. 일시적으로 관심을 끌기보다는 지속적으로 관심을 가질 수 있는 가치를 창조할 수 있어야 한다. 이러한 요구와 관련해서 학교는 이제 문화의 계승, 발전과 함께 그 창조를 위한 보금자리가 되어야 한다. 문화의 일부가 된 학교는 의식있는 문화 생산자를 키우는 기관으로 자리 잡아야 한다. 이를 위한 노력은 학생 개개인과 함께 사회 전체가 문화적으로 성숙해질 수 있는 기회를 늘려나갈 것이다. 대중문화의 문화생산성을 높이는 데 결정적으로 기여할 것이다.

학교에서는 획일화되고 경직된 평균적인 인적자원을 양성하는 역할도 중요하다. 그러나 미래의 문화개인으로서 풍부하고 수준 높은 문화를 즐기는 데 필요한 안목과 지식을 심어주어야 한다. 또한 보다 경제적으로 문화혜택을 누릴 수 있기 위해서 요구되는 지식도 전수해 주어야 한다.

문화상품의 향유, 활용과 함께 중요한 것은 문화의 창조가 개인과 사회에 갖는 의미를 일깨워 주는 일이다. 특히 문화상품을 생산해내는 데 필요한 테크닉과 매체를 다루는 기법과 관련한 지식을 키워 주는 일일 것이다. 한 마디로 학생들을 문화생산자로 키워내야 한다. 상상력과 창의력 있는 사람은 갑자기 등장하지 않는다. 학생들이 새로운 아이디어를 끊임없이 제시하고 이를 문화 상품화시킬 수 있도록 고무하는 노력이 뒷받침될 때 가능하다. 학생들의 상상력과 실험정신을 키워 주는 일에서 시작해야 할 것이다. 미래 사회는 창의적이고 유연한 프로를 원하고 있다.

물론 이러한 견해에 대한 반론이 있을 수 있다. 공교육이 학생들이 입학할 때 지닌 지식적, 문화적 격차를 줄여 주는 것이 아니라 거꾸로 그 차이를 유지 또는 강화시킬 수 있는 가능성 때문이다. 그러나 교육기회 확대를 통해 학생들이 가진 긍정적인 면을 신장시키는 것도 학교의 주된 기능이 되어야 한다는 데 대해 이의를 제기할 사람은 없을 것이다. 특히 정보화의 진전으로 사회적, 경제적 수준에 관계없이 교육의 기회가 급격히 확대되고 있다. 공교육을 지배계급의 이데올로기를 강화하는 도구로 보는 주장은 이제 힘을 잃어 가고 있다. 오히려 학교를 문화 생산자를 양육하는 문화의 산실로 만들어 가는 노력이 절실한 때다. 문화 창조 능력을 키워줄 수 있는 학교가 필요한 때다.

학교는 또한 양질의 즐거움을 부여할 수 있는 문화공간으로 자리잡아가야 한다. 지역사회의 문화적 기능을 대행하고, 한 걸음 더 나아가 도덕적인 지표를 제시해 주는 역할 또한 학교의 존재이유가 될 수 있다. 지역주민들의 문화수준 높이기는 결국 학교에 대한 기대수준의 상승을 가져오게 된다. 이는 다시 지역사회에 대한 수준있는 문화 형성이라는 선순환의 고리를 만들어 갈 수 있다. 교사와 학생들이 활동하는 장을 넓히고 여러 사람들이 각자의 문화적 경험을 공유할 수 있도록 해야 한다. 이렇게 함으로써 문화 전수기관이라는 전통적인 역할을 뛰어넘어 지역사회에 꿈을 심어 주는 문화 창출 기관으로 거듭날 수 있다.

상상력

채드 헐리Chad Hurley와 스티브 첸Steve Chen이 동물원 여행을 담은 동영상 1개로 시작한 동영상 공유 사이트인 유튜브는 젊은이들 사이에 입소문을 타고 퍼지기 시작했다. 하루 평균 1억 건의 동영상이 재생될 만큼 폭발적 인기를 누리게 되면서 2006년 10월에 구글에 무려 16억5,000만 달러에 인수되었다. 두 사람은 불과 1년여 만에 천문학적 액수의 돈을 챙겼다.

세계적인 인터넷 서점인 '아마존'의 창업자 제프 베조스Jeff Bezos도 아마존을 세우기 전까지만 해도 디이쇼라는 펀드 회사에 다니는 평범한 직원이었다. 그는 인터넷을 통한 도서판매라는 새로운 사업 아이디어를 갖게 됐다. 이를 회사에 제안했지만 회사에서는 인터넷 서점이라는 생소한 아이디어에 냉담한 반응을 보였다. 이에 베조스는 직접 아마존이라는 회사를 차렸고 전세계적으로 인터넷 서점의 바람을 불러일으켰다. 만일 디이쇼가 베조스 사원의 신선한 아이디어를 수용했더라면 엄청난 가치를 가진 사업기회를 가질 수 있었을 것이다.

이상의 두 가지 사례는 창의적인 상상력이 가지고 있는 엄청난 가치를 잘 보여준다. 농경 시대에는 농토가, 산업화 시대에는 기계와 자본이, 정보화 시대엔 지식이 가치를 창출했다면, 다가올 미래에는 창의적 아이디어가 가치창출의 원천이다.

요한 팔루단John Paludan 코펜하겐미래학연구소 국장은 "산업화가 만들어낸 자동화는 이제 인류에게 자동화가 불가능한 다른 일을 요구하고 있다."라고 하면서 "상상력과 창의력이야말로 자동화가 영원히 불가능한 분야"라고 말했다. 자동화가 불가능하다면 사람에게 의존할 수밖에 없다.

인터넷이 보편화되고 정보가 민주화되면서 이젠 정보의 유무가 더 이상 경쟁력을 좌우하지 못하게 되었다. 만일 지식과 정보가 경쟁력을 좌우한다면, 유튜브는 세계적 IT기업에 의해 만들어졌어야 했다. 그러나 유튜브는 마이크로소프트나 인텔, 구글이 아닌 더벅머리 청년의 머릿속에서 나왔다. 팔루단은 이제 "산업화, 정보화를 이룬 나라와 기업들이 앞으로 차별화하고 경쟁력을 지탱할 수 있는 방법은 오직 상상력 뿐"이라고 결론짓고 있다.[55]

이제는 조직이 가진 창의적인 아이디어나 상상력의 잠재력이 중요한 세상이다. 조직 구성원들이 가진 상상력을 얼마나 발현시켜 이를 실용적인 가치의 창조로 연결할 수 있느냐에 조직의 성패가 달려있다. 그렇다면 상상력을 갖춘 조직을 만들기 위해서는 어떻게 해야 할까? 무엇보다도 구성원의 상상력을 존중해 주는 조직문화를 형성하는 것에서부터 시작해야 한다. 이러한 조직문화는 창조의 장을 마련해 주어 구성원의 열린 마음과 상상력에 불을 지핀다.

만일 어떤 학교가 조직문화의 경제적 가치를 인식하고 부가가치가 높은 문화를 보유하고자 한다면, 교사들의 문화적 삶의 질을 높여나가는 노력이 전제되어야 한다. 한 학교의 문화가 가진 경쟁력을 높이는 데 가장 필요한 창의력과 기획력은 교사들이 가진 문화적 상상력의 잠재력을 끌어올려 개화시킬 때만 얻어낼 수 있다.

미래를 대비하기 위해서 학교가 활용할 수 있는 자원을 생각해보자. 건물이나 운동장, 교구재 등 하드웨어는 아니다. 원격교육이 활성화된 미디어 시대에 하드웨어는 상대적으로 덜 중요할 수 있다. 과거의 검증된 지식을 전수하는 전통적인 역할에 몰입하는 데 필요한 시스템도 아니다. 교사들이 가지고 있는 지식과 열정, 창조성이 바로 해답일 것이다. 교사 개인의 자산은 무엇일까? 개인의 창조성일 것이다. 이러한 창조성은 굳어진 틀을 벗어나 자유로운 상상력이 뒷받침될 때 비로소 발현된다.

학교경영 환경의 변화를 볼 때 상상력을 중시하는 조직문화의 중요성은 더욱 커진다. 수직적 조직에서 수평적 조직으로 바뀌는 경향이 심화되고 있다. 대그룹에서 소그룹 · 개별화 단위로 분화 · 전문화되고 있다. 위계질서에 따른 관리 중심의 문화로는 조직을 효과적으로 경영하는 데 한계가 있다. 교사 개개인의 창의성이 조직 전체로 연결될 때에만 학교는 비로소 창조적이 될 수 있다. 이를 위해서는 교사들이 개성과 상상력을 표출하고 정보를 교류할 수 있는 풍토가 필요하다.

창조경영으로 유명한 삼성전자가 2008년 11월 17일에 서초동 신사옥으로 이전하면서 내세운 경영 패러다임은 학교 조직에게도 매우 시사적이다. "태평로 시대의 삼성맨이 열심히 일하는 인간인 '호모 에코노미쿠스homo economicus'였다면 강남 시대의 삼성맨은 창의적으로 일하는 '호모 크레아투라homo creatura'가 돼야 한다."였다.

이와 관련한 가장 큰 변화는 복장과 자리 배치다. 신사옥에서는 더 이상 '관리의 삼성'을 대변해온 일자형 자리 배치를 찾아볼 수 없다. 직원들 자리가 한 줄씩 늘어세운 일자형에서 셀cell형으로 전면 재배치된다. 셀 한복판에는 탁자를 둬 언제든지 마주보고 대화를 할 수 있도록 했다. 앞서 삼성은 지난 9월 복장을 비즈니스 캐주얼로 자율화했다.

또한 신사옥에선 임원뿐 아니라 일반 직원도 전면과 좌·우면에 칸막이가 설치된 자신만의 독립적 공간을 갖게 된다. 또 각층에는 외국 기업에서나 볼 수 있었던 스낵바가 생긴다. 삼성은 "개성을 존중해야 창의적인 조직을 만들 수 있기 때문"이라고 말했다.[56]

학교는 전통과 상상력의 만남이 이루어지는 공간이 되어야 한다. 상상력을 유발하는 생활환경을 조성해주어야 한다. 상상력이 발현되기 어려운 상황에서 학생의 문화적 삶의 질이 높아질리 없다. 문화적 삶의 질이 형편없는 가운데 창조성의 수준이 높아지길 기대할 수도 없는 노릇이다. 창조성의 제고를 위해 가장 필요한 일이 문화적 다양성의 확보이며 상상력을 발현하는 환경을 조성하는 일이다.

학교에서 야생화를 심어 가꾸고 명화를 복도에 걸어 놓는 이유는 학생들에게 예술적인 환경을 만들어 주기 위함이다. 직선으로 배열된 전통적인 형태의 교무실은 상상력을 부추기는 모습으로 바뀌어야 한다. 상상력이 생활의 현장과 함께 한다는 의식을 학생들에게 심어줄 필요가 있다.

학교 풍토를 상상력을 발현시키는 방향으로 만들어 가는 것 못지 않게 중요한 것은 상상력 키우기로 교육의 방향을 잡는 일일 것이다.

팔루단 국장은 상상력 시대의 교육은 산업화, 정보화 시대의 교육과는 질적으로 달라야 한다고 했다. 그는 "학생에게 지식과 특화한 기술을 가르치는 현 교육목표는 이제 수정돼야 할 것"이라며 "앞으로는 상상력을 키워줄 수 있는 교육이 절실하다."고 밝

혔다.57)

미래의 교육 목표는 학생들이 창의력과 도전정신을 갖도록 하는 것이 되어야 한다. 이를 바탕으로 실용적 가치를 창출할 수 있는 능력을 키워주어야 한다. 이를 위해서는 어려서부터 상상력을 키우고 창의력을 키울 수 있는 교육환경이 만들어져야 한다.

빠른 속도로 진행되는 환경 변화에 대응하여 창의력과 상상력에 기초한 새로운 교육프로그램이 요구되는 시대가 된 것이다. 이제 모든 상품은 상상력의 영향을 받고 있다. 상상력을 배제하고 교육을 시키는 것은 미래에 대한 준비를 포기한 것이나 같다. 전통의 장벽을 뛰어넘어 상상력의 한계를 넓게 만들어 주는 교육프로그램이 준비되어야 한다.

이를 위한 교육프로그램을 만들 때 상상력이 그것만 따로 뚝 떨어져 존재하는 것이 아니고 다른 능력과 연결되어 있음을 염두에 두어야 한다. 또한 학생 혼자서 만들어 내기 어려울 때 지원을 해 줄 수 있는 체제가 필요하다. 학생들이 팀을 이루어 상상력을 모아 갈 수도 있다. 상상력이 뛰어난 상품을 만들어 내려면 전문가의 도움이 필요할 수도 있다.

학생들에게 상상력을 통한 문화를 생산해내는 방법을 교육시킬 수 있는 학교로 미래의 모델을 삼아야 한다. 학교는 학생들이 실험적 도전을 할 수 있도록 여건을 만들어주어야 한다. 장기적으로 상상력과 비즈니스 마인드를 동시에 지닌 인재가 필요한 상황에서 학교가 나서서 창의적 인재를 확보하는 데 관심을 둘 때다.

창조 경제

유엔무역개발회의UNCTAD는 2008년 4월 20일 사상 처음으로 발표한 '창조경제 보고서 2008'을 통해 '창조적 산업'을 바탕으로 한 창조경제가 세계 각국에 새로운 전략적 기회를 제공할 수 있다고 밝혔다. 보고서는 창조경제의 명확한 정의는 아직 없지만 창조성과 지식, 정보를 핵심 요소로 하는 창조경제는 지식기반 경제의 주요 원천이 될 수 있음을 밝히고 있다.

창조경제의 교역 규모는 점차 비중이 높아지고 있다. 1996년 2,274억 달러이던 창조 상품 및 서비스 교역은 2005년엔 4,244억 달러로 86% 급증했다. 2005년을 기준으로 전세계 무역의 3.4%를 차지했다.

창조경제가 아시아를 중심으로 한 개발도상국가에서 빠르게 성장하고는 있지만, 아직까지 유럽 등 선진국이 시장을 장악하고 있다고 보고서는 분석했다. 개도국의 창조경제 교역 규모는 1996년 전체의 29%에서 2005년 41%로 크게 늘었다.

국가별 창조상품 수출(2005년 기준) 상위 10개국을 보면 중국이 18.3%를 차지해 1위, 이탈리아가 8.3%로 2위이며 홍콩이 8.2%로 3위를 기록했다. 그리고 미국(7.6%), 독일(7.4%), 영국(5.7%), 프랑스(5.3%), 캐나다(3.4%), 벨기에(2.8%), 스페인(2.7%) 순이었다. 아시아 국가들로는 인도가 11위, 일본이 14위다. 특히 인도는 2000~2005년 성장률이 21.1%로 최고였으며 터키가 18.3%, 폴란드가 18.2%, 중국이 17.6%로 주목을 받았다.[58)]

문화가 산업화되면서 상품화를 통해 새로운 경제적 가치를 창출하고, 삶의 질을 향상시키는 원천이 되고 있다. 이른바 '창조 산업creative industry' 혹은 '창조 경제creative economy'의 발달이 주목되고 있는 것이다. 창조 경제는 문화와 경제, 기술이 융합된 것으로 광고, 건축, 예술, 고미술, 공예, 디자인, 패션, 영화 및 비디오, 컴퓨터 게임, 음악, 공연, 출판, 소프트웨어와 컴퓨터 서비스, TV 및 라디오 등의 기존 문화산업, 서비스업, 지식경제영역을 아우르는 산업으로서 개인적 창의성, 기술, 능력에 근거를 두고, 지적 자산의 창출과 활용을 통해 부와 직업을 확보할 수 있는 산업을 가리킨다.[59)]

오래 전부터 창조경영을 강조해 온 삼성의 이건희 회장은 1997년 저술한 그의 저서 『이건희 에세이』에서 이미 창조경제 시대의 도래를 예견하고 있다. 그는 이 책에서 21세기를 "단순히 상품만 만들어 파는 시대가 아니라 창의력과 아이디어, 정보를 모아서 새로운 가치를 만드는 시대"라고 규정했다. 그는 앞으로 경쟁의 원천은 "지식과 정보, 창조성 등 인간의 두뇌 자원"이 될 것으로 예견했다. 따라서 미래의 주역은 바로 "창조력이 뛰어나고 자기 분야의 전문 지식이 월등한 골드칼라"일 것이라는 강력한 메시지를 보냈다.

창조적 아이디어가 가치 창출의 원천이 될 것이다. 그렇게 되면, 창조적인 사고와 감각을 지니지 못한 개인이나 조직은 평범한 개인과 조직으로 남게 된다. 새로운 가치 창출에 실패하는 개인이나 조직은 성장해 갈 수 없다. 각 사람이 가진 재능이 피어나도록 터전과 틀을 만드는 데 힘써야 한다.

창조성을 발휘해 문화 상품 생산자로 서기 위해서는 구성원들이 아이디어를 수시로 내려는 노력이 자발적으로 이루어지도록 해야 한다. 구성원 각자는 현재 담당하고 있는 업무에 국한되지 않고 이를 발전시키고 응용하여 가치를 부여해 가는 노력을 해야 한다. 조직 관리자는 구성원 각자의 특출한 잠재 능력을 개발해 역량을 강화하는 데 투자해야 한다. 창의성 넘치는 분위기를 조성하는 일도 게을리 해서는 안 된다. 이러한 노력은 자연스럽게 조직의 문화적 성과물로 연결될 것이다.

학교가 문화 생산자로 자리 잡기 위해 관리자는 먼저 학교가 달성하고자 하는 꿈을 명확히 제시해야 한다. 이어서 이를 실현하기 위해 교직원들이 학교를 창의적 공동체로 만드는 과업에 몰입하도록 독려할 수 있어야 한다. 교장은 교직원 각자의 문화에 대해 더 많이 알아야 한다. 그들의 문화를 수용하고 응용할 수 있어야 한다. 학교는 교직원들이 모여 그 설립 목표를 달성해 가는 장소다. 그러나 학교는 교직원 개개인이 각자의 꿈을 이루는 장소도 되어야 한다.

구성원들의 참신한 발상을 조직의 존재 이유를 설명하는 산출물로 발전시킬 수 있는 시스템도 준비되어야 한다. 조직 내 다양한 분야의 사람들이 가지고 있는 지식과 경험을 모아 혁신적 아이디어를 도출해가야 한다. 구성원들 사이에 경험의 공유를 통한 창의성의 극대화가 창조경제를 뒷받침할 수 있다. 이러한 창조성을 유발하기 위해서는 구성원 간, 부서 간 신뢰와 협력관계에 기초한 팀플레이가 원활히 이루어지도록 해야 한다.

켈로그 경영대학원에서 연구교수로 재직하고 있는 앤드류 라제기Andrew Razeghi는 그의 신간 『리들－비즈니스 창의성을 깨우는 부와 성공의 수수께끼』에서 "비즈니스 창의성은 기업에서 일하는 모든 이에게 잠재되어 있는 능력"이라는 점을 지적했다. 라제기는 우리가 가지고 있는 창의성에 대한 통념과 달리 창의성이 결코 우연의 산물이 아니며 논리를 전제로 한다고 주장했다. 또한 비즈니스 세계에서 순도 100%의 새로운 아이디어는 없으므로 결국은 지식과 경험을 통합해 새로운 컨셉을 만들어내는 능력이 필요하다는 점을 역설했다.60)

관리자는 교사들에게 잠재되어 있는 창의성을 끄집어내어 학교를 위해 가치있는 아이디어로 구체화시킬 수 있어야 한다. 라제기의 지적대로 창의성은 결코 우연의 산물이 아니며 논리를 전제로 한다는 점을 기억하고 있어야 한다. 그리고 교사들이 가지고 있는 지식과 경험을 통합해 새로운 컨셉을 만들어 내는 능력이 발휘되도록 유인해야 한다. 일부가 아닌 전체 구성원의 총체적 창의성을 이용해 미래를 만들어 가는 것을 목표로 해야 한다.

새로운 창의적 성과물의 실용적 가치는 매우 중요하다. 새로운 가치를 창출하기 위해서는 기존 제품과 기존 운영 방식을 갈고 닦는 것만으로는 부족하다. 창조적이고 실용적인 가치 창출이 있어야 한다.

송인회 한국전력기술 사장은 창조적 실용주의를 강조했다. 창의성과 실용적 가치는 수레의 두 바퀴라고 표현했다. 유용성 · 효율성 · 실재성을 확보하지 않고는 어떤 생각이나 정책, 전략도 무용해지고 있다. 창의성 없는 실용은 무의미하고, 실용이 없는 창의성은 공허하다. 창의적 활동을 통해 새로운 실용적 가치를 끊임없이 창조해 가는 조직이 경쟁력 있는 조직이다.[61]

학교가 생산할 수 있는 창조적 성과물 가운데 하나로 문화 콘텐츠를 들 수 있다. 학교에서 제공하는 문화 상품의 경우, 문화 자원이 부족했던 과거에 학생들은 순전히 필요 때문에 학교의 문화 상품을 소비했다. 하지만 사회에 문화 상품들이 넘치면서 학교의 문화 상품이 학생들의 문화적 욕구를 만족시키기는 쉽지 않아 보인다.

학생들의 문화적 안목이 날로 세련되고 다양해지고 있다. 대부분의 학생들은 이제 '필요해서'가 아니라 '좋아서' 문화상품을 요구하고 있다. 이러한 상황에서 이들의 잠재된 문화적 니즈를 이끌어 내고 문화를 생산하는 주체로 서기 위해 학교는 자체적으로 내실있는 콘텐츠를 개발할 수 있어야 한다. 학교는 학생들의 감성에 호소할 수 있는 문화 상품, 문화 콘텐츠를 만들어 낼 수 있는 능력을 갖춰야 한다.

이때 청소년들이 기성 세대에 비해 문화상품을 다양하게 소비하는 데 익숙해진 세대라는 점을 잊어선 안 된다. 교사와 학생들과의 문화적 교감과 소통을 통해 생산자로서도 소비자로서도 학생들의 의견을 수용해야 한다.

이제는 만드는 사람이 가치를 정하는 것이 아니라 웹 2.0처럼 고객이 상품의 가치를 정하는 시대가 됐다. 박수근의 그림 '시장의 여인들'을 종이나 물감, 시간 등의 원가로만 따지면 10만 원 아래일지도 모른다. 하지만 그의 그림을 사랑하는 사람들은 그 작품에

25억 원이라는 가치를 매겨주었다. 고객이 가치를 매기는 시대이기에 경영에는 창조적인 발상이 더욱 필요하다.[62] 학교는 과거의 경험에 의존한 시스템에서 벗어나 종전과는 다른 혁신적인 문화 콘텐츠를 적극적으로 개발해야 한다.

문화 생산자로서 학교의 또 다른 역할은 재미있고 감동 있는 문화 상품을 만들어낼 창의력 있는 인재들을 키우는 일이다. 이를 위해 교사들은 학생들의 상상력을 상품화할 수 있도록 지원할 만큼 전문성을 갖춰나가야 한다. 필요시에는 기획 단계부터 전문성을 가진 이들을 참여시킬 수도 있어야 한다.

이와 함께 임선하 현대 창의성 연구소장의 의견처럼 학생들이 교과 공부를 통해 얻은 지식들을 실제적인 삶의 장면에서 활용할 수 있게 해주어야 한다. 사고를 할 때 활용할 풍부한 지식이 있어야 한다. 다만, 학교가 처음부터 끝까지 지식 교육에만 머무는 게 문제다. 학생들은 습득한 지식으로 새로운 아이디어를 낼 수 있는 시간을 가져야 한다. 그래야 스스로 자신의 사고에 대해 책임지고 사고하는 행위에서 즐거움을 느낄 수 있게 된다.[63]

교육과정도 일상 생활에서 문화와 예술에 대해 다양한 경험을 할 수 있는 기회를 부여하는 방향으로 가야 한다. 수준 높은 문화도 체험할 수 있어야 한다. 이러한 기회들은 경제적 교환 가치를 만들어 내는 데 기여할 뿐만 아니라 문화적 삶의 질을 향상시키는 데도 도움을 준다.

영국은 세계 시장에서 자국 제품의 경쟁력을 키우려고 10여 년 전부터 디자인 산업에 대한 지원과 육성을 아끼지 않았다. 1996년부터 전 학교에 디자인 과목을 정규과목으로 편성해서 디자인교육을 강화했다. 2002년부터는 창의성교육과 교육을 결합시킨 정부정책지원 시범사업인 'Creative Partnership'이라는 프로그램을 통해 창의적인 인재를 키워내고 있다. 그 결과 런던은 세계 디자인 수도로 자리매김할 수 있었다. 미국 디자인 컨설팅사 대표의 70%, 유럽에서 활동하는 디자이너의 30%가 영국인이 될 수 있었다.[64)]

3

협력

The Five Bases of Future Schools

8장 개인과 조직

9장 통 합

10장 공 유

11장 신 뢰

교육의 목적은 모든 학생들이 화가이자 과학자로서, 음악가이자 수학자로서, 무용수와 공학자로서 사고하도록 도와주는데 있다. 어느 한 분야에서 이성을 훈련시켜 창조적으로 상상할 수 있도록 도우면서 한편으로 이를 다른 분야에 창조적으로 응용할 수 있도록 해주어야 한다.

로버트 루트번스타인 · 미셸 루트번스타인이 『생각의 탄생』에서 다양한 요소들 사이의 앙상블ensemble은 인류 생활의 모든 면에서 중심적인 추세가 되어 가고 있다. 피터 센게Peter Senge는 그의 저서『제5경영』에서 어떤 아이디어가 발명 단계에서 혁신 단계로 옮아갈 때 다양한 '요소기술component technologies'이 결합된다고 말했다. 그에 따르면, 개별 연구 분야에서 독자적으로 발전된 구성 요소들은 점차로 서로의 성공에 필수적인 '기술의 앙상블'을 이루게 된다. 이러한 앙상블은 실험실에서 성공한 아이디어가 현실 세계에서 잠재적 능력을 발휘하기 위해서 필수적이라고 강조했다.[1)]

그의 주장은 성공적인 조직의 전형을 암시하고 있다. 조직 차원에서 구성원 각자는 맡은 업무가 다르고 독자적으로 업무를 수행한다. 그러면서도 서로의 성공에 다른 구성원의 존재가 필수적이라고 생각하는 조직을 미래 사회는 원하고 있다. 이런 조직 내에서는 구성원 각자가 서로의 능력을 높여 가도록 협조한다. 이를 통해 개인은 자신의 비전을 실현시키고 조직은 그 설립 목표를 성공적으로 달성할 수 있게 된다.

이러한 과정은 조립생산 과정의 기계적인 협력과는 구별되어야 한다. 롤프 옌센Rolf Jensen은 『드림 소사이어티』에서 21세기의 성공적인 조직의 생산 도구는 구성원들의 머릿속에 들어있는 지식이라고 했다. 이러한 구성원의 자질이 합쳐져서 조직의 자본이 된다. 그는 이러한 사회적 환경 속에서 결정적인 생산요소로 지식, 창조성, 동기부여가 있지만 무엇보다도 '협조적 능력cooperative skills'임을 강조했다.[2] 각자가 맡은 역할은 잘 하지만 소통과 협력에 문제가 있는 조직은 그 만큼 뒤떨어질 수밖에 없다.

이러한 과제를 해결하기 위해 조직은 각 구성원의 존재 가치를 인정하고 개인의 능력이 최대한 발휘되도록 할 수 있어야 한다. 최근 컴퓨터와 통신기술의 발달로 개인의 능력은 눈부시게 신장되고 있다. 이에 따라 개인의 영향력도 그 어느 때 보다 강화되고 있는 추세다. 특히 인터넷 세대들은 첨단기술 매체들을 자유자재로 활용하여 자신의 영향력을 확대할 줄 아는 개인들이다. 나이스비트는 그의 저서 『메가트렌드 2000』에서 "테크놀로지technology가 개인에게 힘을 부여한다."고 말했다.[3] 그는 또 미래 사회에서는 조직이나 나라, 넓게는 인류도 그 발전과 번영이 개인이 가진 잠재적 능력을 얼마나 발휘하느냐에 달려 있다고 보았다.[4]

영향력이 강화된 개인 간의 협력을 통해 각자의 잠재적 능력을 얼마나 효율적으로 통합시켜갈 것인가가 미래 조직의 성패를 결정할 수 있다. 성공적인 조직을 만들고 싶다면 각 구성원 한 사람 한 사람을 성공적인 개인으로 만들면 된다. 그리고 그들이 협력하도록 하면 된다. 조직의 성공만이 목표였던 시대는 지나가고 있다.

협력은 미래의 경쟁력이다. 경쟁력을 확보하기 위해 일부 조직들은 조직의 벽을 뛰어넘어 협력을 추진하고 있다. 미국의 대표적인 기업인 마이크로소프트MS사에는 4만 개 이상의 개발 협력업체와 600만 명의 개발 인력이 네트워크로 연결돼 있다. 협력업체 조직이나 인력이 마이크로소프트사 본사의 100배를 넘는다.[5)]

인텔Intel이 비약적인 성장을 거듭하며 세계적인 기업이 될 수 있었던 것도 협력사들의 도움이 있었기 때문에 가능했다. 인텔은 대부분의 경쟁 반도체 업체들이 스스로 신규 공정기술을 만들어야 한다고 생각했던 시절부터 신속하게 자사의 차세대 공정에 필요한 신기술을 신생업체로부터 공급받으면서 일찌감치 경쟁사들을 따돌렸다.[6)]

일본 도요타Toyota 자동차는 제품개발의 컨셉concept 단계에서부터 부품업체들과 협력을 한다. 중소기업과의 협력을 통해 연평균 1,000억 엔 이상의 원가절감 효과를 달성했다. 공동 작업으로 개발공정의 효율성을 높이면서 원가절감의 80% 이상을 설계 개선분야에서 이뤄내고 있다. 도요타가 협력사들과 함께 따낸 공동특허건수만 1,500건이 넘을 정도다.[7)]

이러한 협력 추세가 확장된 사례는 '위키피디아Wikipidia'에서도 찾을 수 있다. 여기서 위키wiki란 협업을 나타내는 말이다. 단순한 팀플레이team play를 넘어서 대규모 군중에 의한 협업을 뜻한다. 위키피디아는 지식 커뮤니티community이자 온라인 백과사전이다. 수만에서 수백만 명의 네티즌netizen들이 참여해 각종 정보를 체계화하고 이를 수시로 수정 · 보완한다. 200년 역사를 가진 브리태니커Britannica 백과사전의 정보량을 7년 역사의 온라인 백과사전 위키피디아가 뛰어

넘었다.[8)]

학교교육 분야에서도 협업 시스템이 가동되고 있다. 미국 캘리포니아California주 교육부는 10학년 세계사 교과서를 만들기 위해 대규모 협업을 진행 중이다. '캘리포니아 교과서 오픈 소스 프로젝트'로 알려진 이 사업에는 학생과 학부모는 물론 대형 IT기업들도 참여하고 있다.[9)]

돈 탭스코트Don Tapscott와 앤서니 윌리엄스Anthony Williams는 그들의 저서 『위키노믹스』에서 과거 이코노믹스economics 시대와 위키노믹스wikinomics 시대를 비교하고 있다. 이코노믹스의 시대에는 몇몇 사람, 기업, 국가가 상품을 만들고 정책을 결정하며 고급 지식을 가지고 경제 패러다임을 형성했다. 그러나 위키노믹스 시대에는 보통 사람들의 집단적인 능력과 천재성, 이른바 집단 지성이 세계를 변화시키고 있다. 또한 이 세계에서는 가치 창출이 빠르고 유동적으로 이루어지며 끊임없이 붕괴하는 과정 속에 새로운 것이 만들어진다. 따라서 서로서로 연결되어 있지 않으면 살아남을 수 없는 세상이 되었다.[10)]

위에서 볼 수 있는 개인 간, 조직 간, 더 나아가 대규모 군중 간의 협력을 위해 반드시 똑같아야 할 필요는 없다. 오히려 서로 다름으로부터 더 큰 가치를 찾아낼 수 있다.

사람들은 잘 아는 사람들과 같이 있을 때 편안함을 느끼는 것이 사실이다. 잘 아는 사람들과 일을 하고자 하며 자신과 비슷한 사람들을 좋아한다. 이러한 성향은 조직의 획일성을 띠게 하며 새로운 것이나 다른 것을 받아들이기 어려운 조직으로 만들어 갈 수 있다.

다양성이 강조되는 환경 속에서 '같음'만을 추구하는 조직은 너무 취약할 수 있다.

물론 지나치게 다양성을 강조하다보면 '다름' 사이의 치열한 경쟁이나 갈등이 조직에 화를 불러올 수도 있다. 끝내 조직이 사라져 버릴 수도 있다. 다양성이 축복이 되도록 '다름'을 수용할 수 있는 대범함을 갖추어 나가야 한다. 각 개인이나 조직이 가진 고유성과 차별성을 솔직히 인정하는 가운데 서로 협력하는 겸허한 태도가 필요하다.

8장

개인과 조직

인터넷 등 다양한 형태의 정보 시스템을 통해 개인 간에 효율적으로 고급 정보가 상호 교환되고 있다. 개인은 이를 이용해 가치 창출 목표를 달성해 간다. 첨단 시스템 덕분에 개인의 역량과 영향력은 극대화되고 있다. 나름의 가치 개념을 가지고 삶을 이끌어가는 개인이 모여 형성되는 조직은 협력의 필요를 어떻게 충족시킬 수 있을까?

각 개인은 짜인 시스템 속으로 들어간다. 그 속에서 효율적으로 분배된 기능을 철저히 수행해 갈 것을 요구받는다. 과거 균등하게 배분된 업무를 기계적으로 처리하던 시대에는 개인은 무시되기 일쑤였다. 그러나 이제 개인의 의미는 한껏 살아나고 있다. 조직의 목표를 추구해 가지만 동시에 각 개인은 자신의 의미를 철저히 확보해 가려고 할 것이다.

전통적 가치관은 공동체를 우선시하도록 가르쳐 왔다. 특히 동양적인 조직 가치관의 중심에는 '충성심의 고양'을 통해 조직 전체의 필요를 충족시키고, 그 설립 목적을 달성할 수 있다는 믿음이 있다. 그러나 새로운 가치관은 개인으로부터 출발하고 있다. 각 개인이 그 무엇보다도 중요한 의미를 가지게 된다. 과거처럼 개인이 특정 조직에 얽매여 충성심을 표시하고, 그 대가로 영구적인 직장을 보장받는 시대는 가고 있다. 대등한 입장에서 개인과 조직이 서로의 필요를 위해 협력하는 시대가 오고 있다. 이 두 가치관 사이의 충돌은 '협력'이라는 주제와 관련해 많은 고민거리를 던져주고 있다.

영국의 경제 평론가인 찰스 핸디Charles Handy는 현대화된 사회에서는 개인이건 공동체이건 결국 자유와 책임 사이의 타협을 통해 서로 만날 수밖에 없다고 했다. 그는 '올바른 이기주의proper selfishness'를 이야기한다. 올바른 이기주의란 자신을 매우 소중히 여김으로써 궁극적으로 자신을 넘어서 보다 큰 목적을 발견하는 일에 책임을 지는 것이라고 설명한다.[11] 개인과 조직 간의 진정한 협력이란 개인의 믿음은 보호받아야 한다는 신념에서 출발한다. 그리고 자신을 뛰어넘어 타인과의 조화를 통해 조직의 존재이유를 강화시켜 나가는 것이다.

조직이 경쟁력을 키우기 위해 진정한 협력 상대자를 찾아야 할 필요성이 늘어나고 있다. 동시에 '자유로운 개인', '독립적인 개인'을 지향하려는 추세도 강화되고 있다. '어떻게 개인과 전체사이의 조화와 균형을 효과적으로 추구해 갈 것인가?'가 조직 성패의 관건이 될 것이다. 구성원 모두가 개개인의 자율성이나 창조성이 조직 존립의 기초가 된다는 신념을 공유할 필요가 있다. 이러한 신념이 조직의 문화로 자리 잡을 때 비로소 과거의 비인간적인 분업조직과 구별되는 미래 조직의 탄생이 가능할 것이다.

그럼에도 불구하고 조직이 구성원보다 더 우선한다는 생각이 아직도 널리 퍼져있는 것이 사실이다. 토인비도 조직이 주(主)이고 개인이 종(從)이라는 관념이야말로 우리가 항상 경계를 게을리 해서는 안 되는 악이라고 지적했다. 그는 "모든 조직의 존재이유는 그 성원인 개개의 인간의 복지에 있다. 따라서 제도의 유지나 확대를 위하여 사람들의 복지를 다음 순서로 미룬다거나 희생시키는 것은 제도와 인간의 적정한 관계를 전도시키는 것과 다를 바 없다."고 강조했다.[12)]

조직이 개인을 소유하고 있다는 생각은 옛 이야기가 되었다. 개인들은 더 이상 소유될 수 없다.[13)] 조직은 구성원 개개인의 존재가치가 살아날 때 비로소 의미를 가질 수 있다. 이러한 사고는 미래로 갈수록 더욱 지지를 받을 것으로 예상된다. 모든 구성원들에게 획일적인 조직 목표로의 수렴을 일방적으로 요구하기는 점점 어려워질 것이다.

개인의 중요성이 증대되면서 미래 사회에서는 조직 관리자의 성격도 변화될 것이다. 한 마디로 각 구성원 개인의 특유한 가능성이 최대로 발현되도록 만들 수 있는 능력과 윤리성을 갖춘 사람이 미래의 유능한 관리자가 될 수 있다. 이는 과거의 조직 관리자가 계층적 구조의 꼭대기에서 일방적인 지시를 내리고 구성원들이 맹목적으로 추종하도록 하는 역할을 맡았던 것과는 커다란 차이가 있다. 존 나이스비트John Naisbitt 등은 "지도자란 윤리적 행위에 의해서, 그리고 한 개인의 독자적 가능성이 실현될 수 있는 환경을 만들어 냄으로써 부하와의 관계를 형성하는 개인이다."라고 했다. 미래의 관리자상을 암시하고 있는 대목이다.14)

조직이란 서로 차이가 있는 사람들이 모여 공유된 비전을 달성해 가는 공동체다. 그러나 조직의 공동 목표로 인해 개인의 차이나 개성이 무시된다면 이는 실패한 조직으로 남게 될 것이다. 모두가 동등한 입장에서 협력하고 서로 도와주는 조직이 미래 조직이다.

뉴욕타임스 칼럼니스트인 토머스 프리드먼Thomas Friedman도 『세계는 평평하다』에서 "가는 곳마다 기존의 위계질서가 도전받고 있으며, 명령하고 지시받는 하향식 구조에서 동등하게 협력하고 서로 돕는 수평적이고 협동적인 구조로 바뀌고 있다."고 극적으로 변화하는 사회상을 지적하고 있다.15)

그렇다면 개인의 의미를 인정하고 협동하도록 해야 하는 조직의 책무에 대응해서 개인 구성원들은 어떤 책임을 안게 될 것인가? 조직이 개인을 소유하지 못하는 대신 개인은 스스로 홀로서기를 할 수 있어야 한다. 과거 어느 때보다도 개인의 존재 가치를 더 강하게 요구할 수 있게 되면서 그 만큼 더 스스로를 책임져야 하는 상황이 된 것이다.

과거에는 개인이 가진 선택의 폭이 매우 제한적이었다. 그 대신 조직 전체의 선택을 따라가면 되었다. 그러나 앞으로는 개인의 선택기회는 확대되겠지만 선택의 가치를 인정받기 위한 부단한 노력이 필요할 것이다. 적게 얽매이는 대신에 자신을 세우기 위한 노력은 상대적으로 더 많이 요구될 것이다.[16)]

학교 조직도 이러한 수평적이고 개방적인 논리에 의존하는 새로운 협력의 물살에 노출되어 있다. 이러한 협력적인 추세와 기존의 계층적 구조에 기반을 둔 관료적인 교육 시스템 사이에 조화를 이루어 나가는 일이 미래 학교의 중요한 과제가 될 것이다.

미래 교육은 협력할 줄 아는 개인을 육성해야 할 책무가 있다. 개인의 존재 가치가 철저히 인정되는 분위기 속에서 구성원 모두가 목적의 달성을 위해 협력해야 한다는 원칙을 가르쳐야 한다. 각 개인의 믿음은 보호받아야 하며, 자신을 뛰어넘어 타인과의 조화를 통해 공동체의 존재이유를 강화시켜 나가는 것이 순리라는 것을 깨우치도록 해야 한다. 협력이 더 큰 자아를 발견하는 지름길임을 알려주어야 한다.

아울러 미래 교육은 개인이 홀로 서기를 할 수 있는 자질을 키워주어야 한다. 자신을 발견하는 것에서부터 남과 협력하고 조직 속에서 자기의 존재를 확인해 가는 데 필요한 실력을 습득하도록 해야 한다. 예를 들면, 가치관을 세우는 훈련을 시키는 일이다. 가치관이란 삶의 방향을 말한다. 남과 더불어 가치있는 삶을 영위하려면 자신이 어떤 신념을 가지고 살아가는지 알아야 한다. 그 믿음의 가치는 서로 다른 믿음을 가진 구성원들과 함께 각자의 존재 목적 달성을 위해 그 믿음을 활용할 때 나타날 것이다.

공유 비전

각 구성원은 과거보다 더 스스로를 책임져야 하는 분위기에 적응하도록 요구받고 있다. 동시에 조직은 각 개인의 고유한 가치를 살려나가면서 이들 간의 협력을 통해 설립 목적을 달성할 것을 요구받고 있다.

가장 바람직하지 못한 경우는 뛰어난 개인들이 모여 각 개인이 가진 능력보다 못한 조직을 만들어 내는 경우다. 열의와 미래에 대한 기대, 의욕, 특정 분야에 대한 전문 지식과 아이디어로 가득 찬 구성원들을 제대로 활용하지 못하는 낙후된 조직이 그 한 가지 예가 될 수 있다.

성공적인 조직이 되려면, 구성원 각자가 맡은 역할의 수행에 최선을 다 해야 한다. 그러나 구성원 개개인이 각 상황마다 최선을 다하는 것만으로는 경쟁력있는 조직이 되는 것에 한계가 있다. 조직 구성원의 노력이 어떤 지향점을 가지고 있어야 할 것인 바, 이것이 바로 비전이다. 이러한 비전만이 구성원들이 하나가 되어 각자의 전문성과 능력을 공동 사명을 위해 활용하도록 유인할 수 있다. 비록 각 구성원의 가치관이나 역할이 다르지만 모든 구성원이 공유하는 매력적이고 선명한 비전이 필요하다.

퀴글리 어소시에이츠의 대표였던 조셉 퀴글리Joseph Quigley는 비전이 "미래로 가는 길을 제시해 주는 지도책"이 되어야 한다고 했다. 그는 또 비전이 "조직 구성원들이 바람직하다고 받아들이는 어떤 것을 얻기 위하여 어떻게 행동하고 상호작용할 것인지를 가르쳐주는 가이드라인"이 되어야 한다고도 했다.[17] 비전은 조직이 고유 역할을 원활히 수행하는 성공적인 조직이 되도록 하는 데 필수적인 요소다.

구성원 모두에게 조직은 매우 소중한 것이다. 조직은 그 구성원에게 소득원이다. 자기의 꿈을 실현시키는 장소가 된다. 또 사회적 참여의 수단으로서 의미를 갖는다. 따라서 그 조직은 그 조직의 미래 모습을 가지고 있어야 한다. 비전은 조직의 미래의 모습이다. 이는 조직 구성원들의 관심과 노력을 결집시켜 조직의 설립 목표를 달성할 수 있도록 해주기 때문이다.

조직은 어디로 가고 있는지, 무엇을 달성할 수 있는지를 명확하게 보여주어야 한다. 비전이 분명하지 않으면 변화 추진에 응집력이 약해진다. 비전이 여러 갈래로 해석될 수 있다면 변화는 불가능하다. 변화는 명확한 비전을 기초로 한다.[18]

만일 명확하게 제시된 사명이 없으면 조직은 조직으로서의 가치와 신뢰를 잃게 된다. 결과적으로 성과를 내기 위해 필요한 인적자원을 유인할 능력을 잃게 될 것이다.[19] 유능한 인재가 떠나는 조직의 미래는 불을 보듯 뻔하다.

로마 공화국의 몰락 원인을 공통성의 상실에서 찾을 수도 있다. 로마인들은 자신들을 한 공동체의 구성원으로 묶어주는 가치와 이념 체계를 창출하지 못했던 것이다. 이는 결국 개혁의 실패로 이어졌다. 한 공동체의 구성원임을 보장해 주는 최소한의 공통성을 그들은 확보하지 못했다. 그래서 한 나라 사람이지만 실은 딴 나라 사람들과 함께 살고 있는 지경에 이르게 되었던 것이다.[20]

비전의 통합

비전은 미래로의 길을 제시한다. 또 어떻게 그 길을 따라 목적지에 도달할 것인가를 가르쳐주는 것이다. 개인과 조직 모두 비전을 가질 수 있다. 구성원 각자의 비전과 조직의 비전이 공통되는 부분이 많을수록 성공적인 비전이 될 것이다. 구성원 각자의 꿈을 인정하고 이를 조직에서 현실로 바꿀 수 있도록 도와주는 조직의 비전이 필요하다. 이러한 비전은 구성원 각자가 조직의 일원임을 자랑스럽게 생각하도록 만들기에 충분하다. 이는 조직의 성공과도 직결된다. 이를 위해 관리자는 개개인의 서로 다른 가치관이나 삶의 질에 대한 다양한 요구를 어떻게 비전에 반영시킬 것인가를 고민해야 한다.

로버트 술로Robert Sullo는 그의 저서 『좋은 학교를 만드는 비결』에서 좋은 학교의 공동 비전은 모든 이들이 서로 관여하고 공유하고 발전시켜 나가야 한다고 강조했다. 그는 "모든 이들이 집단의 비전을 갖고 함께 살아갈 수 있다고 동의하는 것으로는 충분하지 않고, 어떤 비전들은 힘을 갖고 직원들을 구속할 수 있으므로, 각 개인들은 집단이 공동으로 만든 계획을 받아들여야 한다."는 것이다. 그가 말하는 이상적인 상태란 관여된 모든 사람들이 자신들의 개인적인 소명이 학교 전반에 대한 발전 계획과 구체화되거나 혼합되어져 있음을 느낄 때다.[21)]

비전이 구성원들 간에 공유되기 위해서는 조직의 비전이 구성원들의 욕구를 반영하는 비전이어야 한다. 만약 비전이 구성원의 욕구를 반영하지 않는다면, 그 구성원은 그 비전을 진심으로 수용하

지 않을 것이다.22)

비전은 구성원 개개인의 꿈과 결합되어 전체의 조화 속에서 실현될 수 있도록 유도해야 한다. 학교의 경우, 조직의 경직성과 폐쇄성이 이러한 필요를 비전에 반영하는 데 걸림돌이 되지 않도록 유념할 필요가 있다.

비전의 개발

조직의 비전은 보다 높은 곳을 지향하는 이상을 의미한다. 구성원들의 능력의 한계를 넘는 것이라야 한다. 그것으로 말미암아 사람들의 이상과 비전이 높고 넓어진다. 목적과 사명은 사람들의 느낌에 '내가 그 어려운 것을 해냈다.'는 자부심과 '나는 값진 삶을 살았다.'라는 기쁨을 가질 수 있게 하는 어떤 것이 되어야 한다.23)

학교 전체의 이상적인 사명은 타협과 양보로 다듬어져서 물 속에 가라앉아 버리는 비전이 되기보다는 각 개인의 공헌을 포함하고 능가하는 것이어야 한다.24)

그러나 비전이 너무 이상적이어서는 안 된다. 비전이 이상적일수록 현실과 불일치하는 경향이 커지기 때문이다. 뛰어난 관리자는 비전을 현실로 변환시키는 과정에서 능력을 발휘한다. 조직 관리자가 구성원들이 인내하고 받아들일 수 있는 비전과 달성하고자하는 비전과의 최대 불일치 수준을 인지하여 유지할 수 있어야 한다. 이렇게 할 수 있다면, 이들의 욕구와 열망을 충족시켜 주는 동시에 목표 달성을 위한 태도변화에 최대의 효과를 가져 올 수 있다.25)

비전이 지나칠 정도로 추상적이어서도 안 된다. 구성원들이 미래에 성취해야 할 이상적인 목표를 구체적이고 명확하게 형상화시켜야 한다. 모든 구성원의 마음을 사로잡을 수 있는 이야기로 만들 수 있어야 한다.

덴마크의 한 업체의 핵심 가치는 '열정passion'이었다. 하지만 이런 가치를 실천하는 직원은 매우 드물었다. 고민 끝에 이 회사의 CEO는 직원들에게 '열정적으로 삶을 살아가는 사람을 찾아오라'는 명령을 내렸다. CEO 앞에 나타난 사람은 놀랍게도 조그만 안경점 직원이었다. 이 직원은 그의 친절에 감동받은 고객이 보낸 감사편지와 초콜릿 상자를 들고 있었다. CEO는 당장 회사의 슬로건을 '초콜릿 상자를 찾아라Go for the Chocolate Box'로 바꿨다. 반응은 폭발적이었다. 직원들이 열심히 일한 것은 물론이고 외부의 평가도 매우 좋았다. 이 기업 사례에서 보듯이 열정, 헌신, 정직 같은 판에 박힌 단어로는 공감을 줄 수 없다. 사람들에게 감동을 줄 수 있는 이야기를 발굴해야 한다.[26)]

비전은 그 구성원들에게 구체적인 표현으로 전모를 보여줄 때 생명력을 갖는다.[27)]

이에 더하여 비전은 독특할 필요가 있다. 독특함은 구성원은 물론 조직과 관련된 모든 사람들의 자존심과 자긍심을 높인다.[28)] 다른 조직과 자신이 속한 조직을 구분해 주지 못하는 비전이란 쓸모없는 것일 뿐이다.

차별적인 비전을 갖는 일은 서로 다른 비전을 가진 교사들이 모여 학교 조직을 구성하는 것과 같다. 교사마다 자신을 확실히 구분지어 주는 비전을 가지고 있을 것이다. 이러한 개인적인 비전은 학교 조직의 비전으로 통합되어 학교의 비전으로 거듭난다. 만일 어떤 학교가 다른 학교들과 똑같은 비전을 가지고 있다면, 그 학교에 근무하는 교사들에게 자부심을 줄 수 없을 것이다. 학교마다 가지고 있는 고유한 비전들은 통합되어 교육기관의 큰 비전을 그리는 데 공헌할 것이다.

비전의 전달

조직이 매력적인 비전을 개발했을 때, 이제는 그 내용을 '조직 구성원에게 어떻게 전달할 것인가?' 하는 과제가 남게 된다. 구성원들이 조직의 비전을 모르고 있다면, 비전의 실현은 기대하기 어려울 것이다.

비전이 구성원들의 마음을 사로잡을 수 있는지 여부는 비전의 내용에 의해서도 결정되지만, 그러한 비전이 구성원들에게 어떻게 전달되는가에 의해서도 결정된다. 비전을 어떠한 형태로 포장하여 구성원들에게 전달하는가에 따라서 구성원들의 마음을 사로잡을 수 있는 것인지 여부가 판가름 날 수 있다.[29] 모든 교사들이 학교가 설정한 비전의 한 부분임을 스스로 느끼게 된다면, 비전의 전달에 성공한 것이다.

조직의 관리자는 5년 내지 10년 앞을 내다보고 이에 적합한 비전을 조직 구성원에게 설명하여 납득시키는 것이 중요하다. 그런 다음 비전이 조직 전체에 침투되어 조직문화에 영향을 미치게 되고

궁극적으로 이를 실현할 수 있어야 한다.[30)]

조직과 구성원 개개인의 목적을 융합시키기 위해 관리자는 구성원들과의 직접적인 접촉이 긴요하다. 기업 조직의 경우, 최고경영자의 비전을 전달하기 위해 비디오, 포스터, 사보, 전자우편 등이 활용되고 있다.

학교의 경우, 교장 등 관리자와 교사들과의 직접 접촉의 기회가 많은 편이어서 이러한 기회를 효과적으로 활용할 수 있을 것이다. 교사들의 학년별, 부서별 회의에 교장이 직접 참여하는 것도 '직접 접촉'을 위한 좋은 수단이 될 수 있다. 원활한 의사소통과 사전협의를 통한 합의로 구성원은 조직 전체의 목표를 재인식할 기회를 얻게 된다. 관리자는 리더로서는 비전을 전달할 수 있는 기회를 만들 수 있다.

공식적, 비공식적 접촉을 통해 관리자는 구성원들에게 비전을 인지시켜야 한다. 이러한 노력을 통해 비전 달성을 위한 열성적인 협조자들을 확보할 수 있을 것이다. 이들 협조자 집단은 비전을 하나의 기정 사실로 만드는 데 기대이상의 공헌을 할 수 있다.

효과적인 평가 시스템을 구비하는 것도 비전 전달에 크게 도움이 된다. 평가의 결과가 조직의 '역할 모델'을 창조해 내기 때문이다. 평가를 통해 구성원들은 조직의 지향점이나 중점을 두는 가치들을 파악할 수 있게 된다. 평가결과는 조직의 비전과 연결되어 그 달성을 위한 '구성원 모델'을 형성한다.

적절한 평가기준의 적용을 통해 구성원들이 비전을 효과적으로 인식하도록 만들 수 있다. 분명하게 설정되어 있는 기준과 표준에 따라 최고의 성취를 이룬 사람을 선정하고 그 사람을 표본으로 삼아 안목과 비전, 기대, 조직 전체의 성취도를 높여 가야 한다.[31]

제도와 자율

어떤 일을 혼자서는 할 수 없기 때문에 조직이 만들어지는 것이다. 따라서 조직의 목적은 개인 차원을 넘어설 수밖에 없다. 이때 개인을 결집시키는 역할을 하는 요소가 필요하다. 제도가 바로 그 역할을 할 수 있다. 제도는 초개인적인 목적을 위해 개인을 접목시키는 매개체가 된다.

모든 조직은 나름대로의 이유를 가지고 제도나 규범을 가지고 있다. 조직을 유지시키고 운영하기 위해 필수적으로 이들을 구비해야 한다. 제도는 교회 창문의 스테인드글라스에서 볼 수 있는 테두리에 비유할 수 있다. 테두리는 서로 다른 색깔과 모양을 가지고 있는 유리 조각들이 하나로 조립되도록 한다. 테두리가 있어서 여러 조각들이 모여서 하나의 이미지를 형성하게 된다. 이 총체적인 이미지가 바로 조직의 설립 목적의 외형적인 표현인 것이다. 효율적인 제도를 통해 개인의 꿈과 이상이 조직의 설립 목적과 통합되도록 할 수 있다.

사람이 편리하도록 하기 위해서 제도를 개발했으나, 나중에는 그 제도가 굴레가 되어 버리기도 한다. 제도를 만들어 자신의 생각이나 가치체계를 정착시키기 위해 제도의 도움을 받기도 한다. 하지만 바로 그 제도가 사람을 구속한다. 다행히 조직 구성원 모두의 가치체계가 동일하다면 문제는 없지만, 철저한 자유가 보장되면서 제도가 지켜지기까지 많은 갈등이 있을 수 있다.

토인비는 가장 바람직하지 않은 제도는 "그 성원인 인간에 대하여 오로지 그 제도에 대해서만 충성을 요구하는 것과 같은 일원적인 형태의 조직"이었다고 말했다. 그는 그 전형적인 예로서 정부가 정치권력을 사용하여 국교에 귀의할 것을 강요하고 혹은 다른 종교를 믿는 사람들을 형벌에 처하는 것과 같은 국가를 들었다.[32)]

제도가 곧 규제라고 인식되어질 경우, 조직 구성원이 자발적으로 조직 목표 달성에 뛰어들기를 기대하기 어렵다. 구성원 모두가 조직의 설립 목적이나 단기적인 경영 전략을 완전히 공유하고 개별적인 행위가 이에 합치될 수 있도록 해야 한다. 조직 구성원이 장단기 목표들을 스스로 이해할 수 있도록 유도하는 체계가 구비되지 못한 경우, 어떤 목표도 규제로 받아들여질 수밖에 없을 것이다.

제도가 사전에 구획된 테두리에 갇혀 시간을 보내는 것을 의미하는 것은 아니다. 구성원들은 항상 '제도가 왜 존재하는가?'를 물어야 한다. 그리고 그 한계를 뛰어넘기 위해 애쓰는 사람들이 있어야 제도가 발전할 수 있다. 제도가 끊임없이 변화될 수 있도록 해야 한다.

제도는 하나의 매체일 뿐이며 수단일 뿐이다. 그 자체가 목적일 수는 없다. 제도는 새로운 생각이 조직을 위한 총체적 노력에 공헌할 수 있는 기회를 준다. 제도는 봉사자로서의 기능을 하는 것에

만족해야 한다. 토인비는 제도의 관리에 책임이 있는 관리자가 겪을 수 있는 시련에 대해 이야기했다. 그에 따르면, 관리자는 그 구성원의 복지에 제도를 봉사시키는 것이 본시 최대의 의무다. 그런데도 불구하고 항시 제도의 유지라고 하는 부수적이고 일시적인 의무를 우선시하기 쉽다는 것이다. 만일 어느 제도가 이 시련을 감당해 내지 못한다고 한다면 그 제도는 개혁하든지 혹은 폐지하여야 한다고 했다.33)

조직은 그 설립 목적 달성을 위해 개인들이 모여 구성한다. 그러나 동시에 조직은 개인의 행복추구를 위한 수단이기도 하다. 구성원 개인이 가진 차별성이 조직의 제도에 반영되도록 자율적으로 행동할 수 있는 것, 이것이 바로 제도와 관련된 자율성의 개념이다.

그런데 제도와 자율성 간의 균형 유지라는 과제가 있다. 자율성은 제도가 쌓아놓은 규제를 뛰어넘기 위해 끊임없이 시도한다. 제도를 무시하는 자율성은 제재의 대상이다. 한편 개인의 자율성을 획일성으로 덮어 버리는 다수의 폭력도 자율성 신장의 적이다. 제도와 자율은 상호 보완적인 관계를 유지해야 한다.

모든 제도에는 자율의 존중이 그 가치 속에 포함되어야 한다. 타율적인 제도나 규범에 익숙한 사람에게 자율권을 부여하는 것은 '어린아이 손에 흉기를 쥐여 주는 것'에 비유할 수 있을 것이다. 결과를 고려하지 않고 휘두르는 칼은 자신의 몸에 상처를 입히고 타인에게 고통을 줄 수 있다. 규제라는 벽이 없어졌을 때, 규제에 익숙해 있었던 사람이나 오히려 규제 속에서 편안했던 사람이 갖게 되는 혼란을 생각해 보자.

높은 울타리 때문에 경계선을 넘지 못했던 사람에게 경계선 표시만을 하는 낮은 담장은 얼마나 넘기 쉬워 보일까? 그러나 경계선을 넘어서는 안 된다는 규칙을 인정하고 그 규칙은 지켜져야 한다는 의식을 가진 자율적인 사람에게는 울타리의 높고 낮음은 별 의미가 없다. 그는 규칙이 지켜지지 않았을 때 안게 될 사회 전체의 부담을 걱정할 것이다.

그러나 그러한 의식이 없는 타율적인 사람에게는 규범의 준수는 중요하지 않다. 규범을 어겼을 때 어떠한 불이익이나 고통이 뒤따르는가가 중요하다. 낮은 담장은 넘지 말아야 할 경계선이 아니고 넘기 쉬운 담장 그 자체일 뿐이다. 이는 사회가 제대로 돌아가는데 꼭 필요한 규범의 준수를 어렵게 하며 사회의 발전을 저해한다. 발전의 지연에 따른 기회비용은 구성원 모두의 부담으로 돌아가는데도.

자율성이 제 기능을 다 하려면 자율은 권리가 아니고 조직을 유지하기 위한 구성원의 의무라는 인식이 절대적으로 필요할 것이다.

학교 조직은 다른 조직에 비해 비교적 조직 구성원 각자의 자율성이 많이 확보되어 있는 조직으로 볼 수 있다. 흔히 조직을 군대 조직과 예술인 조직으로 구분하기도 한다. 군대 조직에서는 제도적으로 규정한 역할이 더 지배적일 것이다. 따라서 구성원 개인의 인성적 요인은 그의 사회적 행동에 덜 영향을 주게 될 것이다. 군대 조직과 대조되는 예술인 조직에서는 제도적으로 규정한 역할보다 구성원 개인의 인성적 요인이 더 지배적일 것이다. 그것은 예술인 조직에서는 제도적으로 규정한 일률적인 역할에 비해 개성을 중요시 하고 자율적 창의를 강조하기 때문이다. 그러나 학교 조직은 위의 두 가지 극단적인 조직의 중간쯤에 위치하는 것으로 볼 수 있다. 학교 조직이 가진 이러한 복합성의 근원은 제도적으로 규정된 학교의 목적에 있다. 즉, 교육 기능을 수행함에 있어 여타 조직보다 자율과 창의적 노력이 더 요구되기 때문이다.

이와 같이 학교 조직에게 자율성이 요구되는 이유로 교사가 담당한 과업의 전문성을 들 수 있다.[34)] 학교 조직의 전문성은 점점 더 심화될 것이다. 전문성의 심화와 함께 자율성이 더 강조되어 갈 것이다. 자율성은 학교 조직이 가진 상대적 강점이라 할 수 있다. 이러한 자율성을 지속적으로 유지 발전시키기 위해서는 탁월한 제도가 구비되어야 한다. 이 제도는 획일성과 보편성의 영향력에 눌려있는 학교 조직에게 제자리를 찾아줄 수 있을 것이다. 개인이 부정된 보편성 속에서 개인을 회복할 수 있도록 하여 학교의 진정한 목표를 성취하도록 할 것이다.

또한 다른 조직들과는 달리 매우 다양한 관점과 습관을 가진 많은 학생들을 교육 대상으로 하는 학교의 특수성 때문에 더욱 자율성이 요구되는 부분도 있다.[35)] 앞으로 학교가 가르쳐야 할 학생들의 특성은 더욱 다양해질 것이다. 학교는 학생들이 자율적으로 지식을 축적, 관리하도록 유도하는 제도를 갖추어 가야 한다. 이렇게 함으로써 미래가 요구하는 창의적인 사람을 키운다는 설립 목표를 보다 효과적으로 달성할 수 있다.

보 상

조직에 몸담고 있는 개인은 누구나 조직의 구성원이 된 것에 대한 반대급부를 받고자 한다. 개인은 조직에 편성되어 그 구성원으로서 시간, 노력, 지식, 기능 등을 제공하게 된다. 그리고 그에 대한 대가로 보상을 받게 된다. 그것은 금전적인 보상일 수도 있고 공헌감, 안전감, 자부심, 소속감, 만족감, 성장기회 등과 같은 무형의 어떤 것일 수도 있다.

보상이 어떤 형태로 주어지든 간에 개인은 보상의 수준에 대한 기대를 갖고 있다. 보상 결과에 따라 개인은 조직에 더욱 몰입할 수도 있지만 조직을 아예 떠나버릴 수도 있다. 이에 따라 조직은 성장할 수도 있고 와해되어 버릴 수도 있다. 조직이 구성되고 유지되려면 개인의 기대 수준을 고려한 적절한 보상이 필수적이다.

이러한 보상은 미래를 준비하는 조직에게 쓸 만한 도구가 될 수 있다. 보상은 개인으로 하여금 조직 활동에 참여하고 계속 남아있도록 하고, 또 무언가를 생산하려는 의욕을 갖게 한다.[36] 특히 매력적인 보상은 조직에서 기대하고 있는 수준을 뛰어넘어 창의적인 어떤 일을 벌이도록 만들 수 있다. 실험적인 어떤 일을 자발적으로 시도하는 개인은 미래 조직에게 꼭 필요한 존재다.

벤처기업venture business을 활성화시키는 제도 가운데 스톡옵션stock option이 있다. 기업주가 근로자에게 일정 기간이 경과한 뒤 자사 주식을 매입 또는 처분할 수 있도록 함으로써 도전정신을 키우는 제도다. 실패의 부담을 안고 성공 가능성을 쫓는 모험을 시작하고, 그

가능성이 실현되었을 때 보상을 받을 수 있는 제도다. 최초 주식을 구입할 때의 가격에 비해 엄청나게 오른 가격으로 주식을 처분할 수 있다면 그 도전 정신은 보상을 받은 것이다. 물론, 기업가치의 상승은 회사의 내재가치가 크게 오를 수 있도록 구성원 모두가 노력을 기울인 결과다.

제임스 쿠제스James Kouzes와 배리 포스너Barry Posner는 『리더십 불변의 법칙 5』에서 "위험을 감수하는 사람을 존경하라."고 말했다. 그는 성공한 시도는 물론이고 비록 성공하지 못했더라도 좋은 의도를 가진 노력이었다면 이에 대해서도 보상이 뒤따라야 함을 강조하고 있다.37)

그렇다면 학교가 앞서가는 조직이 되도록 하는 데 기여할 수 있으리라는 확신을 가지고 아이디어를 내놓는 교사들에게 돌아오는 보상은 어떤 형태일까? 실패의 가능성이 주는 정신적 부담을 안고 아이디어를 내 놓는 교사들에게 어떤 보상이 주어질까? 다양한 형태의 보상이 존재하지만 최고의 보상은 동료 교사들의 관심과 기대일 것이다. 이는 자신이 몸담고 있는 조직의 발전을 위해 의견을 제시하는 교사들로 하여금 값으로 환산하기 어려운 자긍심을 갖도록 해줄 것이다.

새로운 아이디어를 실무에 적용시켜 조직의 경쟁력을 제고하려는 관리자의 배려와 지원 역시 의미있는 보상이다. 투자할만한 기업을 찾아내기 위해 촉각을 곤두세우는 투자전문회사들처럼 '학교 선진화를 위해 쓸만한 의견들이 어떤 것들이 있나?' 하고 새로운 아이디어들에 지대한 관심을 보이는 관리자의 존재는 귀한 보상이 될 것이다.

혁신에는 적잖은 실패가 뒤따르게 마련이다. 새로운 아이디어 창출을 위한 노력들이 계속될 경우, 비록 실패하더라도 문책은 없다는 사실을 확인시켜줄 필요가 있다.[38] 교사들이 도전하는 사람에게 많은 기대를 하고 있다는 사실을 알게 되면 실험정신이 고무될 수 있다.

개인에 대한 조직의 보상이 제 기능을 수행하기 위해서는 보상과 관련한 공평성의 확보가 반드시 필요하다. 사적인 감정이나 관리자의 각 교사에 대한 인간적인 정서 등은 철저히 배제되어야 한다. 보상과 관련한 의사결정에 사적인 감정이나 관리자 개인의 책임과 권한에 대한 생각 등이 개입될 때 조직의 성공을 기대하기 어려울 것이다.

동일한 사안에 대한 평가에 있어서 어떤 교사와 관련해서는 "있을 수 있는 일"로 평가되는 사안이 다른 교사와 관련해서는 "돌이킬 수 없는 실수"로 받아들이는 조직문화에서는 공평한 보상을 기대하기 어려울 것이다.

공평한 보상을 위해서는 무엇보다도 공정한 경쟁 환경이 갖추어져야 한다. 공평한 경쟁 여건이 조성되어 있다고 생각하면 거기서 받는 보상이 어떤 수준이던 간에 공정한 것이라고 생각한다. 그러나 경쟁의 조건이 갖추어지지 않으면 형평의 규범이 충족될 수 없고 사기와 노력이 다 같이 떨어진다.[39]

교사들에 대한 관리자들의 일방적인 역할 배당이나 일관성 없는 평가 등 공평성을 상실한 경쟁 조건은 교사들의 마음을 열지 못한다.

한편 사람들은 그들이 가진 특성에 의해서 대우를 받아야 한다. 개개인의 기능과 창의성에 따라 차별적인 보상을 받아야 한다. 조직에 대한 개인의 공헌에 대해서도 모든 사람을 동일하게 대우받는 획일적 시스템에 의해서라기보다는 개인별로 차등적인 보상이 주어져야 한다.[40] 교사들의 직무 수행의 양이나 결과와 관계없이 이루어지는 보상으로는 동기유발이 어렵다. 획일적인 잣대를 적용하여 모든 구성원의 공헌도를 평가하고 보상하는 것은 바람직한 방법이라고 할 수 없다. 공정한 경쟁 환경을 조성하되, 보상은 차별적으로 이루어져야 한다.

보상은 구성원 간의 우열을 가리기 위한 도구가 되어서는 안 된다. 이를 통해 각 개인의 고유성을 파악하고 이러한 고유성들을 조화시켜 조직의 설립 목표를 달성하기 위한 도구이기 때문이다.

9장

통 합

1996년 짐바브웨 수도 하라레에 지어진 건물 '이스트게이트'에는 에어컨이 없다. 건축가 믹 피어스는 이 건물의 내부온도가 항상 24도로 유지되도록 설계, 혁신적인 건축가로 명성을 얻게 됐다. 한낮 기온이 38도까지 올랐다가 밤이면 5도로 뚝 떨어지는데도 흰개미들이 보금자리인 개미탑의 내부를 일정하게 유지하는 점을 그는 건축에 활용했다.[41)]

『메디치 효과』의 저자 프란스 요한슨Frans Johansson이 그의 저서에서 소개하고 있는 사례다. 아프리카에서 에어컨 없이도 시원한 건물을 지은 한 건축가가 그 주인공이다. 그는 자신의 전공인 건축은 물론 생물학 등 다양한 분야에 걸쳐 꾸준히 관심을 가져왔다. 이러한 노력 덕분에 이질적인 지식과 기술을 유연하게 융합해 창조와 혁신의 대폭발이 일어나도록 했던 것이다.

메디치Medici는 15세기 이탈리아 피렌체의 금융가문이었다. 이 가문은 광범위한 분야에 걸쳐 당대의 문화 예술가들을 후원했다. 이들의 지원으로 다빈치, 미켈란젤로 등 유명한 조각가, 과학자, 시인, 철학자, 화가, 건축가, 상인 등이 피렌체로 몰려들었고 이들은 이곳에서 이질적 역량을 한데 모아 르네상스라는 역사적인 창조와 혁신의 빅뱅big bang 현상을 주도할 수 있었다.[42)]

현대 무용의 개척자 마사 그레이엄Martha Graham의 사례를 들어 보자.[43)] 그녀는 통합적 사고를 통해 무용을 무미건조한 고전주의에서 해방시켜 예술로 승화시켰고 나아가 20세기 예술혁명의 중심에 세운 무용가다.

그레이엄이 1926년 뉴욕 무용계에 데뷔했을 때 그녀는 이미 고전발레의 유연하고 아름다운 선을 생략한 무용을 시도하고 있었다. 거칠고 딱딱한 동작이 특징인 '수축과 이완' 기법을 강조하기 위해서였다. 당시 무용가들은 무용 전용곡이 아닌 음악을 사용하고 있었다. 무용 전용 음악이 거의 전무한 실정이었고 의상 또한 마찬가지였다. 무용의 내용과는 너무 거리가 먼 민속 의상이나 전통적인 발레 의상이 무대를 주름잡았다. 뿐만 아니라 무대 장치는 2차원적인 평면을 벗어나지 못해 무미건조했고 무용수나 무용과는 아무런 관계가 없는 배경막을 드리우는 것이 고작이었다.

하지만 그 모든 것이 그레이엄의 손에 의해 변하게 된다. 그녀는 데니숀Denishawn 무용학교에서 만난 작곡가 루이스 호스트Louis Horst와 호흡을 맞춰 무용 전용 음악을 만들었다. 또한 그레이엄은 무대 의상 디자인에도 깊은 관심을 기울여서 발레복과 민속 의상을 벗어

던지고 기본 스타일의 긴 셔츠와 간단한 레오타드leotard를 선택했다. 그레이엄의 혁신은 여기서 그치지 않았다. 무대 장치로 조각품을 비롯하여 3차원 요소를 등장시킴으로써 기존의 틀을 깨뜨렸다. 그레이엄은 작곡, 안무, 무대 의상, 무대 장치 각각을 독립적이면서 동시에 전체에 통합되어 있는 요소로 생각했던 것이다.

『생각이 차이를 만든다』를 저술한 로저 마틴Roger Martin은 그레이엄이 음악과 미술 분야의 거장들과 공동 작업을 했던 이유를 "그들의 전문지식이 필요했고 그것을 존중했다."고 분석했다. 다른 분야의 최고 전문가들이 그레이엄으로 하여금 무용이라는 공연 예술을 구성하는 각 요소 간의 인과관계를 더욱 잘 이해하도록 도움을 주었다. 또한 공동 작업은 무용이라는 큰 그림을 항상 염두에 두는데 도움이 되었을 것이다.[44)]

몇 년 전 서울 신촌에 있는 이화여대는 음대, 조형예술대, 체육대, 생활환경대, 간호과학대, 사범대의 전공을 조정해 예술대학과 건강과학대로 개편했다. 기초 소양 교육을 강화하고 예술교육을 심화하기 위한 취지에서였다. 한 때 각 영역의 교수들이나 동문들의 거센 저항을 받았다. 일부 전공이 없어질 지도 모른다는 우려에서였다. 그러나 학교측에서는 특성에 맞게 학과를 재배치하고 예술 분야 간의 융합을 통해 시너지 효과를 낼 수 있을 것으로 기대하고 있다.[45)]

이 대학은 정보화 사회에서 경쟁을 하려면 백화점식의 양적 팽창으로는 한계가 있음을 직감했던 것 같다. 통합을 통한 가치 창출이 미래를 보장할 것이라는 확신을 가지고 혁신을 추진해왔다. 통합에 따른 어려움보다는 통합이 가져다 줄 성과의 가치에 더 무게를 둔 것이다.

오늘날 세계가 안고 있는 과제 중에서 단일한 학문 분야에만 국한되는 것은 아무것도 없다. 그것이 분석적이건, 정서적이건, 아니면 전통적이건 한 가지 접근법으로 해결할 수 있는 것은 하나도 없다. 따라서 미래는 우리가 앎의 방법 모두를 통합해서 통합적 이해를 창출할 수 있느냐에 달려 있다.[46] 끊임없이 쏟아져 나오는 새로운 정보를 감당하기 힘든 것이 현실이다. 점점 더 복잡해지는 현실을 타개해 나가기 위해서는 통합적 사고가 절실히 필요할 수 있다.

사실상 여러 요소들을 하나로 통합하는 일은 힘든 일이다. 비록 그것이 문제해결의 열쇠를 쥐고 있고 성공의 가능성을 획기적으로 높여 주지만, 그 과정은 복잡할 수밖에 없다. 학교 조직 차원에서도 교사들의 창의적 개성과 전문적 지식을 통합하여 설립 목적을 달성하기는 수월한 일은 아니다. 그러나 통합적 사고를 가진 학교 조직은 원하는 결과를 얻어내기 위해 교사들의 협조가 필요하다는 점을 잘 알고 있다. 그래서 교사들을 하나로 통합된 공동체로 만들기 위해 여러 가지로 노력을 기울인다. 교사들이 학교 조직에 몰입하도록 한다. 기회가 주어질 때마다 그들을 격려하고 고무한다.

앞서가는 학교는 다른 학교나 이해관계자의 협조 또한 필요하다는 점도 잘 알고 있다. 따라서 통합 작업을 위한 적절한 파트너를 선택하는 데 힘을 집중한다. 신중하게 선택된 공동 협력 기관과의 통합 작업을 통해 복잡성을 극복해낸다. 이러한 시도가 미래가 가진 불확실성을 줄여나갈 수 있다. 이러한 작업이 원활히 이루어지기 위해서는 구성원들이 다른 분야에 대해 배타적 인식을 갖지 않도록 유인해야 한다. 상반되는 견해를 수용하는 관대함을 키워나가야 한다. 다름을 인정하고 상대방이 잘 되도록 도와 줄 수 있는 열린 문화도 중요하다. 다른 분야와의 교류에 긍정적인 의식을 가지고 있어야 한다.

아울러 해결해야 할 과제의 배후에 있는 본질을 찾아낼 수 있는 안목을 갖추고 있어야 한다. 다양한 요소들 간의 구조적 상호관계를 볼 수 있는 식견이 있어야 한다. 한 마디로 시스템적 사고를 가지고 있어야 한다. 어떤 사안이 일어났을 때 피상적이고 직접적인 원인에만 주목하지 않고 그 사안이 일어나도록 한 구조를 탐구할 수 있어야 한다. 단선적으로 인과관계를 찾는 사고가 아니라 구조를 보고 패턴을 찾아내는 사고가 필요한 시대에 와있다. 마틴은 "패턴과 연결고리, 인과관계를 찾아낸다면 복잡성에 압도당할 이유가 없다."고 단언했다.47)

이런 풍토 위에서 통합에 따른 시너지 효과를 기대할 수 있다. 교차점에 도달하기 전까지는 평행선을 그리며 각자의 고유성을 키워오던 요소들이 하나의 목적을 위해 교차하는 순간 시너지 효과가 발생한다.48)

관대함

미국에서 도입되어 성공적으로 활용되고 있는 '도서관간 대출편

의제도Interlibrary Loan System'가 있다. "이는 인터넷을 통해 필요한 자료의 분류정보를 확인한 뒤 한 대학도서관에서 도서 대출을 신청하면 신청을 받은 대학도서관이 그 자료를 확보하고 있는 가장 가까운 도서관에 이를 대행 신청, 수주일 이내에 무료로 대출도서를 확보해 주는 편리한 제도다. 모든 대학의 도서관이 그 많은 돈을 들여 모든 자료를 구비하고 있을 필요가 없는 것이다."[49] 한 기관이나 개인의 혁신이 사회 전체적인 효율성 증진으로 확산될 수 있는 협력의 한 예다.

우리나라에서도 지역별로 몇 개 학교를 묶어 강당이나 음악실 등 많은 재원이 필요한 하드웨어를 하나만 준비하고 이를 공동으로 활용하는 방안이 제시된 적도 있었다. 하지만 학생들의 이동에 따른 어려움 등 부정적인 측면이 제기되면서 본래 취지가 퇴색되고 말았다.

그러나 실현되지 않았던 또 다른 이유로 다른 사람의 능력이나 장점을 그대로 받아들이지 못하는 편협함이나 남에게 신세지는 것을 꺼려하는 성향 등이 거론되기도 했다. 이는 통합 운영이 가져다 주는 비용 감소 기회와 서로 섞일 수 있는 기회의 상실 등 통합을 통한 이득을 챙기지 못한 사례였다.

이러한 아이디어들이 현실화되기 위해서는 타인의 의견을 인정할 수 있는 관대함과 넓은 안목을 키워가야 한다. 관대함이 준비되지 않은 상태에서 필요성만이 강조되는 통합은 오히려 부작용을 초래할 수 있다. 마치 열린 의식이 부족한 교육현장의 상황은 고려하지 않고 정책 차원에서 강조되는 열린 교육이 엄청난 자원의 낭비를 초래할 수 있는 것과 같다.

원광연 카이스트KAIST 문화기술대학원 교수는 문화예술 과학기술, 그리고 사회 전반에서 '융합'이 우리 시대의 키워드라고 말했다. 기존의 학문 분야에서 잘 풀리지 않는 문제에 대해 인접한 분야가 서로 소통하고 협력해 새로운 해법을 찾는 시도가 유행하고 있다고 지적했다.[50)]

그러나 융합이 일어나기 위해서는 '다름'을 수용할 줄 아는 관대함이 필요하다. 강태진 서울대 공대학장의 지적대로, 화학적 변화를 지향하는 융합이 이루어지려면 자기 분야에 대한 기초도 튼튼해야 하지만 융합 대상인 다른 분야에 대한 이해가 필요하다. 또 다른 분야 전문가들과 소통할 수 있는 열린 사고와 다른 분야의 언어에 대한 학습능력, 자기 분야를 다른 분야 종사자의 눈높이에 맞게 이해시킬 수 있는 소통능력 등도 필요조건이다.[51)] 각 분야마다 가진 차이를 인정하면서 다양한 가치로 이해하는 것이다. 이것이 복잡한 세상에서 공존해 갈 수 있는 지혜다.

캐나다 브리티시 컬럼비아대UBC 경영대학원 사우더 스쿨Sauder school에서는 통합 수업이 이루어지고 있다. 분야별 '케이스 스터디case study'마다 회계 · 마케팅 · 파이낸싱 · 재무관리 등 각 분야의 전공교수 2~5명이 한꺼번에 진행한다. 분야별 이론을 한꺼번에 배우면서 제기된 문제의 해결책을 즉석에서 도출한다. 회계학과 파이낸싱 · 항공물류 분야에서 세계적 수준을 인정받고 있는 사우더 스쿨은 MBA 모든 과정을 통합 프로그램으로 운영하고 있다. 교수들의 세부 전공만 360개에 달한다. 강의실에서 이론과 실무를 통합한 체제

로 수업이 진행되는 것이다.[52)]

사우더 스쿨의 예는 여러 분야의 전문가들이 종합적으로 동원되는 통합의 사례다. 크리에이티브 디렉터creative director인 브루스 마우Bruce Mau가 말한 이른바 '르네상스 팀'을 구성하는 것이다. 마우는 "폭넓은 지식을 고루 갖춘 완벽하고 이상적인 르네상스형 인간은 더 이상 존재하지 않는다. 그렇게 되기 위해서는 인간의 능력 범위를 벗어나야 하기 때문이다. 하지만 르네상스 팀은 충분히 구성할 수 있을 것"이라고 말했다.[53)] 혼자서는 할 수 없기 때문에 팀 작업을 하는 것이다. 몇 명으로 구성된 팀은 여러 전공 분야의 전문가들에 의존해서 제기된 문제점에 대한 창의적인 해결을 추구할 수 있다.

교사들도 팀 작업을 할 수 있다. 수많은 정보 가운데 필요한 정보를 찾아내고 이를 구체적인 교육 자료로 만드는 일은 교사 단독으로 하기에는 한계가 있다. 팀 작업은 교육 내용의 질을 높여 줄 수 있다. 컴퓨터에 익숙한 교사와 컴퓨터는 서툴지만 교과목에 전문적인 식견을 갖고 있는 교사, 그리고 학생들에게 적합한 정보를 어떻게 선정하고 조직하는지를 환히 꿰뚫는 교사들이 각각의 장기를 발휘하여야 하는 공동체를 활성화해야 한다.[54)] 학교 조직 자체를 각 교사들이 가진 지식을 유기적으로 통합하는 공동체들의 모임으로 만들어 갈 필요가 있다.

이러한 통합 작업은 공동 협력자에 대한 존경과 타 분야에 대한 이해 없이는 어려울 것이다. 팀은 각자의 강점을 최대한 발휘할 수 있도록 해야만 성공적인 결과물을 내 놓을 수 있다. 통합이란 자신을 전체 속에 감추는 것이 아니다. 자신의 색깔을 분명히 하면서도 관대함과 합리성에 근거해서 상대방의 색깔과 조화를 이루어나가는 것이다.

복잡해져 가는 사회 상황에서 해법을 구하기 위해서는 영역을 뛰어넘는 통합 작업의 필요성이 증대될 수밖에 없다. 이를 위해서 학교는 학생들마다 가진 강점에 집중하여 교육할 필요가 있다. 미래는 부족한 부분을 보완해 주는 교육으로는 승산이 없다. 다만 자기의 강점이나 선택한 분야에 대한 깊은 이해가 관대함의 원천이 되도록 교육해야 한다. 구획화된 한 분야에만 집착하는 고립된 개인이 되도록 해서는 안 된다. 자기 분야와 타 분야와의 통합으로부터 커다란 이득을 얻을 수 있다는 통합적 사고를 동시에 가르쳐야 한다.

학교는 학생들이 강점을 발휘하는 데 필요한 관련 지식과 기술 및 행동을 유기적으로 연관시키면서 교육할 필요가 있다. 특정 분야의 지식이 생산성으로 연결되도록 하려면 그 배경적인 지식이 보완적 역할을 해야 한다. 예를 들어, 엔지니어들은 인간에 대해서 알아야 공학적 기술을 실용화시킬 수 있다. 또 인사 관리자는 조직 내의 문화와 관습을 반영해서 인사행정을 펴야 생산적인 결과를 얻을 수 있다.55)

학교가 조직 차원에서 다양한 특성을 가진 인재들을 폭넓게 수용하는 것도 통합의 시대에 대비하는 한 가지 대안이 될 수 있다. 인사상 한계가 있다면 외부 인사들과의 교류를 확대하는 것도 좋은 방법이다. 이는 다양한 습관과 개성과 희망 진로를 가진 학생들을 받아들여 교육시켜야 하는 특성을 지닌 학교 조직이 그 설립 목적을 달성하기 위해서 반드시 필요한 일이다. 학생들은 그들이 만나는 여러 사람들 가운데 자신들의 미래의 모델을 발견하는 행운을 얻을 수도 있다.

서울에 소재한 삼성고등학교와 서울대는 2007년 3월 '협력학교' 협약을 맺었다. 이를 통해 논술 공동지도와 대학생 학습 멘토링mentoring(대학생이 고교생을 1 대 1 지도하는 것) 등 '방과 후 학교' 협력 사업을 해 오고 있다. 삼성고는 서울대 학생들이 졸업할 때 꼭 필요한 멘토링 봉사활동의 장소를 제공한다. 서울대는 방과 후 학교에 필요한 인적 자원을 제공한다. 서울대 사범대로선 현장 경험을 쌓을 수 있고 강사 개인의 연구에도 도움이 된다는 장점도 있을뿐더러, 지역사회에 기여하는 대학의 모습을 보여 줄 수도 있다.

삼성고는 고교 교사와 대학 강사로 이뤄진 '이종(異種) 강사진'의 장점을 두루 살리는 지혜를 발휘하고 있다. 본교 교사들(국어 5명, 사회 · 윤리 · 수학 · 과학 각 1명)은 배경지식에 초점을 맞춰 강의한다. 한편, 서울대 강사들은 실전 글쓰기 비법에 치중하는 것이다. 이러한 역할 분담은 시너지 효과를 가져 올 수 있다. 보이지 않는 경쟁 심리가 발동할 경우 더 충실하게 수업이 진행될 수도 있다.56)

우리가 관대하게 다양한 의견이나 방법, 인적자원을 수용한다고 해서 모든 것을 받아들일 수는 없다. 전략적으로 선택된 목적에 따라 집중할 필요가 있다. 텍사스 A & M 대학의 레오나드 베리Leonard Berry 교수는 전략적 관대함을 이야기 하면서 "그 한계를 분명히 할 것"을 주문했다. 그는 집중력이 흐트러져 본래의 좋은 의도가 비효율적인 결과로 나타나지 않도록 경계할 필요가 있음을 지적했다.[57] 제임스 오스틴James Austin 교수도 관대함을 발휘할 때 "우선순위가 정해져야 하며 자원을 집중하고 통합효과를 노려야만 한다."고 핵심을 짚어냈다.[58]

관대함은 장기적인 목표 속에서 계획적으로 진행되어야 한다. 어설프고 헤픈 관대함은 경계해야 할 대상이다. 다양한 의견들을 조합해 목적 달성을 위한 최선의 대안을 만드는 것은 일견 효율적으로 보인다. 그러나 그 실행 상에 나타날 수 있는 가치의 혼돈이나 본질이 형식에 의해 침식되지 않도록 하는 것이 중요하다. 이러한 통합의 흐름은 심지어 구성원의 가치관까지도 뒤섞어 놓아 도덕과 부도덕의 판단 기준까지도 뒤흔들어 놓을 수 있다.

시스템적 사고

근대 과학은 환원론reductionism에 기초를 두고 있다고 할 수 있다. 환원론이란 아무리 복잡한 것이라도 작은 조각으로 쪼개나가면 결국 기본이 되는 단순성에 도달할 수 있다는 사고방식이다. 전체는 그 부분의 성질에 의해 이해될 수 있다는 분석적 사고다. 모든 현상은 단선적인 인과관계에 의해 짜여 있다는 믿음으로도 볼 수 있다.

그러나 현실은 그리 간단하지 않다. 많은 요소들이 복잡하게 얽혀 있다. 기계적인 분석만으로는 원인을 찾아내기에 한계가 있다. 그래서 시스템적 사고가 필요한 것이다.

모든 상황에는 수많은 대안이 있다. 그러나 시스템 사고를 한다면 아무리 복잡한 문제라 해도 전체 시스템과 하위 시스템, 그리고 그 하위의 시스템이 무엇인지를 알 수 있다. 또한 그런 시스템 간의 상호관계를 가능한 한 규명해 나가면 그 문제를 빠져나올 수 있는 방법에 대한 통찰력이 생기기 시작할 것이다.[59]

흔히 시스템이란 어떤 과업의 수행이나 목적 달성을 위해 공동 작업하는 조직화된 구성 요소의 집합을 가리킨다. 각 요소들이 통합된 조직 내에서 유기적으로 상호연결이 되도록 해야 한다.

각 요소들이 전체로서 기능하도록 통합해 주는 역할이 요구된다. 조직은 전체가 각 부분들이 합보다 커질 수 있도록 해야 한다. 조직은 분산 상태에 있는 개인이 서로 적응하여 통합되어 가도록 해야 한다.

학교 조직 역시 상호 의존적이다. 조직의 구성원들이 서로 어떻게 상호작용하는지는 겉으로는 잘 드러나지 않기 때문에 보다 큰 관점에서 교사들 간의 상호작용 관계를 살펴보기 위한 의식적인 노력이 요구된다.[60] 학교는 교사들이 저마다 가지고 있는 이질적인 지식과 기술이 하나로 모아지도록 의식적인 노력을 기울여야 한다. 서로 다른 교사의 역량이 학교 조직이 마련해 준 교차점을 통과하는 순간 창조적 빅뱅 현상이 나타날 수 있다.

교사들은 직업특성상 서로 많은 것을 공유할 수 있으며 서로 돕는 가운데 발전할 수 있다. 교과 영역 자체도 교과의 장벽을 뛰어넘어 간교과적 접근을 통해야만 내실 있게 가르칠 수 있다. 학생지도의 경우에도 상담실, 학생부, 보건실 등 여러 공식적인 조직을 통해 교사들이 긴밀한 관계에 있어야만 효과적으로 이루어질 수 있다. 이와 같은 상호의존성은 긍정적으로 작용할 때는 시너지 효과를 가질 수 있지만 그렇지 못할 때는 교사 간의 대립과 갈등을 야기할 수 있다.[61]

학교 조직은 또 미래 교육이라는 큰 그림 속에서 다른 조직들과의 관계를 파악해야 한다. 보다 큰 그림을 보았다면 한 차원 높은 추상적 개념으로 재정의해 변화하는 시대에 어떻게 적응해야 할지 대안을 마련해야 할 것이다.[62]

최근 대안학교인 전인학교와 온라인 교육업체인 메가스터디 Megastudy는 업무제휴를 체결했다. 교육 시너지효과와 사회공헌 차원에서 이루어진 것이다. 이번 제휴로 전인학교는 수업 동영상자료, 명상메일서비스, 청소년상담서비스, 자람교실, 방학캠프, 건강교실, 건강 클리닉 등을 메가스터디 회원에게도 무료 또는 20% 할인된 가격에 서비스한다. 메가스터디는 입시상담서비스, 온 · 오프라인 교육서비스를 전인학교 학생들에게 제공한다. 이 밖에도 광고, 홍보, 이벤트 등 공동마케팅 활동을 해나가기로 했다.[63] 통합을 통한 시너지 효과를 창출하기 위해서는 상대방이 성공할 수 있는 분위기를 만들어주는 시스템적 사고가 있어야 한다.

다시 말해 통합의 주체들은 시스템이 각 개체에게 어떤 영향을 미치는지를 정확히 파악해야 한다. 시스템이 현재 집중하고 있는 더 작고 세부적인 것과 어떤 영향을 주고받는지 의도적으로 고려해봐야 한다.[64]

여러 가지 금속을 혼합하여 황금을 만들어내고자 했던 연금술사 이야기가 있다. 연금술사는 물체를 이루는 구성 성분들을 섞어 약과 치료제를 만들어내기도 했고 화학재료를 섞어 마술과 같은 놀라운 결과물을 내놓기도 했다고 알려져 있다. 오늘날의 연금술사란 바로 식물 생태학, 물리학에서부터 음악에 이르기까지 여러 영역을 넘나들며 연결시켜 사회 전체의 발전을 위한 모티브motive를 찾아내는 사람들이다.[65]

현대판 연금술사를 길러 내기 위해 학교는 학생들에게 한 과목에서 배운 것을 여러 분야에 창조적으로 응용할 수 있는 능력을 길러주어야 한다. 교사들은 지식을 한 과목에만 고립시키는 '예술', '음악', '과학' 같이 특정 교과목의 명칭에 얽매일 필요가 없다. 오히려 어떻게 하면 한 가지 교육재료를 많은 과목에서 폭넓게 사용할 수 있느냐에 초점을 맞출 필요가 있다.[66] 최근 여러 교과목을 융합해서 창의성을 키우는 통합교과교육이 여러 나라에서 한창 인기를 끌고 있는 것도 이러한 필요성과 맥을 같이 한다.

또한 모든 과목에서 해당 개념들을 여러 형태로 발표하는 법도 가르쳐야 한다. 이는 정신의 영역을 최대한 확장시키기 위해 필요하다. 한 가지 상상기술이나 창조기법만으로는 사고에 필요한 모든 것을 충족시켜줄 수 없다. 직관적인 접근법은 논리적인 접근법만큼 가치가 있다. 분석적, 대수학적 마인드가 기하학적, 시각적, 운동감각적, 감정이입적 마인드보다 더 나을 것도 없다. 학생들은 한 가지 개념을 놓고 여러 가지 방법으로 생각할수록 더 나은 통찰을 얻을 수 있다. 또한 그 통찰 결과를 표현할 방법이 많으면 많을수록 다른 사람들이 더 잘 이해하고 높이 평가할 수 있게 된다.[67]

10장

공 유

사회 구성원 모두가 공유할 때 비로소 제 기능을 다 하게 되는 것들이 있다. 화폐가 그 좋은 예가 될 수 있다. 지나치게 편재되어 있거나 나누어 갖고 있더라도 그 교환 사용 가능성이 적다면 제 역할을 다하지 못하게 된다. 지식도 이와 같아서 공유될 때 그 진정한 가치를 얻게 된다. 사회 전체가 지식을 공유하고 선택과정을 거쳐 이를 활용할 수 있게 될 때 그 가치가 더욱 커질 것이다. 문제는 어떻게 공유를 활성화할 것인가에 있다.

컨설팅 그룹 맥킨지의 라자 굽타Raja Gupta 회장은 최고의 경영자원인 지식이 공유를 통해 확대 재생산된다는 점을 강조했다. "지식은 개별 정보와 달리 독점이 아니라 공유를 통해 가치가 향상되며 경험과 식견을 통해 확대 재생산된다."고 말했다. 굽타 회장은 "무엇이 최선의 현실 인식이고 대책인지를 이끌어내기 위해서는 정보

를 다루는 사람들이 이 같은 마인드를 함께 갖고 있어야 한다."고 충고하는 것을 잊지 않고 있다.[68]

구성원 각자가 보유하고 있는 지식의 총합이 그 지식이 분산 보유되었을 때의 합보다 조직에 더 커다란 기여를 할 수 있다는 인식이 필요하다. 모든 구성원이 이러한 인식을 가지고 있을 때 비로소 독점하고 있는 지식을 타 구성원과 공유하려 할 것이다. 공유해 가는 과정에서 부가가치를 가진 새로운 지식의 창조가 가능하다. 미래의 조직을 만들려면 공유의 위력에 대한 확신이 조직 내에 넘치도록 해야 한다.

아울러 그 신념을 현실화하기 위한 제도적 뒷받침이 더해져야 한다. 이러한 노력을 통해 미래를 준비하기 위한 최적의 선택을 할 수 있기 때문이다. 굽타 회장도 제도화의 중요성을 지적했다. 그에 따르면, "지식이 안정적인 경영자원으로 작용하기 위해서는 개개인의 기량과 경험이 일과성으로 소모되지 않고 조직 공통의 재산이 되도록 제도적인 뒷받침이 있어야 한다."는 것이다.[69] 공유마인드와 함께 이를 실천하기 위한 제도를 가진 조직만이 살아남을 수 있을 것이다.

최근 기업들의 변신노력의 방향에서 보이듯, 학교 조직도 조직이 가진 지적 자산을 구성원 모두가 효율적으로 공유할 수 있는 분위기를 조성할 필요가 있다. 이를 통해 끊임없이 지식을 창조하고 이를 공유함으로써 부가가치를 늘려나갈 수 있게 해주는 관리기법을 마련해 갈 때다. 구성원들의 지식과 아이디어가 잘 마련된 시스템을 통해 공유되어야 한다. 지식과 아이디어는 창조되는 데서 그쳐서는 안 된다. 체계화된 후 전파되어야 한다. 금고에 쌓여 있기만 하고 유통되지 않는 화폐는 화폐가 아니듯이 지식도 나누어 가질 때 그 진정한 가치를 찾을 수 있다. 제대로 된 시스템만이 이 과정을 효율적으로 만들어 줄 수 있다.

개인 차원의 정보나 지식을 조직 차원으로 확장하면서 그에 따른 혜택을 개인과 조직이 나누어 갖도록 해야 한다. 이때 비로소 각 개인의 공유의지는 확고해 질 수 있다. 이를 위해서는 조직의 지원을 기반으로 한 공유 시스템이 갖추어져야 한다. 지식경영의 대가인 노나카 이쿠지로Nonaka Ikujiro 히토쓰바시대 교수는 조직의 지원을 통한 지식창조를 언급했다. 그는 "조직은 구성원 개개인의 지식창조를 지원하고 개인은 조직을 이용해서 자신의 생각과 신념을 실천에 옮겨간다. (……) 개인과 조직은 지식창조에 의해 자기실현과 조직의 목표를 달성할 수 있다."고 말했다.[70)]

미래 조직은 지식을 창조할 수 있는 장site이어야 한다. 조직 전체가 지식창조를 추진하고 지원하는 구조를 가져야 한다. 이를 위해서는 구성원 간의 상호작용이 가장 중요하다. 상호작용을 통해 공유부분을 늘려가야 한다.

그러나 단순히 공유할 수 있는 정보의 양을 늘리거나 지식을 획득하는 데 편리하도록 공유 시스템을 마련하는 것만으로는 공유의 활성화를 이룰 수 없다. 이에 더하여 공유 비용을 절감하기 위한 대안을 끊임없이 생각해 내야 한다. 또한 동일한 목표를 지향하는 구성원들이 가진 '기대수준'의 파악도 중요하다.

부가가치의 창출

공유가 가져다주는 진정한 이득은 구성원들의 관심과 이해에 의해 뒷받침될 때 비로소 얻어진다. 첨단 매체의 도움으로 엄청난 양의 정보나 지식을 한꺼번에 얻을 수 있는 시대다. 이렇게 수월하게 얻어지는 정보들을 단순히 짜 맞추는 것은 큰 힘을 발휘하지 못할 것이다. 사실 정보를 그대로 짜 맞추는 것만으로도 수월한 일은 아니다. 이와 관련한 새로운 직업들이 생겨나고 있는 것을 보더라도 알 수 있다. 하지만 이제부터는 지식들을 체계적으로 치밀하게 엮어나가는 노력이 필요하다. 그리고 자기만의 생각을 더해 가치가 높아진 아이디어로 만들어 갈 수 있어야 한다.

교사들은 항시 생각해야 한다. '다른 대안은 없는가?', '다른 가능성을 놓치고 있는 것은 아닌가?', '보다 합리적인 결정은?'과 같은 질문을 항상 던져보아야 한다. 교사들이 공유하는 정보나 지식, 공유된 지식에 더해지는 아이디어들, 이들은 학교를 든든히 받쳐주는 기반이 될 것이다.

조직 내에서의 정보 공유 못지않게 조직 간의 정보 공유도 조직의 성공에 커다란 기여를 할 수 있다. 세계적 유통 업체인 월마트Walmart는 제품공급업자들과 회사의 고급 정보를 공유해서 성공한 사례다. 월마트는 1983년 판매시점 정보관리 시스템point-of-sale terminals을 도입했다. 이 시스템은 판매시점에 상품의 재고량과 재고 감소분을 동시에 파악해 상품의 신속한 재공급을 가능하게 만든다. 4년 후 월마트는 모든 점포를 월마트 본사와 연결시키는 대규모 위성

시스템을 구축했다. 이로써 월마트의 중앙 컴퓨터 시스템은 재고 현황을 실시간으로 파악해 공급사슬의 효율성을 극대화시킬 수 있었다. 월마트에 제품을 공급하는 제조업자는 월마트의 외부 인터넷망을 이용해 자사 제품의 판매상황이 어떤지, 언제 제품의 생산을 늘려야 할지 정확히 알 수 있게 되었다. 판매 및 재고정보를 제조업자와 공유한 것이야말로 월마트를 최고 기업으로 만들어 주었다. 월마트와 경쟁하는 기업들은 판매정보를 비밀로 여기고 있을 때 월마트는 제품공급업자들을 적이 아닌 파트너로 대우했다. 상호공급 기회예측CPFR:Collaborative Planning, Forecasting & Replenishment 프로그램을 통해 월마트는 최적의 재고 시스템을 운영하는 동시에 운송비용을 줄일 수 있었다.[71)]

교사들도 현장에서 체득한 경험을 나름의 가치관과 안목에 기초하여 재창조한 후 이를 동료 교사들과 공유함으로써 부가가치를 높이는 노력이 요구된다. 이를 위해서 학교 조직은 다양한 접속의 기회를 부여해야 한다. 교사들 간의 형식적인 공유가 아니라 깊이 있는 공유가 이루어질 수 있도록 하는 관리자들의 지원 노력이 필요하다.

김동기 고려대 교수는 묵시적 지식tacit knowledge까지도 공유할 수 있는 조직이 필요함을 역설하고 있다. 그는 서구의 경영관리자들이 말하는 지식이란 “계수, 사실적인 자료, 통계 등의 가시적인 지식”을 의미한다고 했다. 이에 반하여, 일본 경영관리자들이 말하는 지식이란 “종업원들의 육감, 이상, 숙련된 기술 등이 종합적으로 이루어 내는 지식”이라고 구분했다. 이러한 묵시적 지식은 “개별적으로 습득되기 때문에 여러 사람과 공유하기는 매우 어려운 특성을 지니고 있다. 그러나 일단 명시적 지식explicit knowledge으로 바뀌면 혁신의 가장 중요한 부분이 된다."고 말했다.72) 여러 가지 대안을 활용해 개인이 지닌 묵시적 지식을 조직 차원의 지식으로 확장하는 데 투자해야 한다.

미래 학교도 묵시적 지식을 가시적 지식으로 전환시켜 각 구성원별 경쟁력을 키워야 한다. 그 후 서로의 강점들을 공유함으로써 학교 전체의 부가가치를 키워갈 수 있는 공유 시스템을 필요로 하고 있다. 정보란 공유하는 사람의 수가 늘어날수록 그 가공과정을 통해 새로운 가치를 창출할 수 있게 된다. 이러한 공유 체계를 갖추어 나가는 조직은 총합가치의 증대를 통해 보상받을 수 있다.

미래의 학교 조직은 구성원들 모두가 조직 내외의 정보를 자유롭게 공유할 수 있는 조직이어야 한다. 구성원 각자의 공동체험이나 정서까지도 공유할 수 있어야 한다. 아울러 지식을 권위의 상징으로 보는 사고도 바뀌어야 한다. 지식에 대한 접근권이 곧 권력이자 특혜였던 시대는 저물어 가고 있었다. 이제는 공유를 통한 새로운 지식의 창출이 더 중요해진 시대다.73)

1997년 세계적인 데이터베이스database 기업인 오라클Oracle의 창업자인 래리 엘리슨Larry Ellison 회장이 네트워크 컴퓨터NC:Network Computer를 발표해 큰 관심을 끌었던 적이 있다. 네트워크 컴퓨터는 당시 1,000달러 이상이나 하는 개인용 컴퓨터 시장에 500달러만으로 컴퓨터 시스템을 구축할 수 있었다. 비록 저가형 컴퓨터의 등장과 초기 투자비용에 대비한 효과에 대한 의구심 등으로 인해 크게 성공하지는 못했지만, 이는 공유 비용의 절감 방안과 관련해서 매우 시사적인 사례였다.

네트워크 컴퓨터는 아주 간단한 구조를 갖고 있다. 최소한의 연산이 가능한 CPU와 작은 용량의 메모리를 가지고 출력장치와 입력장치만을 가진다. 나머지 복잡한 고속연산과 데이터의 저장은 모두 서버server에서 처리하는 것이다. 말하자면 엄청나게 빠르고 큰 수천대의 슈퍼컴퓨터super computer를 개인들이 모두 공유해서 사용하는 것이다. 그러면 많은 장점들이 생긴다. 개인이 사용하지 않고 연산을 하지 않는 놀고 있는 수억대의 컴퓨터가 낭비 되지 않게 된다. 또 거의 대부분의 대용량 데이터들은 중복되기 때문에 권한설정 등을 통해서 공유하게 된다. 다운로드와 업로드의 개념도 없다. 단지 보유자의 정보가 달라질 뿐 서버와 컴퓨터 사이에는 처리결과와 입력 데이터만 오간다. 결국 지금처럼 개인들이 컴퓨터를 업그레이드 하지 않아도 된다. 그러면서도 우리가 지금 사용하는 PC보다 훨씬 더 빠른 속도로 많은 연산을 할 수 있으며 방대한 데이터를 보유할 수 있게 된다.[74)]

네트워크 컴퓨터가 추구하는 바는 한 마디로, 중앙 서버에 저장된 다양한 소프트웨어를 각 컴퓨터에 자동적으로 다운로드시켜 각 컴퓨터가 별도로 소프트웨어를 설치하지 않고도 다양한 응용프로그램의 최신 버전을 사용할 수 있도록 함으로써 보다 저렴한 비용 부담으로 소기의 목적을 달성할 수 있도록 하는 것이다.

조직의 관리자는 정보화 시대에 조직에 반드시 필요한 영양소가 되는 정보만을 선별한 후 이를 조직 내 구성원들에게 전달할 수도 있다. 이때 관리자는 중앙 서버로서 수많은 독립 PC에 해당되는 각 구성원이 따로따로 정보를 수집 · 분석 · 통합할 때 생길 수 있는 노력의 중복 투자를 방지할 수 있다. 정보를 가공하고 집중 관리하는 일을 중앙에서 맡아준다면, 각 구성원들에게 별도의 노력이나 시간 투자 없이 값어치 있는 정보들을 습득할 수 있도록 할 수 있다. 이렇게 함으로써 각 구성원이 고유의 전문 영역에 자원을 집중하는 일이 가능해 진다.

기대 수준의 공유

동일한 목표를 지향하는 구성원들이 가진 '기대수준'의 파악 또한 풀어야 할 과제다. 협력해야 할 상대방의 기대 수준을 파악하는 일은 협력에 전제 조건이 된다. 기대 수준이 구성원들 간에 공유되면 협력에 따른 실익을 얻을 수 있다.

경제학 용어 가운데 '유동성 함정liquidity trap'이란 개념이 있다. 영국의 경제학자 존 케인스John Keynes가 만들어낸 것이다. 각 개인이 기대하고 있는 '정상 이자율' 수준보다 이자율이 낮은 상태에서는 개인들이 현금으로만 보유하려 한다. 유동성 함정 하에서는 이미 이자율이 충분히 낮기 때문에 추가로 이자율을 내려도 소비와 투자는 늘어나지 않는다. 또 정부에서 유동성을 늘리기 위해 화폐를 발행해도 실물 경제에는 아무런 영향도 미치지 못하게 된다는 주장이다. 불황을 설명하는 여러 가지 이유들 가운데 하나인 '유동성 함정'이라는 가설에 관심을 두는 이유는 이러한 가설이 교사와 학생 그리고 학교행정과 관련된 문제의 원인들을 찾는 시도에 도움을 줄 수도 있다는 가능성 때문이다.

예를 들어, 교과와 관련된 지식이나 정보 또는 교훈이 될 만한 이야기를 알고 있는 교사가 있다고 하자. 이 교사는 자신이 알고 있는 이야기를 학생들에게 해주어도 어차피 학생들이 이해하지 못할 것이라는 판단이 서면 학생들에게 제시되는 정보나 지식의 양을 줄여 놓거나 그 수준을 낮추게 될 것이다. 교사가 나름대로 가지고 있는 학생들의 '일정한 수준'에 대한 기대가 교사로 하여금 지식을 움켜쥐게 할 수도 있다. 교사의 지식을 학생들을 위해 풀지 않는 것이다. 이름을 붙인다면, 바로 '정보 함정'에 빠져있는 것이다.

이러한 상황은 학생들이 자신들의 고민거리에 대해 교사와 상담하려 할 때도 일어날 수 있다. 학생들은 교사들이 자신의 이야기를 잘 이해하지 못할 것이라고 판단할 수 있다. 따라서 마땅한 해답을 얻어 내지 못할 지도 모른다는 회의를 품고 있다. 자신이 교사를 찾아가서 자신의 어려움을 털어 놓는 일에 대한 대가를 받지 못할 수도 있다고 생각하게 된다. 이럴 경우 교사와 학생 간의 협력은 활성화되지 못할 것이다.

정보 함정은 관리자와 교사들 사이에 더욱 심각할 수도 있다. 교사들은 자신들이 인식한 문제의 해결을 위해 관리자에게 새로운 아이디어를 제시할 수 있다. 만일 그 동안 수차례의 경험을 통하여 관리자에 의해 수용되는 아이디어의 수준에 대해 실망하고 있는 교사가 있을 수 있다. 그가 선택할 수 있는 방법은 두 가지 가운데 하나일 것이다. 즉, 자신의 관리자에 대한 기대수준을 낮추거나 아니면 새로운 의견을 제시하려는 의욕을 포기하는 것 가운데 하나를 선택해야 할 것이다. 특히 후자의 경우는 정보를 혼자 소유하도록 할 것이다. 학교 내에 정보가 돌지 않고 모두가 정보를 빨아들이기만 하는 정보의 블랙홀이 되어 버릴 것이다. 이에 따라 교사 모두가 공유해서 학교의 경쟁력 제고에 기여할 수도 있는 귀중한 정보를 잃어버리게 할 것이다.

정보 함정 상태 하에서 정보가 돌도록 하려면 누군가가 엄청난 양의 정보를 대신 쏟아내도록 하는 방법이 있다. 각 구성원이 움켜쥐고 있는 정보들의 총량에 맞먹을 만한 양이다. 질적인 면에서도 결코 떨어지지 않는다. 그러나 이는 현실적으로 불가능하다. 한 사람이 그만한 양을 지닐 수는 없기 때문이다. 혹시 있다 하더라도 그러한 정보를 푸는 사람의 양식이나 판단 기준, 의도 등에 의심을 제기하는 구성원들도 나타나게 될 것이다. 만일 조직 차원에서 정보가 일괄적으로 공급되도록 하는 상황이 된다면, 구성원들의 철저한 신뢰를 얻기 위한 노력이 추가되어야 할 것이다. 정보가 통제의 도구가 되지 않도록 하는 배려도 필요할 것이다.

정보 함정을 푸는 방법은 간단하다. 정보를 푸는 데 따르는 비용이나 위험부담은 줄여 주고 동시에 이미 한참 밑으로 내려가 있는 기대 수준을 올려주면 된다. 그러나 그 실천은 그리 용이하지 않다. 소통의 횟수를 늘리고 정보를 푸는 것에 대한 대가를 충분히 지급해서 공유를 고무할 수도 있다. 그러나 여러 가지 대안들의 핵심은 협력 상대방과 기대 수준을 공유하도록 하는 일일 것이다. 정보 함정은 소통의 상대방의 기대 수준에 대해 깊이 이해하지 못했기 때문에 발생하기 때문이다. 즉, 상대방이 어떤 아이디어에 대하여 부정적인 태도를 취할 것이라는 예상이나 새로운 아이디어에 대한 인식 수준이 낮아 충분한 의사교환이 어려울 지도 모른다는 우려가 빗장이 되어 문을 걸어 잠글 수 있다. 이러한 예상이나 우려는 잘못된 정보에 근거한 판단이거나 표현능력의 부족이 초래하는 것일 수 있는데도. 서로에 대해 깊이 이해하고 있다면 보다 정확한 기대를 갖게 된다. 그리고 보다 현실적인 접근을 생각해 보게 되고 장애물을 걷어내는 것이 가능해진다.

역할 기대도 마찬가지다. 교사마다 자신의 역할에 대해 스스로 생각하고 있는 역할 지각role perception이 있다. 한편 그 역할에 대해 다른 사람들이 기대하는 역할 기대role expectation가 있기 마련이다. 교사는 자신의 역할에 대해 올바르게 지각하고 있어야 하고 동시에 이에 상응하는 주변의 역할에 대한 기대가 있을 때 역할을 성공적으로 수행할 수 있다.[75] 스스로 느끼는 역할에 대한 인식 수준과 상대방에 의해 기대되어지는 수준 사이에 격차를 최대한 줄여나가야 한다.

그러나 교사의 역할 기대와 역할 지각의 수준이 서로 다를 때 역할 갈등role conflict이 발생할 수 있고 과업 수행에 부정적인 영향을 미치게 된다. 학생들이 기대하는 교사들의 역할도 있다. 교사가 어떤 역할을 해줄 것을 기대하다가 실망한 적이 있는 학생은 더 이상 기대를 하지 않게 된다. 두 가지 수준이 비슷하게 되도록 만들어서 갈등없이 업무를 수행하게 될 때 비로소 성과를 기대할 수 있다.

학교의 교육행위와 관련하여서 이해관계자stakerholders의 관심과 참여가 날로 증대되고 있는 추세다. 학생이나 동료 교사, 관리자는 물론이고 학부모, 교육청, 지역사회도 교사의 역할에 대해 나름대로의 기대를 가지고 있다. 이러한 제각각의 기대는 교사가 역할을 수행하는 데 직간접적으로 영향을 미치게 된다. 사실상 똑같은 것을 기대하고 있으면서도 표현능력의 차이나 사물을 바라보는 가치관의 차이가 빚어내는 오해가 갈등을 불러올 수도 있다.

기대되는 역할 사이의 차이를 줄이기 위해서는 네트워크를 구성해야 한다. 이를 활용해서 교사, 학부모, 학생 등 여러 이해관계자들이 서로 연결될 수 있도록 해야 한다. 이때 학교가 이들이 정보나 지식을 효율적으로 공유할 수 있도록 도와주는 네트워크 중심 역할을 해야 한다. 소통을 통해 상호보완적인 수준에 접근할 수 있도록 해야 한다.

이와 관련해 웹web 2.0이 갖는 의미에 주목할 필요가 있다. 원래 2.0은 기술 분야의 버전업version-up을 의미하는 용어다. 그러나 웹 2.0이 단순히 소프트웨어 혁신만을 가리키는 것은 아니다. 웹 2.0에는 공급자가 아닌 수용자의 시각과 관점의 업그레이드upgrade라는 의미가 담겨져 있다. 제품을 개발하는 데 소비자 의견이 반영되는 것이나 정부 정책에 대한 국민들의 의견이 인터넷을 통해 자유롭게 개진되는 것 등을 대표적인 예로 들 수 있다.[76]

협력 당사자 간의 쌍방향 의사소통이 가능한 열린 시스템을 구축하는 일이 핵심이다. 모두가 참여할 수 있도록 개방되어 있어서

서로 이해도를 높일 수 있는 구조도 필요하다. 이는 상대방의 역할에 대해 정확히 이해할 수 있도록 해주고 상대방이 바라고 있는 역할에 대해 잘 이해할 수 있도록 해줄 것이다.

11장

신 뢰

협력은 보다 쉽게 목적지에 도달할 수 있도록 도와준다. 협력은 혼자서 다해야 하는 부담을 덜어줄 수 있다. 이른바 조직 내 거래비용을 줄일 수도 있다. 그러나 여기에는 반드시 갖추어져야 할 전제조건이 필요한 바, 바로 협력 당사자들 사이의 신뢰가 그것이다. 신뢰는 협력을 활성화시킨다.

후랜시스 후쿠야마Francis Fukuyama 교수는 경제적 번영을 위하여 사회적 신뢰social trust를 강조했다. 세계 각국의 경제적 발전 여부에 관한 특징적 차이는 자원, 자본, 노동력의 차이라기보다 주민들 사이에 존재하는 신뢰감의 차이라는 것이다.[77] 실제로 신뢰가 경제성장에 직접적인 연관이 있음을 수치로 계량화한 경제학 이론에 따르면, “다른 조건이 동일하다면 국가 신뢰지수가 10% 떨어질 경우 경제성장률은 0.8%포인트 하락”하는 것으로 분석되었다.[78]

신뢰가 경제에 결정적인 영향을 미치는 이유에 대해 후쿠야마는 "거래비용을 감소시킬 수 있기 때문"이라고 설명했다. 자본주의가 사유재산권, 계약과 법률 등과 같은 제도에 기반하고 있지만 이것만으로는 불충분하다. 사회 구성원들이 외부의 강제적인 규칙이나 이기심에 의해서가 아니라 높은 신뢰에 의해 결속돼 있을 때 거래비용이 감소해 보다 효율적일 수 있다.[79)]

협력의 상대를 신뢰한다는 것은 그 상대방이 명시적 혹은 암묵적 약속을 지킬 능력과 의지가 있다고 확신하는 것을 말한다.[80)] 이러한 신뢰가 뒷받침되어야 관계가 지속될 수 있다. 신뢰를 져버린 개인이나 조직에 대한 최후의 제재조치는 관계를 끊는 것이다. 외형적으로는 관계가 지속되고 있는 듯이 보이지만, 내면적으로 마음이 닫혀있고 일방적인 전달만 있다면 이는 모두에게 도움이 되지 못할 것이다. 모두가 솔직하게 행동해도 속일 수 있다는 가능성이 항상 문제를 일으키는 것이다. 모든 구성원이 서로 신뢰하지 못하면 조직은 오래 갈 수가 없다.

이러한 사실을 간파한 많은 조직들이 조직 내 신뢰도 제고를 위해 많은 투자를 해왔다. 정보기술의 발달로 인해 동료들 사이의 접촉기회가 줄어 들어가면서 조직 내 신뢰의 확립은 점점 더 중요한 과제가 될 것이다. 높은 신뢰를 바탕으로 한 관계가 지속될 때 조직은 경쟁력을 유지할 수 있다.

한편 미국 클린턴 행정부에서 노동부 장관을 지낸 로버트 라이시Robert Reich 버클리대 교수는 그의 저서 『부유한 노예』에서 관계의 일시적인 현상을 지적하기도 했다. 인터넷이나 전자상거래, 환상적인 기능의 소프트웨어덕분에 점점 더 쉽고 빨리 더 좋은 조건으로 이동할 수 있게 되면서 활력은 넘쳐나지만 당장의 편리함을 추구하는 구성원들 간의 관계는 일시적인 형식을 띠게 되었다고 지적했다.[81]

라이시 교수는 이어서 요즈음의 학생들에게서 보이는 신의에 대한 일시적인 가치관에 대해서도 언급했다. 그들은 어떤 일자리든 2~3년 이상 하겠다는 계획이 없고 자신이 속한 단체나 기관으로부터 신의를 바라지도 않고 있다는 것이다. 다른 사람에게도 마찬가지이며 자신들도 신의를 지킬 생각이 없는 것으로 파악했다. 이들에게 상업적으로 맺어진 관계는 그냥 스쳐지나가는 존재일 뿐이며 그 관계로부터 무엇을 얻어낼 수 있을까를 생각하고 있다고 지적했다.[82]

이러한 세태에도 불구하고 신뢰는 여전히 조직의 경쟁력에 중요한 변수인 것으로 나타나고 있다. 베리 교수에 따르면, 성공적인 조직들은 신뢰를 통해 그들의 성공을 유지하고 있는 것으로 드러났다. 이들 성공하는 조직들은 주요 이해관계 집단들과 지속적이고 탄탄한 관계를 만들어온 높은 신뢰도를 지닌 조직들이었다.[83]

그러나 신뢰를 구축하기 위해서는 매우 오랜 시간이 걸리며 이를 유지하는 데도 많은 노력이 요구된다. 이미 전 세계가 인터넷을 통해 정보를 시차 없이 주고받고 있다. 이런 세상에서 특정 개인이나 조직, 상품에 대한 신뢰는 순식간에 붕괴될 수 있다. 은행이 망할지도 모른다는 소문이 순식간에 퍼져 예금주들이 너도나도 돈을 인출하다보니 은행이 실제로 망해버릴 수 있는 것이다. 게다가 소비자들의 안목은 날로 높아져가고 있다. 선택이 점점 까다로워지고 있다. 이런 환경은 신뢰 확보를 점점 어렵게 만들고 있다.

특히 학교교육과 같은 노동집약적이면서 무형의 서비스를 제공하는 경우에는 신뢰를 확보하기가 더욱 어렵다. 베리 교수는 서비스에 대한 신뢰를 쌓는 데 따른 어려움을 설명했다. 그는 "대부분의 상품이 생산된 후에 유통되어 팔리고 생산되는 반면, 대부분의 서비스는 우선 팔리고 난 후에 생산되고 소비된다." 따라서 "서비스는 많은 경우 고객이 서비스가 만들어지는 과정을 목격한다."는 점을 위협요인으로 보았다.[84] 고객들은 서비스가 생산되는 과정에 참여하게 되기 때문에 서비스의 실수가 노출될 수도 있고, 그 자리에서 바로 평가가 이루어진다.

학교가 제공하는 교육은 그 특성상 품질을 관리하기 위해 더 많은 노력이 필요한 서비스다. 오차를 최소화한 기계로 찍어내는 공산품에 비해 일관된 품질을 유지하기가 더욱 어렵기 때문이다. 사람에 의존해 서비스가 생산되고 사람을 상대로 소비되는 교육의 특성에서 초래되는 어려움이다. 국가차원에서부터 학교 차원에 이르기까지 미리 확정해 놓은 교육과정에 따라 교육을 하더라도 교실환경이나 교사, 학생에 따라 교육의 질은 많이 다를 수 있다. 특히 교사의 교육에 대한 태도나 교수능력 등과 같이 영향을 주는 변수들이 워낙 많기 때문에 서비스의 수준은 경우에 따라 커다란 차이가 날 수 있다.

그럼에도 불구하고 학생들은 누구나 신뢰할만한 교육서비스를 받고 싶어 한다. 학생 개인별 특성에 맞는 맞춤식 교육에 대한 요구는 점점 커지고 있다. 학부모들이 교육서비스의 품질을 알아보는 안목의 수준은 날로 높아가고 있다. 또 교사들은 개인별 전문성을 고무해가야 하는 상황이다. 이런 상황 속에서 학교가 신뢰를 얻어내기 위해서는 그 어느 때보다도 더 많은 노력이 필요할 것이다.

반면에 신뢰를 얻은 학교나 교육서비스는 입지를 확장해 갈 수 있다. 베리 교수는 "경쟁력 있는 서비스를 쉽게 찾을 수 없다는 것을 알기 때문에 고객들은 그런 경쟁력을 발견하면 꼭 잡으려고 한다."고 말했다.[85] 신뢰를 얻은 서비스나 그러한 서비스를 제공하는 기관은 고객의 신뢰를 바탕으로 승승장구할 수 있을 것이다. 신뢰가 바탕이 된 합리적 행위는 결국 모두에게 최적의 선택을 할 수 있도록 한다. 또한 경제적으로 프로세스 비용을 줄여주어 총 비용을 절감시킬 수도 있다.

비용의 절감

'죄수의 딜레마'라고 하는 논리가 있다.[86] 두 사람의 공동 범죄자가 있다고 치자. 이들이 할 수 있는 행위는 범죄행위를 자백하든지 아니면 그런 일이 없다고 끝까지 버티는 것이다. 경찰은 현재 아무런 증거도 가지고 있지 않다. 이러한 상황에서 두 범죄자에게 가장 좋은 경우의 수는 두 사람 모두 버티는 것이다. 증거가 없는 상황에서 이들은 며칠 후 풀려날 것이다. 그러나 한 사람이 자백하게 되면 자백한 사람은 가벼운 형을 받고, 자백하지 않은 다른 한 사람은 중형을 받게 된다. 둘 다 자백하면 자백이 주는 감형 효과는 없어지므로 두 사람 모두 중간 정도의 형을 받게 된다. 이들에게 가장 합리적이고 최대의 효용을 가져다주는 선택은 두 사람 모두 오리발을 내미는 것이다. 그러나 실제로는 대개 이들 두 사람이 각자 자백을 하고, 모두 중간 정도의 형을 받게 된다. 이들은 서로를 믿지 못함으로써 결국 최적의 합리적 판단을 내릴 수 없게 되는 것이다. 곧 협력하면 서로 이익이 되는데도 서로 믿지 않는 바람에 모두에게 불리한 결과를 선택하게 되는 상황을 만드는 것이다.

신뢰는 집단가치를 극대화시킨다. 이를 위해서는 자기 이익을 위해 상대방을 희생시키기보다는 협동을 통해 집단가치를 극대화하는 것이 더 이익이 될 것이라는 확신이 필요하다. 거래 당사자 간에 기회주의적 행동을 하지 않을 것이라는 기대가 필요한 것이다.

상업적 관계는 물론 모든 관계 속에서 신뢰는 처음과 끝이다. 후쿠야마는 '신뢰'를 사회적 자본social capital이라고 까지 표현했다. 그는 경제를 발전시키는 데 있어 합리적인 인간의 행동보다 더 중요한 것이 관습과 도덕, 협동심 같은 사회적 자본이고, 사회적 자본의 핵심을 바로 사회 구성원 간의 '신뢰'라고 지적했다.[87] 사회적 자본은 특정 조직의 구성원들 간에 조정과 협력이 쉽게 일어나도록 해준다. 감시나 통제 비용을 줄여 주어 서로 이득을 볼 수 있도록 만들어 주는 특성을 가지고 있다.

도로에 버스전용차선을 그려놓는 것만으로 규칙이 지켜질 수 있다면, 감시카메라 설치비용이나 위반차량 단속원의 인건비 부담을 줄일 수 있다. 대신 그 비용을 사회 전체적으로 이득이 되는 다른 용도에 활용 할 수 있다. 전용차선 준수에 대한 신뢰부족은 그 사회에 추가 비용 부담을 요구하고 있는 것이다. 운전자들을 믿지 못하는 관계 기관과 관계 기관으로 하여금 믿지 못하게 만든 운전자들. 이러한 상황은 사회 구성원 모두의 책임이다. 감시카메라나 단속원이 있든 없든 규칙을 잘 지키는 선의의 운전자들이 부담해야 하는 기회비용은 어디서 보상받을 수 있을까?

때로 문서화하지 않고 해결할 수 있는데도 굳이 서류화가 필요하다는 인식이 수용되는 학교 분위기라면, 신뢰체계의 수준에 대해 검토해 보아야 할 것이다. 전체 교사들 중 한 사람이 신뢰에 문제가 있어서 다른 교사들이 그로부터 제공되는 정보에 대해 재확인 절차를 밟아야 한다면, 이는 학교 차원에서의 비용 증대를 의미한다. 만일 충분히 신뢰할 수 있다면, 문서화에 필요한 시간이나 비용을 줄여줄 수 있고 불신에 따른 확인비용은 필요 없을 것이다. 교사 서로에 대한 신뢰는 조직 관리 비용을 줄일 수 있다.

교사와 학생 간의 관계에서도 신뢰는 중요하다. 교사가 아무리 긍정적인 역할을 수행한다고 해도, 학생이 교사를 신뢰하지 않는다면 교사의 역할 수행이 가져오는 효과는 크지 않을 것이다. 그러나 교사의 역할이 긍정적이고 학생들이 지각하는 교사에 대한 신뢰가 두텁다면 그 효과가 증대된다.[88] 교사와 학생 간에 신뢰가 확보된 후 서로 끈끈한 신뢰관계 속에서 각자의 역할을 충실히 할 때에만 좋은 결과를 얻을 수 있다.

학교 내에 첨단의 하드웨어나 시스템을 갖추고 있어도 이를 활용하는 교사들 사이에 형성된 높은 신뢰가 결합되지 않으면 쓸모없는 애물단지가 된다. 마찬가지로 아무리 훌륭한 제도나 교육프로그램을 구비하고 있어도 조직의 신뢰체계가 만들어내는 보이지 않는 힘에 의해 뒷받침되지 못하면 그 효과를 발휘할 수 있다.

상호이해

협력이 중시되는 시대에 조직을 지탱하기 위해서 풀어야 할 과제는 협력 파트너와 진정한 협력 관계를 유지하는 일이다. 협력 파트너에게 신뢰를 보내야 한다. 신뢰는 신뢰를 불러온다. 그 파트너로부터 신뢰를 얻고 나서 이를 기초로 협력 관계를 지속해야 한다. 관리자와 교사와의 관계에서도 마찬가지다. 교사들을 신뢰하지 않는 관리자는 아쉽게도 교사들로부터 신뢰를 얻을 수 없다. 교사들은 자신들에게 신뢰를 보내지 않는 관리자의 지시나 영향력 행사를 거부할 것이다. 희생을 무릅쓰고 목표 달성을 위해 뛰어들려고 하지 않을 것이다. 학교 조직 내에 자리 잡은 신뢰체계의 선순환이 만들어 내는 사회적 비용 절감으로 학교의 경쟁력 강화가 가능하도록 해야 한다.

이를 위한 가장 효과적인 방법은 구성원들 간에 상호이해를 넓혀나가는 일이다. 피터 드러커Peter Drucker는 "조직이란 상호의 신뢰를 바탕으로 해야 한다."고 전제하고 있다. 그는 학교의 경우에는 "종신자격을 획득한 선생님들에게는 어떤 의미에서는 전형적인 의미의 상관이나 부하라는 개념이 없다. 그렇기 때문에 그들 상호 간의 신뢰는 더욱 탄탄하게 작용한다."고 지적했다.[89)]

조직 구성원 사이에 상호이해를 위해서는 서로가 솔직해지는 것이 필요하다. 서로가 솔직한 모습을 보여주어야 서로를 완전히 이해할 수 있게 된다. 솔직함에 바탕을 둔 상호이해는 신뢰를 가져온다. 쿠제스와 포스너는 신뢰가 높은 조직들에서 공통적으로 보이는 현상의 하나로 "구성원들은 감정에 대해 좀 더 솔직했다."는 점을 들었다.[90)] 드러커는 "우리 각자가 동료로서 또 한 인간으로서 지켜야 할 불문율을 지킬 때 신뢰는 형성되는 것이며, 상호이해에 바탕을 둘 때 가능하다."고 했다.[91)] 신뢰는 거래 당사자들이 상대방을 믿을만하고 정직한 사람이라고 확신할 때에 비로소 싹트는 것이다.[92)] 정직한 구성원들로 가득 찬 조직은 상호이해를 바탕으로 신뢰도가 높은 조직이 된다.

상호이해를 넓히기 위해서는 긍정적으로 상호작용할 수 있는 인간관계도 필요하다. 개방적이고 빈번한 상호작용은 서로를 잘 알 수 있도록 해주고 신뢰체계를 강화하는 데 기여한다. 상호작용을 통해 나는 무엇을 얻을 것이고, 상대방은 무엇을 얻을 것인지를 예측할 수 있도록 도와주는 효과적인 의사소통 채널도 준비되어야 한다.

교사들은 서로 친밀한 관계를 갖도록 하여 신뢰를 축적해가야 한다. 친목회의와 같은 비공식 관계의 효율적인 운영으로 상호 이해할 수 있는 기회를 자주 마련해야 한다.[93)] 구성원들 간의 비공식적 신뢰가 조직 차원의 신뢰로 확산되도록 비공식 조직을 고무하는 노력도 필요하다. 강한 유대감을 뿌리로 해서 강한 신뢰를 꽃피울 수 있어야 한다.

학교운영을 둘러싼 교사 상호 간의 인간관계에서는 교직원회의 등의 제도를 통해 제안은 물론 불만까지도 표현할 수 있는 여건도 주어져야 한다. 무엇보다 상대방의 논리를 서로 받아들일 수 있는 신뢰에 기초한 '호환성'을 지속적으로 높이고자 하는 구성원들의 노력이 필요하다. 조직 내에 형성된 신뢰 분위기는 각 교사가 진정한 자아를 표현하는 데 거리낌이 없도록 만든다. 또한 개방된 태도로 동료 교사들의 피드백을 받아들이도록 한다. 이는 기꺼이 조직에 헌신하도록 하여 궁극적으로 학교의 경쟁력 개선을 가져올 수 있다.

학교는 교사가 학생에게 지식을 전달하고, 학생은 교사가 전달하는 지식만을 학습하는 장소가 아니다. 교사와 학생 상호 간의 인간관계를 통하여 일정한 지식의 학습은 물론, 지적 · 정서적 · 사회적 학습이 통합적으로 이루어지는 작은 사회다.[94] 따라서 교사와 학생 간의 원만한 인간관계가 형성되어야만 교육의 목적이 충실히 달성될 수 있다.[95] 담임교사에 대하여 신뢰감과 존경심을 높게 지각하는 학생들은 낮게 지각하는 학생들 보다 높은 학업성취를 보일 수 있다.[96]

익명성이 강조되는 인터넷 시대에 학교는 교사와 학생 혹은 학생과 학생들이 마주보면서 상호작용할 수 있는 기회를 가급적 늘려 나갈 필요가 있다. 이는 학교의 입지를 더욱 강화시킬 수 있다. 학교에서 학생들은 정서적 접촉을 할 수 있게 되고, 정서적 유대를 강화시킬 수 있다. 신뢰의 의미를 경험할 수 있는 기회를 얻게 된다. 소그룹 활동이 늘어나고 학교 구성원 간에 비공식적인 접촉이 증가할 때는 학생들도 학교를 외면하지 않을 것이다.[97)]

베리 교수에 따르면, 성공적인 기업들은 주요 이해관계 집단들과 지속적이고 탄탄한 관계를 만들어온, 높은 신뢰도를 지닌 기업들이었다.[98)]

학교도 학부모나 지역사회를 비롯한 이해관계자들과 상호작용할 수 있는 기회를 늘려가야 한다. 학교, 가정, 지역사회는 나름대로의 교육적 기능을 가지고 있다. 그러나 사회가 복잡해지면서 어느 한 영역만으로는 교육적 역량을 다 할 수는 없으며, 그들 영역이 상호 중첩되어 영향을 미치면서 상호 보완되어야 제대로의 기능을 발휘할 수 있다.[99)]

이해관계자들이 학교경영에 참여하는 것이 때로는 신속한 의사결정을 방해할 수도 있다는 부정적 측면이 있다. 반면에 이해관계자의 경영활동에 대한 조언과 충고를 얻을 수 있는 상호작용의 기회를 얻을 수 있게 된다. 그러나 이러한 상호작용이 성과를 얻기 위해서는 이해관계자들의 개선 의욕과 함께 이들에 대한 학교의 신뢰가 결합되어야 한다는 사실을 잊어서는 안 된다.

신뢰를 형성할 때 상호 간의 커뮤니케이션이 중요하다. 어느 한편의 생각만으로는 신뢰가 형성될 수 없다. 서로 상호작용하고 이를 통해 서로 이해하는 관계 속에서 형성되는 것이다. 바야흐로 협력이 중시되는 시대에 학교를 지탱하기 위해서 풀어야 할 과제는 조직 내외의 모든 협력 상대자와 신뢰를 주고받으면서 공존하는 것이다.

4

경 쟁

The Five Bases of Future Schools

12장 교육논리 대 시장논리
13장 수요자 중심
14장 선 택
15장 분권화
16장 평 가

경쟁사를 소중히 여겨라. 훌륭한 경쟁사보다 더 좋은 축복은 없다. UPS와 페덱스FedEx의 경쟁 관계에서 볼 수 있듯이 훌륭한 경쟁사는 긴장의 끈을 놓지 않도록 해준다. 누군가 쫓아오는 사람이 없으면 절대 발전할 수 없다.

톰 피터스가 『톰 피터스 에센셜 : 인재』에서

얼마 전 한국계 미셸 리Michelle Rhee(한국명 이양희) 교육감이 시사주간지 타임의 커버스토리 주인공으로 등장했던 적이 있다. 타임은 그의 공교육 개혁 성과를 상세하게 보도하면서 한계도 지적했다. 리 교육감은 공교육 개혁을 통해 큰 성과를 이룩해냈다는 평가를 받고 있다. 그는 시 전체의 15%에 해당하는 21개 학교를 폐쇄하고, 900여 명의 비대한 관료 조직인 교육청 직원 중 100여 명을 해고했다. 자신의 두 딸이 다니는 초등학교 교장을 포함해 36명의 교장과 270명의 교사를 퇴출했다. 또 관내 초 · 중등학생들의 학업성취도도 상당히 향상된 것으로 나타났다. 한편 타임은 리 교육감의 개혁정책을 둘러싼 우려에 대해서도 함께 소개했다. 한 예로 그는 무능교사를 퇴출시키는 대신 우수 교사에 대해서는 최고의 대우를 해주려고 하지만 교원노조가 우수 교사 평가기준에 대해 이견을 보이고 있는 것으로 알려졌다.[1)]

미래는 경쟁이 일상화된 사회가 될 것이다. 정보통신 기술의 발달로 온갖 상품에 대한 정보가 흘러 다니고 있다. 소비자들은 너무나 손쉽게 상품을 비교할 수 있게 되었다. 더 나은 조건으로의 전환은 점점 쉬워지고 있다. 소비자를 차지하기 위한 쟁탈전은 전쟁터나 다름없다.

미래를 정글에 비유할 수도 있다. 강자의 논리와 약자의 논리가 공존하기는 점점 어려워지고 최강의 논리가 모든 것을 정복해버리는 시대가 다가오고 있다. 효율적이고 좋다는 평가를 받은 조직체계나 상품은 경쟁자에 의하여 순식간에 모방된다.

이런 경쟁이 열기가 학교를 포함한 소위 비영리 조직에까지 확산되고 있다. 로버트 라이시Robert Reich는 그의 저서 『부유한 노예』에서 가장 비대하고 보수적인 단체인 학교는 물론 병원, 박물관, 자선단체들도 이제는 혁신에 나서야 한다고 강조했다. 이 단체들도 일반 사업체와 같이 경제적 역학 관계의 영향을 받기 때문이라는 것이 그 이유였다. 학생, 고객, 기부자들도 선택의 폭이 점점 넓어지고 있다. 그들은 각 단체들의 성과에 관한 정보를 더 많이 얻을 수 있게 되었다. 이에 따라 더 큰 만족감을 주는 곳으로 이동할 수 있는 능력이 커지고 있다. 따라서 비영리 단체들도 더 좋게 더 빠르게 더 싸게 해야 한다고 역설했다.2)

그 동안 학교는 공공성에 의존해 왔다. 그러나 학교도 경쟁 논리에 길들여진 타 조직과의 경쟁에서 뒤처지지 않으려면 어떤 식으로든 시장의 개념을 품어야 할 때가 되었다. 시장이란 소비자와 공급자가 만나 서로의 필요를 충족시킬 수 있는 장소다. 관련 정보에의 접근에 장벽이 없고 정보에 근거한 결정의 실행에 규제가 없는 경우, 시장은 참여자 모두에게 최선의 선택을 보장해 줄 수 있다. 보다 나은 것에 대한 욕구가 낳은 '경쟁'은 시장이 효과적인 교환의 장소로 자리 잡도록 했다. 시장에서의 이러한 경쟁은 공급자로 하여금 보다 질 좋은 상품이나 서비스를 공급하도록 유인한다. 소비자에게는 안목과 노력이 전제된 이익획득의 기회를 제공해준다.

경쟁력을 갖추고 있지 않으면 살아남기 어렵도록 몰아가는 시장은 학교에게는 분명 커다란 부담이 될 수 있다. 영리단체의 대표격인 기업 조직이 환경변화에 유연성 있게 적응해 가고 있는 데 반해, 학교 조직은 과거의 아이디어를 관성적으로 추종하고 있다. 또한 기업이 가진 경쟁적인 외부 환경을 학교는 거의 가지고 있지 않았다. 급속한 기술변화, 경쟁사의 끊임없는 도전, 신규 참여자의 적극적인 공세 등과 같은 경쟁적인 환경은 결국은 조직의 개선에 도움을 줄 수 있었다.

그러나 이제는 학교를 둘러싼 환경도 변하고 있다. 이른바 정보혁명 덕분에 학생들은 필요한 지식이나 정보를 교사의 도움 없이도 순식간에 찾아낼 수 있게 되었다. 가치 지향적 소비가 두드러지고 있다. 내재가치가 가장 높은 교육프로그램을 선택하기 위해 관련 정보를 일일이 탐색하는 교육수요자가 늘어나고 있다. 학교는 그 동안 누려온 지식정보 제공의 독점적 위치를 점차 상실하고 있다.

경쟁의 유형은 학교끼리의 단순 경쟁에서 학교school와 비학교non-school 간에 치열한 경쟁으로 확장되어 가고 있다. 다양한 교육기관이나 교육모델이 공교육에 도전장을 내밀고 있다. 학생들이 원하는 교육을 학교를 통해서만 얻어야 할 이유가 없어졌다. 이와 함께 학교의 사회적 역할에 대한 신뢰도 점차 잃어가고 있다.

그 경쟁자들 가운데 하나인 인터넷을 활용한 교육 시스템만 하더라도 수요자들로부터 학교 제도 보다 더 많은 신뢰를 받으며 약진하고 있다. 찬반 논란 속에서도 미국의 홈스쿨링home schooling 아이들은 나날이 늘어나고 있다.3)

미국 일부에서는 공교육의 사립화현상까지 일어나고 있다. 사립교육(학교)회사가 교육과정, 교과서, 교육프로그램을 개발하고 교사 팀을 구성하여 학교운영위원회와 계약을 맺어 일정 기간 동안 이들과 함께 특정 학교의 교육을 전적으로 책임지고 경영하는 제도다. 그런데 이런 계약제가 확대되고 있다. 공립학교 제도에 위협을 가하고 있는 것이다. 나태하고 안이한 교원은 발붙일 여지가 없다. 학교운영위원회가 사립교육회사에 운영을 맡기면 공립의 교장을 비롯한 교직원은 모두 일자리를 잃게 된다.4)

우리나라의 경우, 공교육의 경쟁자로 몰아세우고 있는 사교육의 시장규모는 해마다 폭발적으로 늘어나고 있다. 2003년 13조 6,000억 원이었던 사교육비 규모가 2007년 20조 400억 원으로 추정되고 있다.5)

이들 새로운 경쟁자들은 소비자 중심주의로 무장하고 있다. 교육결과에 대한 책무성을 강조하고 있다. 효과적인 평가 시스템도 내세우고 있다. 학교가 경쟁력을 갖추려면 시장처럼 고객을 위한 가치창조의 기치를 내걸어야 한다.

학교 조직 운영에도 경제 원리가 도입될 필요가 있다. 즉, 학교 조직의 비효율성 때문에 학생들이 손해를 보는 상황이 되어서는 안 된다. 학교를 포함하여 모든 조직은 목표를 가지고 있다. 그 목표 달성에 있어 최대 효과를 거둘 수 있을 때 비로소 조직이 성장·발전할 수 있다. 다른 조직들과 마찬가지로 학교의 경우에도 가용 자원의 효율적 활용이 필요하다. 이를 통해 교육의 질을 향상시킬 수 있다. 그 동안 학교 조직의 경우에는 교육의 공공성과 관련하여 경제 원리가 적극적으로 도입되지 않았던 것이 사실이다. 다행스럽게도 최근 교육성과의 증대, 학교의 효과성 증대나 이를 위한 조직의 구조적 개선이 중요한 과제로 떠오르면서 효과성 제고 논쟁이 뜨겁다.

그러나 학교 영역에 경쟁의 개념을 도입할 때 신중할 필요가 있다. 효과성 제고에 대한 논의 자체가 공교육이 가진 공공성을 약화시킬 수 있다는 주장도 무시할 수 없다. 경쟁을 도입하는 것은 공공재인 교육을 파국으로 몰아갈 것이라고 우려하는 목소리가 있다.

그럼에도 불구하고 공교육과 관련한 경제적 접근은 역시 필요하다. 특히, 학교의 효과성을 높이는 일은 보다 효율적으로 교육 목표를 달성하도록 한다. 이를 통해 교육수혜자가 더 적은 비용으로 질이 향상된 교육을 받을 수 있도록 함으로써 궁극적으로는 교육의 공공성 개념을 강화시킬 수 있는 측면도 가지고 있음을 간과할 수 없다.

이미 세계적 규모로 이루어지고 있는 교육 개혁의 바람은 많은 변화를 예고하고 있다. 이미 공교육의 시장화에 대한 논란이 시작되었다. 학생들의 학습 선택권 문제나, 성과급제도 도입으로 불거진 교원신분에 대한 경쟁 개념 도입 문제 등은 그 대표적인 예들이다.

시장주의를 극도로 경계하는 것은 시장주의만이 교육의 효율화를 통해 행복을 극대화할 수 있다고 치켜세우는 것만큼이나 곤란하다. 학교에서 배출된 학생들은 성과에 초점을 두는 경쟁적인 세상과 맞닥뜨려야 한다. 치열한 경쟁이 그들을 기다리고 있다. 학생들을 미래의 세상을 이끌어나가는 리더들로 양성하려면 학교가 세상의 흐름을 거슬러가서는 곤란하다. 변화나 개혁이 던지는 도전에 대한 외로운 투쟁에서 의미를 찾기보다는 그 흐름을 인정하고 이를 극복할 수 대안을 찾아가는 노력이 필요하다. 학교는 경쟁과 무관하다는 오만을 버리고 겸허히 자신이 제대로 교육을 하고 있는지 곰곰이 생각할 때다.

여기서 한 가지 분명히 해야 할 것은 그 대안의 핵심에는 인간중심주의가 자리 잡고 있어야 한다는 것이다. 다양한 자원과 시간의 투자를 통해 가치를 창조하는 주체는 다름 아닌 사람이기 때문이다. '인간중심주의'를 기초로 하여 삶의 질을 개선하는 것이 시장주의의 궁극적인 목표가 되어야 한다. 개인이 모여 이루어지는 공동체에 대한 합리적인 의식고양을 통해 사회 전체의 부가가치를 높여나가는 것이 학교교육의 목적이 되어야 한다.

이러한 목적 달성을 위한 조직 운영에도 인간중심주의가 요구된다. 미래의 학교 조직은 구성원 각자의 개성이나 존재 가치를 경제적으로 수렴할 수 있어야 한다. 동시에 수렴의 결과를 현실화하는데 필요한 세부 실천사항을 마련할 때도 '인간성'을 가치판단의 근거로 하되, 생산성을 염두에 두어야 한다. 경제성을 지나치게 의식할 때, 제도중심의 의사결정에 의존하기 쉽다. 이를 보완하는 방법은 제도중심이 아니라 인간중심으로 조직 분위기를 만들어 가는 것이다. 바로 자유로운 발상과 다양성을 수렴해 가는 것이다.

학교 조직의 경쟁력 제고를 통해 사회 전체에 적립된 가치를 늘려가야 한다. 이러한 노력이 사회 전 구성원의 삶의 질을 높일 것이라는 믿음도 필요하다. '시장주의와 인간중심주의의 동행', 이것이 바로 학교가 지향하는 경쟁원리 교육의 시발점이자 종착점이 되어야 한다.

12장

교육논리 대 시장논리

일본은 경제 규모 면에서 세계 2위의 강국이다. 게다가 자본 축적과 기술력 면에서도 최고의 선진국이며 세계에서 가장 안정된 채권국이다. 그런 일본이 지금 '교육경쟁력이 곧 국가의 명운을 좌우한다'는 기치 아래 교육의 질을 높이기 위해 분투하고 있다.

그런데 일본만 그런 게 아니다. 미국과 영국은 이미 1990년대 초반부터 학교교육 개선을 위해 엄청난 노력을 하고 있다. 최근에는 유럽식 사회주의의 부작용에 허덕이던 독일과 프랑스도 교육 평등주의의 문제점을 인정하고 학교 간의 차별화를 통해 교육의 질적 향상을 도모하고 있다.6)

싱가포르는 이미 세계 최고 수준의 수학 실력을 자랑하면서도 다른 나라가 따라잡지 못하도록 하는 데 더욱 혈안이 돼있다. 최근 인도 뭄바이의 한 하이테크 재단 연례회의에서 참석자들은 인도의 현 교육이 혁신적 인재를 배출하는 데 미약하다는 걱정을 늘어놨다.[7)]

2007년 대한민국 사교육비 총액은 20조 400억 원으로 국가예산의 10%에 육박하고 있다. 학생 10명 중 7명 이상이 사교육을 받고 있으며 1인당 월 평균 28만 8,000원의 사교육비를 지출했다.[8)]

왜 세계 모든 나라들이 교육에 대해 근심하고 있는가? 각국이 활용할 수 있는 인재들의 수준이 나라의 미래를 결정할 것이라는 판단 때문이다. 인재는 질 좋은 교육을 통해 길러진다. 토머스 프리드먼Thomas Friedman 뉴욕타임스 칼럼니스트의 말대로 전 세계의 자본은 그 어느 때보다 신속히 유능한 인재에게 몰려가고 있다. 컴퓨터와 인터넷은 전 세계의 경제, 기술 환경에 평준화된 플랫폼을 제공했고 노동자들은 언제 어디서든 비슷한 환경에서 일할 수 있게 됐다. 같은 수준의 기술적 혜택을 누릴 수 있다면 결국 얼마나 우수한 인재가 있느냐에 따라 국가의 경쟁력이 결정된다.[9)] 인재를 길러내는 역할을 담당한 교육이 국가나 집단, 개인의 미래를 좌우할 수 있게 된 것이다.

안드레아스 슐라이허Andreas Schleicher OECD 교육국장은 최근 선진국의 교육 트렌드에 대해 다음과 같이 이야기하고 있다.

"고급 기술 수요가 급격히 늘었다. 고급 기술 개발과 소득 수준은 직접적인 상관관계를 보인다. 고급 기술이 개발되는 국가는 소득이 늘고 있지만, 그렇지 않은 국가는 제자리가 아니라 떨어지고 있다. 과거 교육개혁의 초점은 양만 늘어나면 된다는 것이었다. 적은 비용으로 낮은 기술을 제공하는 데 주력했다. 이제는 상황이 바뀌고 있다. (……) 과거 미국이나 유럽 국가에서는 역량을 반복적으로 가르쳐 생산량을 늘리는 주입 교육 위주였다. 이제 단순재생산으로는 충분하지 않다. 지식을 응용하고, 추론하고, 창의적으로 생각하는 게 중요하다. 질적인 개선을 중시하는 게 최근 교육 개혁 트렌드다. 교육은 과거 단일화에서 벗어나 맞춤화 · 개인화 방향으로 움직이고 있다. (……)"[10)]

전 세계적으로 교육의 영역에서 경쟁과 선택을 선호하는 분위기가 팽배하고 있다. 교육에 경쟁원리를 도입하여 질 좋은 교육 재화를 만들어내려는 노력들이 이루어지고 있다. 그러한 노력의 중심에 학교가 서 있다. 여러 가지 의견들이 합의하는 공통점 한 가지는 바로 수요자중심으로 나아가야 한다는 것이다. 학교가 교육을 제공한다는 생각으로 교육에 임하는 시절은 지나갔다. 이제는 교육소비자의 입장에서 모든 것을 검토하기 시작할 때다.

교육소비자 중심의 시대에 교사나 학교는 교육상품을 지니고 있어야 한다. 학생 · 학부모의 요구에 맞는 재화를 준비해야 한다. 교육콘텐츠뿐만 아니라 교육방법이나 아이디어들을 가지고 있어야 한다. 좋은 학교는 실력 있는 교사가 있을 때 가능하다. 교사의 교육서비스를 상품이라고 한다면 학교는 학사행정서비스, 엄격한 학사관리 같은 교육 재화를 가지고 있어야 한다. 학교는 또한 교사의 교수능력을 높이고 학생들의 자발적 학습참여를 가능하게 하는 수준 높은 교육 인프라도 구비해야 한다.

희소성과 관련하여 재화를 경제재와 자유재로 구분할 수 있다. 흔히 어떤 대가를 지불해야만 얻을 수 있는 재화를 경제재로 부른다. 공기나 햇볕과 같이 특별한 대가를 치르지 않고도 얻을 수 있는 것이 자유재다. 교육은 경제재다. 그 존재량이 무한하지 않다는 뜻이다. 특히 일정 수준을 뛰어넘는 품질을 가진 교육재화를 생산해내기 위해서는 누군가가 비용을 지불해야 한다. 국가일수도 있고 학생 개인일 수도 있다. 이제는 순수한 자유재가 거의 사라져버렸다. 신선한 공기를 마시기 위해 별도의 비용을 지불해야 하고 오염되지 않은 물을 찾아내어 큰 돈을 버는 것이 현실이다. 이러한 사회 현실을 외면하고 교육이 가진 특성만을 내세워 경제논리로부터 벗어나려고 하는 것은 문제가 있다.

하지만 무조건 시장논리를 적용하는 것은 경계해야 한다. 예로부터 교육은 지식을 가르치는 일이 아니라 인간을 가르치는 일이라는 생각되어 왔다. 시장논리가 교육을 폄훼할 수도 있다.

실제로 학생이 가진 구매력의 차이에 따라 구입할 수 있는 교육상품의 질이 달라질 수 있는 세상이다. 교육이 공공재임에는 틀림없다. 공공재란 사회 구성원 모두가 소비혜택을 누릴 수 있는 재화 또는 서비스를 말한다. 경제학적으로 보면 비경합성과 비배제성이라는 특징을 지닌다. 모든 사회 구성원이 차별없이 사용할 수 있는 재화다.

여기서 차별받지 않을 권리란 모든 소비자가 소비할 기회를 가질 수 있음을 뜻한다. 모든 소비자가 동일한 구매력을 가져야 하고 균질한 상품을 소비할 권리는 아니다. 공공재로서의 교육이란 바로 기회의 균등한 제공으로 해석해야 한다. 모든 소비자가 교육 재화를 사용함으로써 동일한 교육성과나 만족을 얻어 내야한다는 결과의 평등은 아니다. 모든 소비자에게 같은 만족을 줄 수 있는 재화는 세상 어디에도 존재하지 않는다. 소비자의 선택 기준이나 기대 수준이 결과에 영향을 미친다. 소비행태도 결과에 중요한 영향 요인이다.

그렇다고 남보다 불리한 여건을 가진 학생이나 경쟁력이 떨어지는 학교를 배려하지 않는다면 이는 비교육적이다. 무엇보다도 교육 여건이 상대적으로 열악한 지역에 대한 우선적 투자가 국가의 교육정책으로 자리 잡아야 하는 것이다. 국가가 가진 교육적 안전망이 필요하다. 사회차원에서 경제적 · 사회적 약자에 대한 배려가 필요하다. 이를 기초로 하여 소수의 엘리트와 다수의 보통 국민을 양성하는 학교의 역할을 받아들여야 한다. 이러한 안전망이 부실한 상태에서 시장논리를 도입할 경우 갈등을 동반할 수밖에 없다.

학생 · 학부모의 만족도 향상을 앞세운 수요자 중심 논리도 문제가 있을 수 있다. 조상식 동국대 교육학과 교수는 학부모의 교육적 욕망을 반영하는 것이 반드시 올바른 교육정책인가에 대해 의문을 제기했다. 그는 현재 상황에서 학부모의 욕구는 자녀가 입시에서 성공함으로써 미래를 보장해 주는 데에 있다고 말했다. 이러한 학부모의 욕구가 바람직한 인간교육에 기반을 두고 있다고 볼 수는 없다는 것이다. 과다한 입시경쟁 상황에서 '학력신장'이 선행학습과 반복학습만의 강화를 의미한다면, 이는 창의성 계발이나 개성

신장이라는 교육 본래 목표에서 한참 벗어나 있다고 지적했다.[11] 학교는 수요자의 욕구를 충족시켜야 하는 시장논리와 학교의 본분을 다하기 위한 교육논리 사이를 줄타기를 해야 하는 상황에 처해 있는 듯싶다.

교육학자인 이성진 박사도 교육에는 시장논리와 다른 교육 나름의 내재적 논리가 있다고 강조했다. 교육 본연의 본질적 논리를 따른다면, 학교는 학생들에게 배워야 할 것은 싫어해도 때를 놓치지 말고 반드시 가르쳐야 한다는 것이다.[12]

그러나 우리가 시장논리와 교육논리를 반드시 대체관계로 설정할 필요는 없다고 본다. 이 둘이 보완관계로 자리 잡도록 해야 한다. 수레의 두 바퀴처럼. 경쟁논리가 질 좋은 교육을 위한 훌륭한 대안으로 자리매김하기 위해서는 몇 가지 과제가 해결되어야 한다. 무엇보다도 학교가 자율성을 가진 교육 재화의 공급자로 인정받아야 한다. 차별성을 가진 독립적인 존재로 학교의 개념을 설정해야 한다. 국가가 학교를 초월하는 공급자를 자처하고 나선다면, 시장 관리자로서의 본분을 망각하는 것이다. 국가는 불공정행위를 방지하는 최소한의 관리 기능만을 수행해야 한다. 획일적인 제도를 동원하여 각 학교가 지닌 차별성을 약화시켜서는 쓸만한 상품들은 온데간데없이 자취를 감춰버릴 것이다. 국가는 시장 시스템만 바로 세워주고 학교 스스로 각자에게 맞는 교육상품을 준비하도록 해야 한다.

이에 더하여 학교의 경쟁력을 강화시키기 위한 노력들은 지역사회나 학부모 등 관련 주체들이 적극 참여하는 가운데 진행되어야 한다. 교육수요자의 쉽게 드러나지 않는 니즈를 파악하고 이를 충족시킬 준비를 하는 데 매우 유용하다. 아울러 교육 재화가 가지는 가치를 파악할 수 있는 평가 시스템도 마련되어야 한다.

이러한 조치들은 학교 간 교사 간 치열한 경쟁 환경을 조성할 것이다. 그러나 이는 질 좋은 상품을 만들어 내기 위한 경쟁의 초보 단계일 뿐이다. 그 동안 학교에게는 익숙하지 않았을 뿐이다.

공교육과 사교육과의 보완적인 관계 설정도 필요하다. 경쟁 시대를 살아가기 위해서는 경쟁 상대를 누구로 설정하느냐가 중요하다. 국제화된 시대에 각 나라들은 경쟁국들이 인재를 양성하기 위해 무엇을 하고 있는지에 관심을 두고 있다. 경쟁국의 인재들이 어떤 지식과 기술로 무장하고 있는지 알아내기 위해 신경을 곤두세우고 있다. 이들 인재들을 경쟁 상대로 삼는다면 사교육은 문제도 되지 않을 것이다. 오히려 기회비용을 부담하면서 사교육을 소비하는 학생과 학부모에게 고마움을 표해야 할런지도 모른다.

국제사회라는 각축장을 향해 나아갈 때 누군가 고지를 점령해서 교두보를 확보하고 뒤에 따라오는 아군을 안전하게 고지로 올라올 수 있도록 해야 한다. 사교육에 힘을 기울이는 부모를 탓할 수는 없다. 오히려 사회 전체적으로 경쟁력을 키워가는 역군들이다. 사회가 가진 성장 잠재력을 키우고 사회 전체가 윤택하도록 만들어 가는 사람들일 수 있다. 비록 그들이 사회적인 가치를 증대시킬 목적에는 관심이 없고 사리사욕으로 사교육을 소비한다손 치더라도 그들은 교육이라는 경제재를 구입하기 위해 기회비용을 지불하고 있는 것이다.

그러나 국내로만 눈을 돌려 사교육을 바라본다면 사교육 소비자는 경기의 룰을 지키지 않는 경기자의 모습으로 비칠 수 있다. 애당초 국가가 나서서 교육기회를 골고루 주기위해 세워진 것이 학교였다. 아무리 학교가 학생들에게 균등한 교육기회를 준다 해도 소용없다. 사교육이 기회균등으로 표현되는 교육평등을 무너뜨릴 수 있기 때문이다. 사교육의 소비를 통해 공교육에서 우월한 고지를 선점할 수 있는 가능성을 한층 높여 놓는 것이다.

공교육과 사교육이 경쟁관계에서 보완관계로 발전하도록 유인해야 한다. 이는 교육소비자들은 미래에 누구와 경쟁해야 하는 지를 생각하는 넓은 시야를 가질 때 비로소 가능하다. 쉽진 않겠지만 개인 간의 차이도 인정해야 한다. 각 개인이 교육기회를 어떻게 활용하고 얼마나 효율적으로 이용할 수 있는가는 개인에게 달려있다.

아울러 공교육과 사교육은 영역을 구분할 필요도 있다. 사교육의 교육 콘텐츠는 국제사회에서 경쟁력으로 인정받을 수 있는 내용으로 채워져야 한다. 국가가 나서서 사교육을 권장하되 국제 사회에 나갈 때 쓸모 있는 교육내용이 되도록 해야 한다.

반면에 학교는 그 설립취지를 최대한 확보해야 한다. 특히 기초영역을 가르쳐야 한다. 이에 더하여 응용력도 가르쳐야 한다. 학습능력이 부족한 학생 집단의 특성을 고려한 소규모 맞춤형 프로그램들이 많이 준비되어야 한다. 교육과정의 개정을 통해 사회의 변화에 적절히 대응하는 교육을 전개하려는 시도가 필요하다.

이성진 박사는 학교가 무조건 많은 것을 가르치려고 하기 보다는 기초 지식, 기초 습관, 기초 덕목을 철저히 가르쳐야 한다고 강조한다. 기초가 튼튼하지 않으면 과학발전, 학문발전 그리고 궁극적으로 인간발전을 기대할 수 없기 때문이다.[13)]

사실 경쟁이 일상화된 교육현실에서 학교나 교사는 피곤해질 수밖에 없다. 다른 지역이나 다른 학교들과 비교 대상이 된다. 부족하다고 평가되면 교육수요자들은 당장 개선을 요구할 것이다. 하지만 경쟁이 장기적으로 누구에게 이익이 될 것인지를 따져볼 필요가 있다.

13장

수요자 중심

그동안 학교는 산업 사회의 대량생산체제를 지탱하는 데 필요한 기관이었다. 보편적 지식으로 무장된 인력을 길러내고 이들을 배치하는 역할이 주어졌다. 학교교육에서 교육수요자의 욕구는 철저히 무시되었다. 국가의 의도에 따라 교육활동이 이루어져 왔다. 학생의 필요나 흥미보다는 사회적 필요를 충족하는 데 관심이 집중되었다. 근대 계몽주의에 뿌리를 두고 출발한 학교체제로서는 당연한 일이었으리라.

이제 다품종 소량생산체제가 일반화되고 있다. 소비자들이 끊임없이 새롭고 특별한 것을 찾는 시대에 소품종 대량생산에 의존하는 것은 시대착오적이다. 교육도 과거의 일제 수업으로 표현되는 공급자 중심에서 수요자 또는 학생 중심으로 바뀌고 있는 현실을 받아들여야 한다.

이러한 상황 속에서도 학교의 역할은 여전히 중요하겠지만 과거보다는 못할 것이다. 표준화된 교육과정과 공급자 중심의 교육활동은 점차 매력을 상실해 가고 있다. 선택범위가 좁은 교육과정을 운영하는 학교들은 경쟁에 뒤처질 수밖에 없다. 교사중심의 획일적인 교육방법에 의존하는 학교들은 도태될 가능성이 있다. 자칫 소비자의 변화에 무관심한 채 학교 입맛대로 상황을 해석하다가는 몰락의 길로 접어들 수도 있다.

로버트 라이시Robert Reich는 그의 저서 『부유한 노예』에서 세계는 또 하나의 새로운 시기를 맞이하고 있다고 말한다. 다름 아닌 구매자 천국의 시대가 도래했고 그 속도는 급격히 빨라지려 하고 있다는 것이다. 인터넷과 무선 위성, 광섬유, 대폭 향상된 전산 처리 능력, 광대역 접속의 급격한 증가로 더 많은 디지털 정보를 보다 더 빠르게 전달해준다. 그 결과 무한대에 가까운 선택과 가능성을 가진 거대한 실시간 지구촌 장터global bazzar가 우리 앞에 열리고 있다.

이제 구매자가 더 좋은 조건을 찾아내 그 쪽으로 이동하는 것이 역사상 그 어느 때보다 쉬워졌다. 그리고 몇 년 후에는 지금보다 훨씬 더 쉬워질 것이다. 우리는 우리가 원하는 바로 그것을 거리에 구애받지 않고 가장 유리한 가격에 원하는 즉시 얻을 수 있는 시대로 가고 있다.14)

이러한 추세는 교육영역에서도 일어나고 있다. 교육소비자들은 급속히 개선되어 가는 미디어를 이용해 더 나은 교육프로그램을 찾아다닌다. 끊임없이 비교하고 정보를 교환한다. 이러한 경쟁적인 교육환경 속에서 학교가 지속적으로 교육서비스를 제공하려면 교육수요자인 학생이 무엇을 원하고 있는 지에 관심을 기울여야만 할 것이다.

뿐만 아니라 정부나 학교를 지원하는 기관들은 학교가 무엇을 원하는 지를 파악하는 일에서부터 시작해야 할 것이다. 교육의 질을 향상시키기 위한 정책적 배려의 첫 걸음은 학교의 요구를 파악하고 이를 충족시켜 주는 일이다.

라이시는 1970년대에 시작해 그 후로 계속 그 속도를 더해 온 변화는 대량 생산에서 고부가가치 생산으로, 그리고 표준화된 상품 및 서비스에서 고객의 특성에 맞는 맞춤형 상품 및 서비스로의 변화였다고 분석했다. 심지어 디지털 기술의 발달로 인해 더 낮은 생산비로도 특정 구매자의 입맛에 맞는 맞춤 상품을 만들 수 있게 되었다.[15)]

이러한 변화는 제한적이나마 학교에도 영향을 미치고 있다. 전통적인 학교 내에 다양한 교육 콘텐츠와 교육방식을 도입해 수요자중심으로 운영하는 학교들이 늘어나고 있다. 다양한 특성을 가진 학교를 새로이 설립하기도 한다. 학생 개개인의 적성과 관심, 흥미에 따라 학교를 선택하게 하는 학교선택제도도 확대해 가고 있다.

그러나 아무리 수요자 중심의 시대이지만 학교의 존재 목적 속에는 전적으로 수요자의 선택에만 의존할 수 없는 부분도 있다. 선택의 기준도 필요하다. 모든 것을 수요자의 선택에만 맡긴다면 공교육과 사교육 사이의 영역 구분이 사라질 것이다. 그렇게 되면 보다 효율적으로 움직이는 사교육이 공교육을 대체해 갈 수 있다.

교육체제를 수요자 중심으로 전환하는 것만이 경쟁력을 갖춘 인재를 키울 수 있는 방법은 아닐 수도 있다. 그러나 변화의 속도가 빠른 세계에서 매분, 매일 이루어지는 지속적인 향상은 필수적이며 그렇지 않은 학생과 학교와 사회는 급속하게 뒤처지게 될 것이다. 교육체제나 학생을 현재나 과거에 묶어두는 경직된 것이어서는 안 된다.[16)]

진정한 의미의 수요자 중심은 모든 학생이 가치 있는 존재라는 발상에서 출발한다. 개인이 존재 그 자체로 존엄하다는 인식이 제고되어야 한다. 또한 모든 학생이 각자의 잠재적 가능성이 최대한 발휘될 수 있도록 해야 한다. 학생마다 가지고 있는 독자적 가능성을 발견하고 개발하는 교육이 전 과정을 통해 존중되어야 한다. 기회는 평등하게 부여되어야 하고 차별이 있어서는 안 된다. 학습 능력의 부족으로 인해 소외되거나 낙오되는 학생이 없어야 한다. 정부는 소외계층, 낙후지역 학교에 대한 교육적 지원에 힘써야 한다.

미국의 조지 부시George W. Bush 행정부는 낙오학생 방지법NCLB:No Child Left Behind을 시행했다. 한 마디로 학생이 거주하고 있는 주state에서 설정한 기준에 미달될 경우 학생 · 교사 · 학교가 제재를 받게 되는 법이다. 교육성과로 공립학교를 평가해 지원하거나 책임을 묻는 시장원리에 기초하고 있다. 일부 반대론자들로부터 비판을 받고는 있지만, 교육 소외계층에 대한 강력한 지원을 통해 학습부진아를 남기지 않겠다는 의도도 담겨 있다. 동시에 미국 교육에 대한 신뢰를 되살리기 위해 도심지역 학교에 대해 지원도 병행하고자 했다.

신임 버락 오바마Barack Obama 대통령은 이를 보완하려 하고 있다. 그는 미국 교육의 신뢰를 회복하기 위해서는 경쟁력을 갖춘 학교가 필요하다고 본다. 교육을 미국이 직면한 난국을 타개할 비장의 무기로 보고 있다. 오바마는 경쟁의 중요성을 알고 있는 사람이다. 그는 전임 대통령보다는 평등을 더 강조할 것으로 예상된다.[17)]

교육경쟁력 1위라는 핀란드는 학업성취도 국제비교연구PISA:Program for International Student Assessment에서 최고 수준의 성취도를 보이고 있는 나라다. 그럼에도 불구하고 일반 학교에서도 성적 부진 학생을 위한 특별 교육을 실시하고 있다는 사실은 많은 것을 시사한다. 해리 스코그Harri Skog 교육부 차관은 최근 매일경제와의 인터뷰에서 핀란드의 학업에 따른 차별화된 교육지원체계를 전했다. 그는 "학업에 어려움을 겪는 아동그룹에는 정부가 특별히 추가 보조금을 제공하여 그들의 학업을 돕고 있지만, 반면 스스로의 능력으로 학업을 유지할 수 있는 영재그룹에는 정부가 별도의 지원을 제공하지 않는다."고 말했다.[18)]

정부의 노력과 함께 민간의 지원도 중요하다. 성공적인 사례의 하나로 마이크로소프트 전 회장 빌 게이츠Bill Gates의 지원을 들 수 있다. 빌 게이츠는 2000년부터 자신이 설립한 '빌 앤드 멜린다 게이츠 재단'을 통해 빈민지역 공립학교와 커뮤니티 칼리지 등에 40억 달러를 지원했다. 지원을 받은 학교들 가운데 대학 진학률이 10%에도 못 미치던 학교들이 거의 90~100% 상승하는 기적이 나타나기도 했다.

한편 수요자 중심의 바탕은 학생 간의 차이도 인정하는 것이다.

학생 각자가 가진 능력이 다를 수 있음을 인정하는 것이다. 학생들이 가진 행복의 기준도 서로 다를 수 있다. 지식정보화 사회에서는 창조적인 인재가 지닌 지식 · 정보 창출 능력이 국가의 미래를 좌우할 수 있다. 우수한 학생들에게 잠재력을 최대한 계발할 수 있는 기회도 공교육이 제공해 주어야 한다. 학생 개개인이 자신에게 적합한 능력을 개발하고 행복한 개인으로 살아가기 위해 필요한 교육과정 개발이 준비되어야 한다. 학교에게는 교육선택권이 부여되어야 한다. 학교에게는 선발 기준에 근거한 학생 선택의 자유를, 학생에게는 학교 선택의 자유를 주는 것이다. 한편 부유층 자녀의 사교육에 대해 국가가 지나치게 간섭해서도 안 된다.

학교의 모든 가용자원은 학습을 성공적으로 만들기 위해 동원되어야 한다. 새로운 형태의 학교를 만들고 경쟁을 촉진시키는 제도를 만드는 것도 의미있는 일이다. 그러나 수요자 중심 노력의 성공 여부는 교육콘텐츠와 교육방법의 일차적인 초점이 얼마나 학생에게 주어지느냐에 달려있다. 모든 학생은 기술적 자원을 동등하게 사용할 수 있도록 기회를 제공받아야 한다. 모든 교육과정은 학생 중심으로 계획되어야 하며 맞춤형으로 설계되어야 한다.

스코그 차관은 핀란드 학교에서는 "배움에 어려움을 겪는 아이들과 학업에 뛰어난 재능을 보이는 아이들 모두를 일찍이 판별하려는 노력"을 한다고 강조하면서 학생 개개인에 맞는 맞춤식 교육이 핀란드 교육현장에서 이루어지고 있다고 설명했다.[19)]

학생 중심의 교육과정 운영과 관련해서 석태종은 그의 저서『한국의 교육사회』에서 미래형 학교의 요건을 5가지로 제시하고 있다. 즉 ① 개별지도, 개별학습을 가능하게 하는 민주적인 시설과 설비, ② 사회문제를 중핵으로 하는 학습내용, ③ 다양한 학습형태와 학습자를 위한 교수-학습 조직, ④ 지역커리큘럼의 자주적 편성, ⑤ 학습 조직자, 촉진자, 그리고 개인 지도교사로서의 교사 등을 들고 있다.[20)]

이러한 맞춤형 교육이 가능하려면 학교운영도 학교중심으로 유연성 있게 조정될 수 있어야 한다. 학교에게 실질적인 교육선택권을 제공해야 한다. 21세기 무한경쟁 시대에 자유경쟁을 무시한 경직적인 제도로는 살아남을 수 없다. 국가의 관료적 교육 간섭이나 이해당사자 집단의 획일적인 간여는 시대착오적이다. 아울러 학교차원에서는 선택에서 제외되는 교육프로그램들에 대한 집중적인 지원을 통한 특성화에 노력해야 한다. 교육의 수월성만큼 교육기회의 형평성도 소중한 가치이기 때문이다. 이와 마찬가지로 학교감독기관에서는 선택에서 제외되는 학교들에 대한 지원에 힘을 기울여야 한다.

개인성

미래 사회에서는 과거 어느 때보다도 개인의 가치가 최고로 증대될 것이다. 앨빈 토플러Alvin Toffler는 그 이유를 '힘의 이동powershift'에서 찾고 있다. 즉, 제1의 물결 사회에서는 모든 것이 인간이나 동물의 근육적 힘에 의존했다. 따라서 인간이 사회나 자연에 미칠 수 있는 영향은 극히 제한적이었다. 제2의 물결 사회에서도 기계와 자본의 힘이 주된 역할을 했다. 거대한 자본은 동일한 기능을 하는 다수의 사람들을 동원하여 엄청난 부를 생산할 수 있었다. 그러나 제3의 물결 사회에서는 지식이 부를 생산하기에 이른다. 창의적인 아이디어만으로 소량의 고부가가치 상품을 생산하여 부를 창출할 수 있다. 그리하여 개인의 독자적 능력의 창의적 발휘가 개인은 물론 사회의 번영을 위해 중요한 역할을 하게 된 것이다.[21)]

『Megatrends 2000』의 저자인 나이스빗트Naisbit도 이에 동의한다. 그는 개인이 가진 잠재적 능력이 기업이나 나라는 물론 넓게는 인류의 발전과 번영을 좌우하게 될 것으로 예측했다. 그에 따르면, 역사 전체를 통해서 힘은 기관들과 관련되어 있었고 물리적 및 군사적 힘과 관련되어 있었다. 이때 왕과 정부와 신이 힘이 있었지만 개인은 무력했었다. 그러나 오늘날에는 개인은 사회가 진행하는 방향을 식별함으로써 현실에 영향을 줄 수 있게 되었다.[22)]

토플러가 말하는 제3의 물결 시대에서는 탈대중화de-massification가 일어난다. 그는 탈대중화 사회에서는 모든 것이 동질화homogenizing에서 이질화heterogenizing로 전환되어야 한다고 강조했다. 상품의 생산이 개성화되어야 함은 물론이요, 정치도 대중적 동원이나 호소의 방식에서 벗어나서 개별적 접촉과 설득에 의한 합의의 도출에 힘써야 할 것이다.[23)]

페이스 팝콘Faith Popcorn은 『팝콘 리포트』에서 에고노믹스egonomics에 대해 이야기했다. '나 중심성'이 바로 에고노믹스의 핵심이다. 에고노믹스로 인해 생산자 우선 원칙에서 소비자 우선 원칙으로 강조점이 옮겨진다. 에고노믹스란 간단히 다음과 같은 것을 의미한다. 즉, 소비자의 개인화 욕구에 맞추어 제품을 공급함으로써 이윤을 획득할 수 있다는 것이다. 그것이 제품개발이건 제품 디자인이건 개인적 서비스이건 간에 '개인별 요구사항에 맞출 수 있는 능력'이 핵심이다.[24)]

미국에서 포드 자동차가 처음으로 대량생산되어 출하되었을 때, 그것은 번쩍번쩍하고 미끈했다. 그러나 모두 똑같은 것들이었다. 모든 사람들이 획일적으로 대량생산하는 것이 가장 뛰어난 기술수준을 상징한다고 생각하게 되었다. 이에 비해서 손으로 만든 수공제품은 믿을 수 없을 만큼 조잡해 보였다. 그러나 이제는 정확히 그 반대가 되었다. 대량생산되어 획일적인 것은 이제 조잡하고 싸구려라고 평가되곤 한다. 하지만 손으로 만든 것이나 개성적으로 만들어진 제품은 높은 평가를 받고 있다.[25)]

획일화에서 이질화로의 전환을 가장 절실하게 요청하는 것은 교육이다. 학생들로 하여금 개성있는 삶을 가지며 창의적 사고를 할 수 있는 힘을 가질 수 있게 하려면 교육이 다양화되고 개성화되어야 한다.

미래에는 각 개인이 필요에 따라 수시로 교육을 받아야 하는 교육의 개별화 경향도 더 강해질 것이다. 이상주 박사는 미래 사회에 살아갈 생산적인 인간은 교육과 작업을 번갈아 가며 자기 변신을 계속하는 사람일 것으로 단언했다. 그는 미래에는 학업과 작업의 경계마저도 흐려지게 될 것으로 보고 있다. 따라서 미래 사회의 교육은 오늘의 교육보다 훨씬 더 큰 융통성을 가져야 하며 훨씬 더

개별화되어야 한다고 강조했다.[26)]

토플러는 2008년 11월에 한국 국회 의원회관에서 선진사회연구포럼 초청으로 '세계의 변화와 한국의 선진사회 진입' 특강을 했다. 이 자리에서 그는 삶의 모든 부분이 탈대량화하고 있는 데 비해 아직 교육에는 이 개념이 적용되지 않았다고 지적했다. 그는 산업화시대에 맞춰진 현행 대중교육mass education을 일부 수정하는 것만으로는 안 되고 개인화한 것으로 완전히 바뀌어야 한다고 강조했다.[27)]

그렇다면 개인의 의미가 강화되는 시대에 학교가 양성해야 할 개인은 어떤 모습일까? 바로 남과 다를 수 있고 다른 생각과 신념을 누구나 가질 수 있음을 받아들이는 사람이다. 이러한 사람을 키우려면 학교는 이른바 보편적 개인주의를 가르쳐야 한다. 다행스럽게도 이러한 교육목적은 학교가 수행하는 집단적 교육이 감당하기에 적절하다.

나이스빗트가 말하는 개인은 자기의 욕심만을 차리고 다른 사람을 배척하는 이른바 이기주의적 개인이 아니다. 개인적 능력 발휘의 극대화를 통해서 사회와 인류의 발전과 번영에 이바지하는 개인을 말한다. 그는 다음과 같이 말한다.

"이것은 자기 자신을 위해서 자기의 욕망만을 만족시키고 모든 타인과 지옥 같은 관계를 가지는 모든 사람이 자기를 위해서 있다는 타입의 개인주의가 아니다. 그것은 개인을 지구적 수준으로 높이는 윤리적 철학이다. 우리 모두는 환경을 보존하고, 핵 전쟁을 예방하고, 가난을 제거할 책임이 있다. 그러나 개인주의는 바로 개인의 에너지가 문제라는 것을 인정하는 것이다. 사람들이 예술과 기업과 과학에서 참된 성취 욕구를 만족시킬 때 사회는 이득을 얻는 것이다."[28]

학교는 또한 학생 각자가 가진 강점에 집중하여 교육할 필요가 있다. 미래 사회가 원하는 지식 근로자들은 약점을 보완한 결과로는 생산성을 향상시키지 못한다. 그들은 자신들의 강점을 발휘할 수 있는 분야에서 성과를 만들어낼 수 있다. 학교는 학생들의 강점을 개선시켜 나가야 한다. 이는 평준화되고 집단화된 교육으로 해결하기에는 한계가 있다. 학생 개인의 개성과 독자적 가능성을 발굴하고 이를 개발하는 교육은 개별화된 교육으로 가능할 것이기 때문이다.

숙명여대 총장을 지낸 이경숙 교수는 교육의 역할에 대해서 "다양한 측면이 있겠지만 그 중에서 가장 중요하다고 생각되는 것은 개인이 가지고 있는 잠재력을 발견해 주고 이를 발전적으로 육성해줌으로써 개인의 적성과 능력의 최대치를 발휘할 수 있도록 유도해 주는 것이다."라고 역설했다.[29]

그러나 현재의 학교는 모든 분야에서의 평균적인 교육을 시킴으로써 강점을 살려주지 못하고 있다. 그보다는 학생들이 약점인 부분을 보강하는 편에 서서 교육을 시키고 있다. 학교는 학생들이 강점을 발휘하는 데 필요한 관련 지식과 기술 및 행동을 유기적으로 연관시키면서 교육해야 한다. 특정분야의 지식이 생산성으로 연결되려면, 그 배경적인 지식이 보완적 역할을 해야 한다. 엔지니어들이

인간에 대해서 알아야 공학적 기술을 실용화시킬 수 있는 법이다.[30)]

물론 획일화되고 경직된 평균적인 인적자원을 양성하는 역할도 어느 정도 필요할 수 있다. 그러나 미래 사회는 창의적이고 유연한 프로를 원하고 있다. 이를 위해서는 무엇보다도 학생들의 새로운 아이디어가 끊임없이 제시할 수 있도록 유도하는 노력이 요구된다는 것이다. 사회적 표준을 무시하지 않으면서도 개별적으로는 고유성을 키워갈 수 있도록 도와주는 학교를 미래는 원하고 있다.

소비자의 저항

오늘의 청소년들은 소위 '탈현대성'의 시대에 태어나 살고 있다. 합리성보다는 감성을 선호하고 구조보다는 개별성을 중시하는 시대의 아이들인 것이다. 이와는 대조적으로 기성세대는 감성보다는 합리성을, 개별성보다는 구조를 중시하는 시대를 살아왔고, 그러한 의식을 지니고 있다. 그러나 사회는 이미 합리성과 구조보다는 감성과 개별성을 과거보다 더 선호하고 중시하기 시작하였다.[31)]

또한 소위 N세대로 불리는 이들은 어려서부터 자신들의 취미와 적성에 맞는 사이버 공동체에 가입하고 있다. 자기가 하고 싶은 일에 몰두하는 것을 행복으로 여기는 세대다. 그들은 자신의 희망과 계획을 부모와 타협하는 세대도 아니다. 그들은 어려서부터 가수나 만화가가 되기 위해서 학교를 떠날 생각을 한다. 새로운 아이디어를 팔아서 거부가 된 젊은이들의 얘기를 심심찮게 듣는다. 그들은 컴퓨터 소프트웨어를 개발한 고등학생이 사장이 된 이야기들을 보고 들으며, 학교의 획일적이고 전통적인 교육에 회의를 품는다.[32)]

이제 시대에 뒤떨어진 교육과정은 신세대 소비자들의 요구에 부응하지 못한다. 미래의 사회에서는 창의성과 개성을 갖춘 지적 인재만이 살아남는다. 창의적인 아이디어 하나가 굉장한 상품적 가치를 갖게 된다. 학생들은 학교에서 다루는 전통적 지식의 가치에 회의를 던지고 있다. 기존의 지식을 충실하게 습득하는 것보다는 다양한 분야에 걸쳐서 창의적인 지식을 다루는 능력을 습득하기를 원한다.

그럼에도 불구하고 학교교육은 변화하는 환경에 제대로 적응하지 못하고 있다. 공교육이 가진 경직성이 걸림돌이 되고 있는 것이다. 학교는 다양한 분야의 앞서가는 지식을 제공할 채비가 충분히 되어 있지 않다. 학생 · 학부모의 변화하는 요구를 수용하기 위한 준비를 서둘러야 한다.

지나치게 복잡하여 쓸모없는 교육프로그램도 있다. 학생들에게 지나치게 많은 비용부담을 요구하지만 실제로 학생들에게 주는 것은 부족하다. 최적화되지 못한 프로그램이 가진 문제점이다.

토플러는 얼마 전 자신이 산 자동차에 딸린 계기판 단추가 49개, 매뉴얼 책자는 700쪽이나 됐다면서 이를 '잉여복잡성' 또는 '초복잡성'으로 정의했다. 그는 "이 때문에 머지않아 모든 분야에서 소비자들이 저항할 것"이라면서 "기업들이 개별 소비자의 요구에 맞는 맞춤형 제품을 개발해야 한다."고 강조했다.[33)]

학교는 건전한 사회 구성원으로서 기본적으로 알아야 할 지식을 가르친다는 전제에서 시작했다. 이러한 학교의 설립이유를 근거로 마련된 교육과정은 학생 입장에서는 이른바 잉여복잡성일 수 있다.

교육과정을 만들고 교과서를 제작하는 과정은 복잡하고 어려운 과정일 것이다. 그러나 이러한 복잡성이 교육과정과 학생 사이의 상호작용 과정을 어렵게 만들어서는 안 된다. 잡화점처럼 여러 가지 상품들로 복잡하게 구성되어 있는 교육과정이 정작 소비자가 원하는 것을 빠뜨리는 실수를 범할 수도 있다. 실제로 필요한 것은 극히 일부일 수도 있다.

미래에는 개인화 · 개성화가 지금보다 훨씬 더 중요시될 것이다. 아울러 양적인 삶에서 질적인 삶으로 넘어가려는 욕구가 커질 것이다. 학생들이 원하지 않는 내용을 없애는 데 관심을 기울일 필요가 있다. '개인별 맞춤화'가 필요하다. 대신에 학교가 교육과정을 운영할 때 잘게 쪼개진 세부 내용 안에서 질 좋은 교육서비스를 제공하는 쪽으로 방향을 잡아야 할 것이다.

학생의 변화에는 무관심한 채 학교 입맛대로 상황을 해석하다가 몰락의 길을 가게 될 수도 있다.

유연성

건축가 유걸 아이아크 대표는 2008년 68세의 고령에도 불구하고 서울시 신청사 설계공모에 참가해 당선된 인물이다. 그는 '변하지 않는 불후의 명작'을 부정한다. 끊임없이 변화하며 살아있음을 보여주는 존재를 높이 평가한다.

그는 세계 건축계의 화두인 지속가능성sustainability이란 '튼튼함'을 뜻하는 게 아니며 '용도의 지속성'에 초점을 둔 것임을 강조했다. 건물이 멀쩡해도 용도가 폐기되면 수명이 끝나버린다는 점을 지적했다. 그는 '수요가 바뀜에 따라 다양한 목적으로 변용할 수 있는 공간, 즉 끊임없이 변화할 수 있는 공간'이 지속가능 건축의 요지임을 거듭 강조했다.

유걸 대표는 획일성에 대해 우려를 표명한다. 그는 "바쁜 일상 때문에 호텔에서처럼 살기를 원하는 사람이 많은 것 같아요."라고 현재의 세태를 지적했다. 그러나 "호텔은 모든 게 고정된 공간이죠. 좋아하는 색으로 벽을 칠할 수도, 맘에 안 드는 가구를 치울 수도 없어요. 사용자가 자신에게 맞게 공간을 변화시키는 것을 포기한 듯해 정말 끔찍해요."라고 획일성이 주는 답답함을 표현했다.[34)]

학교도 변화하는 사회 속에서 존속하기 위해서는 모든 면에서 유연성을 갖추어야 한다. 심지어 그 역할에 대해서도 수정할 수 있는 여지를 갖고 있어야 한다. 학교가 제공하는 교육서비스에 대한 학생들의 요구가 달라짐에 따라 유연하게 대응해 갈 수 있어야 한다.

학생들의 욕구와 행동방식이 큰 폭으로 달라지는 상황이다. 이러한 상황에서 모든 학교를 일사불란하게 관리하도록 고안된 거대한 관료기구가 각 학교를 지배하도록 해서는 안 된다. 그렇게 할 경우에 각각의 학교가 빠른 변화에 신속하고 유연하게 대응하는 것은 불가능하게 된다. 사회 조직으로서의 학교가 자율성과 유연성을 상실하여 새로운 변화에 적절히 적응하지 못하게 되면 학교는 붕괴될 수 있다.[35)]

기존의 단선적이고 경직된 학교운영 체제에서 벗어날 필요가 있다. 학생 · 학부모의 교육욕구를 충족시킬 수 있는 운영 시스템을 마련해야 한다. 모두가 미래에는 창의력이 경쟁력의 핵심이 된다고 말한다. 빠른 변화에 적응하고 창의적으로 변화를 주도할 수 있는 인재를 육성해야 한다고 말한다. 그렇다면 획일적이고 관료주의적인 제도로 운영되고 있는 우리의 교육제도도 손을 보아야 하지 않을까?

겉으로 볼 때 체계적으로 잘 짜인 조직이 때로는 생명이 없는 경우가 많다. 규정에 따라 기계적으로 움직이는 조직은 유기체가 가진 유연성이 없다. 미래 사회에서 조직의 경쟁력은 유연성에 의해 좌우된다. 학교 조직을 유연성을 갖춘 살아있는 조직으로 만들어 가야 한다.

학교 조직의 유연성은 외부와의 상호작용에서도 중요한 역할을 한다. 학교만의 고유성을 해치지 않으면서 영양가 높은 정보를 외부로부터 능숙하게 섭취할 수 있어야 한다.

분자생물학자인 후쿠오카 신이치福岡伸一는 저서 『생물과 무생물 사이』에서 생명에는 '동(動)적인 질서'가 있다고 말한다. 생명을 단순히 자기복제를 하는 시스템으로 정의하는 것은 충분치 않다고 주장했다. 생명이라고 정의하기 위해서는 다른 요소들이 필요하며 그 가운데 한 가지로 현존하는 질서가 그 질서 자체를 유지하는 능력과 질서정연한 현상을 새로 창출하는 능력을 갖고 있어야 한다고 본다. 모든 생명은 끊임없이 엔트로피(엔트로피 법칙에서 말하는 물질계의 열적 상태를 나타내는 물리량의 하나)를 늘리면서 죽음의 상태를 의미하는 최대 엔트로피라는 위험한 상태로 접근해 가는 경향이 있다. 생물이 그런 상태에 빠지지 않고 생존하기 위한 유일한 방법은 주변 환경으로부터 '부(負)의 엔트로피 = 질서'를 섭취하는 것뿐이다.[37)]

학교 조직이 생명력을 가지려면 자기복제로는 부족하다. 변화하는 환경의 질서를 유연하게 받아 들여야 한다. 질서를 받아들여 완전히 자기 것으로 소화시켜서 흡수할 수 있어야 한다.

학교 조직이 가진 유연성은 학교가 미지의 세계를 개척해 가는 유연한 인간을 육성하는 중심체로 서기 위한 필수 조건일 수 있다. 단순히 자기복제에 충실한 정태적인 조직이 아니고 미래를 제시하고 개척해나가는 동태적이고 생동감 넘치는 살아있는 조직이 되어야 한다.

이를 위해서는 인간미 넘치는 조직을 만들 필요가 있다. 포스코경영연구소에서 수석 연구위원이었던 강구영은 21세기를 대비하는 조직의 경쟁력으로 인간중심의 조직 분위기를 강조했다. 그가 말하는 인간중심이란 주관적인 해석과 의견들이 제시되고 공유되는 조직 분위기를 가리킨다. 그는 지식이 "새로운 데이터나 사태가 각 개인에 의해 새롭게 해석되거나 새로운 패러다임에 의해 이해됨으로써 재구성되는 것"이라고 전제하고 있다. 따라서 개인들의 집합체인 조직이 어떤 상황에 직면하더라도 대응할 수 있는 능력을 갖추려면 각 개인이 나름대로 견해를 자유롭게 제시할 수 있어야 함을 강조했다.[36)]

매일매일 새로운 상품과 표준들이 쏟아져 나오고 있다. 이런 상황 속에서 새로운 문제에 대한 각 개인의 견해는 문제 자체를 정의하고 그 대응방안을 준비하기 위해 조직이 사용할 수 있는 귀중한 자산이다.

14장

선 택

최고의 상품을 선택하기 위해 관련 정보를 검색하는 소비자들이 늘어나고 있다. 과거의 무지한 소비자가 이제는 각종 정보에 해박한 소비자로 바뀌고 있다. 이와 더불어 모든 영역에서 소위 가치지향적 소비가 두드러지고 있다. 자신의 개성을 표현할 수 있는 고급 상품을 찾으려는 경향이 심화되고 있다.

이런 상황에서 학생들을 학교로 모이도록 만들기 위해서는 교육을 받아야 한다는 사회적인 필요만으로는 부족하다. 학교에서 교사가 학생들에게 가르치는 지식의 대부분은 학교가 제공하지 않더라도 학생들이 어렵지 않게 구할 수 있는 내용들이다. 이제 학습자의 욕구 파악에 근거한 프로그램들이 개발되어야 할 것이다. 다양성과 선택권의 확대라는 사회 환경의 변화에 적극적으로 동참해야 한다. 한 마디로, 고객이 어떤 것을 가치롭게 여기는지를 알아야 한다.

한편 교육영역에서 경쟁을 부추기는 새로운 발상들이 교육을 지나치게 상업화할 수 있다는 우려도 나오고 있다. 그러나 걱정보다는 선택체제로의 전환이 학교의 교육경쟁력을 강화시킬 수 있는 계기가 되도록 해야 한다. 교육의 현실에 적용 가능한 대안을 모색해야 한다. 동시에 경쟁의 강조가 초래할 수 있는 공공성의 약화에 대비할 필요가 있다.

학교는 흔히 보호된 조직으로 분류된다. 이는 조직체나 그 고객이 어느 정도 선택권을 갖지 못하는 조직을 가리킨다.[38] 의무 공립학교가 대표적인 경우다. 학교의 고객인 학생들은 학교에서 받아야 할 서비스의 구체적인 내용과 학교의 선택권조차도 갖지 못하고 있다. 학교는 종종 그 학교에 들어오기를 좋아하지 않는 학생을 다루어야 하고, 또 반대로 등록되지 않았으면 하고 바라는 학생을 가르쳐야 할 필요가 있게 된다.

학교는 선택의 여지가 거의 없는 상태에서 잠재적인 낙오자로부터 똑똑한 학생들에 이르기까지 다양한 범위의 학생들을 가르쳐야 한다. 학교가 가진 이러한 특성 때문에 어느 학생에게도 안 맞는 교육상품을 제공하게 되는 경우가 많을 수밖에 없다. 이는 선택의 시대에 커다란 약점이 될 수 있다.

학교가 가진 이러한 한계를 뛰어 넘기 위해 혁신을 도모할 필요가 있다. 선택이라는 강점으로 무장한 프로그램들이 활발하게 제시되고 있다. 그러나 그 프로그램의 운영에 있어서는 공교육의 틀 안에서 이루어지도록 해야 한다고 한계를 긋기도 한다. 교육수요자에게 지나치게 폭 넓은 교육선택권을 부여하고 시장논리에 따른 경쟁력 제고만을 강조하게 되었을 때는 공공재로서 공교육이 해체될 가능성이 있기 때문이라는 주장이다.[39] 그러나 이러한 제약 요인은 때때로 학생의 교육 선택 기회를 빼앗는 결과를 가져올 수도 있다.

또 하나의 규제 요인은 이해관계자와 관련되어 있다. 하버드 경영대학원 교수인 클레이튼 크리스텐슨Clayton Christensen 등은 혁신을 제약하는 규제에 대해 언급하고 있다. 바로 시스템의 제약자들(정부, 지방 학교 위원회, 사회 경제적 요소 등)이다.[40] 기존 학교들이 불만족 고객들을 만족시키기 위해서 성공적인 혁신을 도모할 수 있을 것으로 기대하지만, 이들 시스템의 제약자들이 대부분의 학교들이 그렇게 할 수 없게 만들고 있다고 지적했다.

학교 선택권을 성공적으로 확장시킨 외국의 사례를 보면 공통적으로 나타나는 몇 가지 중요한 요소를 무시할 수 없다. 우선 지역 교육관계자들의 합의정신의 도출이고, 지방 또는 중앙 정부의 입장에서 보면 지원과 책임을 철저히 분리한다는 점이다. 재정지원이 있으면 간섭이 따른다는 오랫동안 굳어진 관행을 허물고 자율과 책임의 원칙에 따라 학교운영을 맡기는 것임을 알 수 있었다.[41]

학교 감독기관이 해야 할 일은 선택에서 제외되는 학교들에 대한 집중적인 지원을 아끼지 않는 일이다. 또한 교육적으로 혜택을 받지 못한 학생들이 공평한 선택의 기회를 가질 수 있도록 하는 데 더 많은 관심을 기울여야 한다. 교육기회의 형평성은 교육의 수월성 못지않게 아주 소중한 가치이기 때문이다. 사회적 계약과 상업적 계약 중에서 사회적 계약이 더 중시되어야 한다.[42] 학교는 공부를 잘하는 학생이든 못하는 학생이든 동일한 보상을 받고 가르쳐야 한다.

학교 선택제에서 한 걸음 더 나아가 학교경영을 사기업에 맡기는 위탁경영도 대안으로 거론되고 있다. 학습자에게 의미 있는 것은 모두 지식으로 인정하고 학습을 학교라고 하는 공간에만 한정하지 않는 확장적인 움직임도 있다.

바야흐로 학생들의 기대와 다양한 요구에 부응하고자 하는 소비자 중심적 사고를 가진 학교가 필요할 때다. 교육경쟁력 개선과 관련된 모든 논의는 무엇이 학습자를 위해 가장 좋은 선택인가를 기준으로 삼아야 할 것이다.

상품 판매시장 확보를 위해 자주 이용되는 전략 중에 제품 포트폴리오전략이 있다. 기업의 제품계열을 평가하고 이들 중 어느 것을 확대하고 강화내지 유지하며, 어느 것을 축소 또는 폐기할 것인가를 결정하는 것으로 제품 품목 믹스의 최적화를 목표로 하는 전략을 말한다. 이때 그 평가의 기준이 '소비자의 욕구'인 점에 관심을 둘 필요가 있다. 교육서비스의 경우도 학습자의 욕구에 적합한 교육상품을 제공할 수 있어야 한다. 이를 위해 새로운 교육상품의 개발이나 기존 교육상품의 조정에 대한 필요에 대응해 가야 한다.

크리스텐슨 등은 "이상적인 교육 시스템은 학생들이 어디에 있건 그들의 니즈를 충족시키며, 그들이 가고자 하는 곳에 이를 수 있도록 도와야 한다."고 시스템 혁신의 중심에 무엇이 있어야 하는지를 강조했다.

크리스텐슨 등은 이른바 파괴적인 세상의 모습을 소개하면서 "학교는 어떤 상태에 있을까?"라고 질문을 던진다. 그리고 이에 대한 대답으로 "아마도 가상의 학급들로 가득 찬 컴퓨터 은행이 될 것이다. 학생들은 가상공간에서 진행되는 수업을 듣는 데 많은 시간을 할애할 것이다. 전통적인 학교는 음악과 드라마와 운동을 제공할 것이다. 교사들은 카운슬러로 활동하면서 학생들이 각자에 맞는 학습계획을 개발해서 전념할 수 있도록 도울 것"이라고 소개했다. 이럴 경우 "교육하기가 아주 어려운 학생들에게도 많은 도움이 되겠지만, 가장 배우려는 열의가 많은 학생들에게도 무척 도움이 될 것이다. 교사들은 개별적으로 친밀하게 접촉하는 데 더 많은 시간을 쓸 수 있게 되고, 납세자 입장에서는 돈이 덜 들게 될 것이다. 결국 모든 사람들이 승자가 될 것이다."라고 긍정적으로 예측했다.43)

차터스쿨

세계는 지금 새로운 교육 대안을 모색하기에 분주하다. 프리드먼은 모든 나라가 교육에 대해 관심을 갖는 이유를 "같은 수준의 기술적 혜택을 누릴 수 있다면 결국 인재들의 달란트만이 차별되는 기준"이 되기 때문으로 분석했다.44)

모든 나라가 교육경쟁력을 높이기 위해 안간힘을 쓰고 있다. 다양한 학교 시스템을 실험하는 시도들이 이루어지고 있다. 그 속에는 교육수요자들의 요구를 수용하고 동시에 학교 간 경쟁을 통해 교육의 질을 높이려는 의도가 담겨 있다.

학교 시스템을 혁신하려는 시도들 가운데 차터스쿨이 있다. 미국은 학교교육을 개선하기위해 공립학교의 틀을 그대로 유지하면서 학교운영을 민간에 위탁하는 일종의 혁신학교인 차터스쿨charter school을 운영하고 있다.

차터스쿨은 학교헌장charter를 제정하고 관할 교육당국의 허가를 얻어 학교를 운영하게 되고 결과에 대해 책임을 지는 공립학교이다. 학교헌장에는 교사, 학부모, 지역인사들의 합의하에 '구체적인 교육목표와 성취방법'을 명시한다. 계약기간은 3~5년이다. 그러나 이 기간 중에라도 재정 운영에 문제가 발생하거나 학력향상 효과가 나타나지 않을 경우 차터스쿨의 지위가 박탈된다.

미국의 '위기에 처한 국가A Nation at Risk'보고서(1983년)에서는 학교교육의 붕괴가 지적되었다. 이에 대응한 학교혁신 방안의 하나로 차터스쿨이 추진되기 시작했다. 미국의 학교교육 개혁은 그동안 자원 중심이었다. 투입 자원을 늘려 교육성과를 올리고자 하는 의도였다. 그러나 이러한 개혁노력은 학교교육의 실질적인 개선으로 귀결되지 못했고, 이에 대한 반성으로 자율성 부여와 그 결과에 대한 책임을 중시하는 대안이 제시된 것이다.

차터스쿨이 일반 공립학교와 가장 커다란 차이를 보이는 것은 학교운영과 그 책임에 관한 것이다. 일반 공립학교는 주정부와 지역교육위원회가 설정한 규정에 따라 학교를 운영하고 그와 관련된 책임을 수반한다. 이에 반해 차터스쿨은 학교가 자체적으로 만든 규정에 따라 운영되며 그에 따른 책임도 스스로 지게 된다.

마노Manno 등은 차터스쿨이 가진 일반 공립학교와의 차이점을 4

가지로 요약하고 있다. 먼저, 차터스쿨은 공립학교이면서도 학교 설립의 주체가 다양하다. 교육자, 학부모, 지역사회단체 등 거의 모든 사람들에 의해 설립되어 운영된다는 점이다. 둘째, 주와 지역의 규정에서 자유롭고 자율적이고 자치적인 운영을 할 수 있다는 점이다. 셋째, 차터스쿨은 가족이 선택한 학교에 학생이 다니고 교원들도 자율적으로 배치된다. 넷째, 만족스러운 결과가 나오지 않는다면 학교의 문을 닫아야 하는 위험을 감수해야 한다.[45]

그동안 차터스쿨에 대한 반응은 엇갈려 왔다. 교원단체 등은 기업이 학교를 운영하면 시장 논리가 앞서고 성적 향상에만 치우치게 될 것이라는 비판도 있다.

반면 차터스쿨이 굳어진 공교육 체제 안에서 학교 혁신을 시도했던 데서 비롯됐듯이, 입시 교육에 치우치지 않는다면 검토할 만하다는 평가도 있다. 차터스쿨의 지지자들은 혁신적인 교사들이 새로운 아이디어를 시도하도록 허용하며, 학부모의 입장에서는 그들의 자녀를 위해 원하는 학교 유형을 선택할 수 있다는 점을 강조한다. 또 교육의 질을 향상시키고 결과에 대해 책임을 지며, 부유한 계층의 사람들이 좋은 학교를 선택하는 것과 같은 동등한 기회를 가난하거나 중산층에 해당하는 부모에게 허용하여 진정으로 균등한 교육기회를 제공할 것으로 기대하고 있다.[46]

미국이 1992년 차터스쿨제를 도입한 이래 2005년 말 현재 41개 주 3,617개교에 학생 107만여 명(전체의 2% 가량)이 다닌다. 애리조나주 투산에 있는 베이시스 차터스쿨은 5~12학년에 학생 246명이 다니는데, 자기주도적 프로젝트 학습 등으로 시사주간 <뉴스위크>

가 미국 우수 공립학교 3위에 선정할 만큼 성과를 냈다고 교육부는 소개했다. 반면 교육기업 '에디슨스쿨'이 운영하는 차터스쿨 가운데는 지나친 실험을 거듭하다 실패한 사례도 있는 것으로 알려졌다.[47)]

차터스쿨에 대한 찬반 논의가 있지만 선택과 경쟁이라는 차터스쿨의 기본 이념은 미래의 학교교육 프로그램이 가야할 방향을 제시해주고 있다.

아카데미

영국 런던에서 북쪽으로 7km 떨어진 하링게이. 낮고 볼품없는 건물들이 늘어서 있는 이 지역은 과거 영국에서 공교육이 붕괴된 대표적인 지역의 하나였다. 이민자들이 많아 한 학교 안에서 아랍어부터 아프리카 줄루어까지 60여 개의 언어가 사용된다. 영어가 모국어가 아닌 학생 비율이 70%에 달해 영어 수업조차 제대로 진행하기 어려웠다.

이런 여건에서 모든 학교에 동일하게 적용되는 교육과정으로 운영되는 기존 공립학교로는 교육을 제대로 할 수 없었다. 학생들은 쉽게 학교를 떠나 슬럼가를 배회하면서 탈선을 일삼기 일쑤였다. 희망이 없어 보이던 이 지역에서 '아카데미academy'라는 새로운 형태의 중등학교 실험이 성공하면서 공교육이 살아나고 있다.[48)]

영국이 2002년 선보인 아카데미도 학교의 운영을 기업 형태의 민간단체에 위탁한 학교로서 미국의 차터스쿨과 흡사하다. 2000년

3월 영국 블레어 총리시절 데이비드 블렁킷David Blunkett 내무장관이 발표하면서 관심을 끌기 시작한 중등학교의 형태다. 첫 해에 3개로 출발했던 아카데미가 성공을 거두면서 2007년 말 현재 83개로 늘어났다. 최근 고든 브라운Gordon Brown 총리는 2010년까지 잉글랜드 전체 중·고교의 13%인 400개까지 아카데미를 확대하겠다고 발표했다.

아카데미는 대도시 소외 지역의 실패 학교를 폐교하고 정부 투자와 민간 참여로 세운 자율형 공립학교. 영국 정부가 한 학교당 4,000만 파운드, 민간이 200만 파운드를 투자해 새 건물과 교사를 갖춘 개혁 학교로 출범했다. 아카데미의 최대 특징은 정부 출연금의 5%만을 투자한 민간 스폰서가 학교운영 전권을 보장받는다는 점이다. 공적 자금을 주되 사립학교의 지위는 보장해주는 혁신적 구조인 셈이다.[49)]

정부와 스폰서 간의 계약 기간인 7년 내에 2, 3차례 평가를 받아야 하고, 학업성취도를 일정 수준 이상으로 높여야 한다. 스폰서는 교육 방법, 교과서 채택, 교육 과정, 교사 채용 등에 있어서 정부의 간섭을 전혀 받지 않는다.[50)]

학생은 지원을 받아 선발한다. 평가시험 결과를 5개 등급으로 나누고 각 등급에서 20%씩의 학생을 무작위로 선발한다. 자연스럽게 성적이 낮은 학생부터 우수한 학생이 섞이기 때문에 성적순으로 줄을 세우는 것을 막을 수 있다.[51)]

동아일보가 2008년 초 영국의 대표적인 아카데미인 그레이그 시티 아카데미GCA를 특별 취재했다. 기자의 인터뷰에 응한 폴 서튼

Paul Sutton 교장은 "홈 튜터 제도와 지도교사제도, 개별교육 프로그램을 접목해 2007년부터 전혀 새로운 형태의 교육을 시행하고 있다." 고 설명했다.

홈 튜터는 교사가 학생 25명씩 맡아 가정과 학교생활, 친구 관계 등 모든 면을 상담한다. 4개월마다 상담 결과를 분석한 뒤 특수교육을 전공한 지도교사들과 상의해 학생별 교육프로그램을 짜는 방식이다.

서튼 교장은 "이제 본격적으로 평균 수준의 다른 학교들과 경쟁할 때"라며 "교과 과정 편성이나 교사 임용 등에서 자율권이 보장돼 있기 때문에 이를 최대한 활용할 것"이라고 말했다.

GCA의 경우, 개교 직후인 2003년 고교졸업자격시험GCSE에서 다섯 과목 이상 A~C학점(C학점 이상 받아야 통과)을 받은 학생 비율은 34%에 불과했다. 이후 2004년에는 26%로 더 떨어졌다가 2005년 54%, 2006년 59%, 2007년 65%로 2004년과 비교해 두 배 이상 증가했다. 같은 평가에서 영국 전체 평균은 2004년 53.7%, 2005년 56.3%, 2006년 58.5%, 2007년 60.8%였다. 개교 당시 영국 평균의 절반에 머무르던 성적이 5년 만에 평균을 넘어선 것이다. 또 중학생에 해당하는 7~9학년의 합격 비율도 크게 개선됐다. 영어의 경우 2003년 47%에서 2006년 65%, 수학은 34%에서 51%, 과학은 36%에서 54%로 껑충 뛰었다.

GCA는 출석률을 높이기 위해 '100%클럽'을 도입하기도 했다. 1년간 100% 출석하면 연말에 100파운드를 현금으로 준다. 100%클럽 회원은 2006년 처음 3명이 나왔고 2007년에 8명으로 늘었다.

100%클럽 회원이 된 8학년 데렉 아담스(14) 군은 "처음에는 호기심 때문에 출석하게 됐는데 꼬박꼬박 학교에 가게 됐고 공부에도 재미를 붙이게 됐다."고 말했다.

2008년 6월 영국 정부는 GCSE에서 영어 · 수학 등 5개 과목의 점수가 평균 이상을 받은 학생이 전체 정원의 30%에 미달하는 638개 중등학교를 발표했다. 이는 전체 중등학교의 20%에 해당한다. 이들 학교는 3년 안에 학생들의 성적을 정부의 목표 수준으로 끌어올려야 한다. 실패하면 학교는 다른 학교에 통합되거나 민간이 운영하는 아카데미로 전환된다. 최악의 경우는 문을 닫게 된다.

에드 볼스Ed Balls 아동 · 학교 · 가정부 장관은 "1997년 이후 학교교육이 대단히 개선됐지만, GCSE의 5개 과목에서 좋은 점수를 받는 학생이 3분의 1에 미치지 못하는 학교가 여전히 많다."며 "학부모와 학교에 대한 지원을 통해, 출신 배경이나 다니는 학교 때문에 학생들이 낮은 성적을 받는 일이 없도록 하겠다."고 밝혔다. 문제의 학교에는 성적이 나쁜 학교를 개선시킨 경험이 있는 교육전문가인 '슈퍼헤드'의 자문과 재정 지원 등이 주어진다.[52)]

아카데미는 질 낮은 공립학교를 개혁하기 위해 영국이 선택한 혁신 교육 모델이다. 지식기반산업을 떠받칠 수준 높은 인적자원을 양성해야 한다는 절박함이 배어 있다. 아카데미가 기대 이상의 성공을 거둔 것으로 평가되고 있지만, 이해관계자들은 이제 시작이라고 느끼고 있는 듯하다. 민관 합작 공립학교로서 아카데미의 성공을 향한 혁신의 몸부림은 성공적인 학교를 향한 강력한 동력원들 가운데 하나다.

바우처 제도

바우처 제도는 일종의 교육비 지불 보증제도다. 교육 바우처 제도로 학생과 학부모의 학교 선택권이 강화되고 학교운영의 자율성이 촉진될 수 있다. 특히 학교 간의 경쟁과 혁신을 가져와 학교를 더 좋게 만들 수 있는 계기가 마련될 수 있다.

이 제도를 통해 학교의 입장에서는 필요한 재원을 확보할 수 있게 된다. 경제적으로 어려운 저소득층 자녀들은 교육비가 비싼 사립학교에 다니지 않더라도 경쟁력을 갖춘 공립학교에 다닐 수 있는 기회를 얻을 수 있다. 이를 통해 교육의 질을 전반적으로 개선시킬 수 있다는 것이 그 의도였다.

바우처 학교voucher schools란 공립학교 또는 사립학교 가운데 학생과 학부모가 선택할 수 있는 대상이 되는 학교를 가리킨다. 주정부는 학부모가 선택한 학교에서 공부할 수 있도록 등록금의 전부 또는 일부를 부담한다. 교통편도 제공하여 학부모의 경제적인 부담을 덜어 준다.

그러나 학부모가 선택하는 학교가 사립학교일 경우 주정부는 등록금을 모두 부담할 수 있는 능력이 없으므로 공립학교로 제한하는 경우가 많다. 심지어 선택되는 우수한 공립학교도 학생들을 모두 수용할 수 없는 문제가 있다. 그리고 학생이 선택하지 않는 학교는 문을 닫고 교장과 교사를 다른 학교로 옮기거나 그만 두게 해야 하는 문제도 있을 수 있다.[53)]

교육 바우처 제도가 어느 정도 정착 단계에 와 있는 영국에서의 그 시행방법을 구체적으로 살펴보면 다음과 같다.[54] 4세 아동을 가진 학부모들이 지원서를 바우처 센터에 보내면, 센터에서는 학부형들에게 증서를 보내준다. 증서는 학기당으로 발급되는데 1학기당 5장의 증서를 학부형에게 보낸다. 1장의 증서의 값어치는 366파운드 가치에 해당되는데, 학부모는 이 증서를 자기 자녀를 보내고 싶은 유치원에 제출하고 아이를 보낸다.

증서가 5장인 것은 1주일이 월~금요일까지 5일이기 때문이다. 1장이 각 요일을 1학기 동안 다닐 수 있는 권리를 확보해 준다. 따라서 자녀를 일주일에 5일간 보내고 싶으면 5장을 모두 사용하고 일주일에 3일만 보내고 싶으면 3장만 사용하면 된다. 월 · 수 · 금은 A학교, 화 · 목은 B학교 등의 방법으로 보낼 수 있다. 사립학교에 보낼 경우 해당 학교가 증서 제도에 참가하고 있는 학교이어야 한다. 해당 유치원의 수업료가 학기당 366파운드보다 많으면, 학부형이 그 차액을 지불하여야 한다. 그러므로 돈을 더 내면서 사립을 보내느냐, 아니면 돈을 전혀 안 내고 공립을 보내느냐 하는 것은 부모의 선택에 달려 있어 근본적으로 학교의 수준과도 연계된다. 학교는 이 증서를 받아 바우처 센터에 보내면, 센터에서는 증서에 해당하는 금액을 학교에 보낸다. 학교는 그 돈을 정원 확보와 양질의 교육을 제공하기 위해 사용한다.

바우처 제도는 국가가 적극적으로 교육에 관여하여 교육기회의 불평등을 해소하고 학부형의 교육선택권을 강화하려는 취지를 가지고 있다. 교육 바우처 제도 아래에서는 등록된 학생 수를 기초로 국가재정이 지원되게 된다. 따라서 많은 학생을 입학시킨 학교는 재정 확보가 용이한 반면 그렇지 못한 학교는 문을 닫게 되는 현상까지 벌어질 수 있다.

그러나 바우처 제도의 비판자들은 학교의 수업이란 국가방위가 정부의 기본 요건인 것과 마찬가지로 정부가 제공하는 공공재라고 주장한다. 그들은 바우처 제도는 정교분리를 규정한 연방헌법에 위배되고 교육의 불평등성을 낳으며 기존의 공교육에 충격을 준다는 이유로 반대한다.[55)]

찬반에 대한 다양한 견해에도 불구하고 바우처 제도와 같은 학교 선택권 확장 프로그램은 현재의 학교교육의 위기를 돌파하게 하는 하나의 자극으로 매우 시사적인 것만은 틀림없다.

홈스쿨링

"미국 시카고 교외의 노스사이드 마을에 사는 개비 빌링스(9세)는 또래 아이들이 학교에서 선생님 말씀에 귀 기울이는 시간, 집에서 지낸다. 이 예쁘장한 소녀에게 공부하라거나, 이래라저래라 잔소리하는 이는 없다. 개비는 물론, 여동생 시드니(6세)와 남동생 헤이든(4세)까지 학교나 유치원에 다니지 않는다. 거실 캘린더에는 아이들이 해야 할 일이 빼곡히 적혀 있다. 모두 아이들 스스로가 원해 결정한 일들이다. (……) 어머니 줄리 월터는 '재미있는 일을 할 때 훨씬 많이 배운다는 걸 어렸을 적 깨달았기 때문'이라고 말했다. 월터는 학교가 아이의 호기심을 짓밟고 지식에 대한 참 사랑

없이 '배우는 기계'로 전락시킨다고 믿고 있다."[56)]

최근 들어 홈스쿨링home schooling을 고려하는 부모들이 빠르게 늘고 있다. 그들은 왜 홈스쿨링을 선택할까? 홈스쿨링을 선택한 학부모들은 학교가 진심으로 학생들의 관심을 고려하지 못하고 있다고 생각하고 있다. 그들은 또한 학교가 전혀 변화하지 않을 것이라고 예상하고 있다.[57)]

홈스쿨이 가장 먼저 시작된 곳은 미국이다. 1960년대 실용주의 교육에 반대한 기독교인들이 공교육 거부 운동을 시작했다. 1980년대까지 이어진 여러 차례의 소송을 통해 홈스쿨러home schooler의 법적 권리를 인정받았다. 미국에선 매년 홈스쿨러들이 15%씩 늘어 2007년 현재 110만 명이 넘는 것으로 알려져 있다.

대안교육에 대한 연구가 활발한 영국과 아일랜드, 호주 등 영연방에 속한 나라들도 대부분 홈스쿨을 허용하고 있다. 영국의 홈스쿨 학생은 최대 10만 명에 이르는 것으로 파악된다. 뉴질랜드는 홈스쿨 학생에게 연간 1인당 743뉴질랜드 달러를 지급한다.

아시아에서는 대만, 싱가포르, 말레이시아 등이 홈스쿨을 합법화했다. 대만은 지역홈스쿨링위원회에서 매년 학생들의 교육성과를 평가하고 있다. 일본은 우리나라와 비슷한 상황이다. 공식적으로 허용되지는 않지만, 600~800가정에 이르는 홈스쿨러에 대해 법적 문제가 제기된 사례가 없다.[58)]

앨빈 토플러와 하이디 토플러는 『부의 미래』에서 홈스쿨링과 관련해서 "점점 더 불만이 많아지는 부모들은 아이를 학교에 보내지 않고 집에서 스스로 가르친다. 이런 부모들을 위해 최신 온라인 서비스와 도구를 포함한 다양한 지원이 점점 많아지고 있다."고 말했다. 그들은 "산업화 시대에 맞춰진 대량교육은 산업화 이전의 과거나 탈산업화된 미래의 요구에 부합하지 못하고 있다." 또한 "오늘날의 기술은 교육자들에게 개인의 다양한 문화와 요구사항에 따라 교육을 맞춤화할 수 있는 수단을 제공한다."고 홈스쿨링 활성화 추세의 배경에 대해 설명하고 있다.59)

이런 교육방식이 얼마나 효과가 있는지에 대해 교육전문가나 사회학자들은 우려의 눈길을 보내고 있다. 컬럼비아대 루이스 후에르타Luis Huerta 교수는 "읽기와 쓰기, 셈하기 등 기본적인 것을 익혔다 하더라도 이들이 기성 사회에 동화하기 쉽지 않다."고 평가했다.60)

김선요 서울여대 교수도 "홈스쿨이 엘리트 교육으로 흐를 가능성은 상존하고 있고 따라서 홈스쿨 부모들은 일반 부모들보다 더 많이 고민하고 몇 배 더 노력해야 한다."고 강조했다. 사회성과 원만한 대인관계를 위해 개방적인 사고와 품성 함양도 늘 염두에 둬야 한다는 지적이 많다. 또한 공교육과 담을 쌓아 오히려 편협한 사고를 형성하는 건 아닌지에 대한 우려도 제기된다.61)

하지만 앨빈 토플러와 하이디 토플러는 이러한 걱정을 일축한다. 그들은 "공립학교가 갈수록 쇠락하고 많은 학교들이 위험해지거나 마약을 하는 아이들로 가득차면서 부모들은 학교에서 담당하는 사회화가 과연 건강한지에 대해 의문을 품게 되었다. 만일 자녀를 집에 두고 싶다면 아이들이 모여 축구를 하게 하고, 나중에 더 자라면 지역사회 서비스에 참여하는 젊은이들이 서로 만날 수 있는 NGO같은 곳에서 자원봉사활동을 하게 하여 사회성을 발달시키면 된다고 생각한다."고 말했다.62)

올바른 교육인지에 대한 논란이 계속되고는 있지만 홈스쿨링은 의심할 여지없이 학교교육의 또 다른 경쟁자다.

15장

분권화

베스트셀러 『초우량기업의 조건』의 저자인 경영 컨설턴트 톰 피터스Tom Peters는 우수한 조직의 최우선 조건으로 '분권화'를 들었다. 그는 모든 결정권이 최고경영진에게 집중된 중앙 집권화한 조직은 변화에 둔감할 수밖에 없다고 말했다.63)

피터스가 말하는 분권화가 가져오는 가장 큰 장점은 변화하는 경영환경에 맞춰 조직이 빠르게 진화한다는 것이다. 분권화는 조직의 미래를 생각하는 사람이 많아지도록 한다. 조직 내부에서 여러 사람들이 책임을 지게 되면 업무처리도 빨라지게 될 뿐 아니라 여러 사람이 창의성과 자율성을 갖고 일하게 돼 성과가 좋아진다.

학교의 경우에도 업무를 효율적으로 처리하기 위해서는 일을 골고루 나눠야 한다. 관리자에게로만 중요한 결정이 몰리면 관리자가 너무 많은 일을 해야 한다. 일처리 속도가 느려질 수밖에 없다.

신속한 결정이 어렵다.

드러커도 그의 저서 『프로페셔널의 조건』에서 분권화의 중요성을 역설하고 있다. 그는 "조직이 변화에 대응하기 위해서는 분권화가 요구된다. 그 이유는 조직은 의사결정을 신속하게 할 수 있도록 구조화되어야 하기 때문이다. 그 의사결정들은 성과와 시장과 기술에 밀착하여 적절하게 내려져야 하며, 혁신의 기회를 제공하는 사회와 환경 그리고 인구 구조와 지식에서의 모든 변화에 대응할 수 있도록 적절하게 내려져야 한다."고 강조했다.[64)]

분권화가 제대로 이루어지지 않는 경우, 실제 업무를 담당한 부서에서는 책임을 지려하지 않는다. 모든 결정사항을 관리자에게 미룬다. 이렇게 되면 조직은 자율성을 상실하게 된다. 책임감을 느끼지 못하는 구성원들은 나태해지고 느슨해진다. 이른바 관료주의적 행태가 나타나기 마련이다. 이렇게 될 경우 변화에 민감하게 대처하는 변화 적응력은 떨어질 수밖에 없다. 결국 경쟁력이 약화될 수밖에 없게 된다.

지난 20세기는 관료주의의 시대였다고 해도 과언이 아니다. 그 시대에는 행정의 합리성과 적법성이 가장 중요한 관건이었다. 21세기에 들어와 이에 대한 반작용으로 관료주의로부터 탈피하려는 노력을 여러 조직에서 볼 수 있다.

정용덕 한국행정연구원장은 이러한 추세의 원인을 "행정 환경이 급박하게 변화하는 그리고 명확한 인과관계 규명이 어려워 기획합리성을 추구하기가 어려운 21세기의 전지구화 · 정보화 · 탈근대주의 시대에 관료제 방식은 더 이상 적합하지 않다고 판단했기 때문"

이라고 분석했다. 빠른 변화에 더하여 앞뒤 인과관계가 모호한 행정환경 아래에서라면 각 행정 조직들이 스스로 목표를 설정하고 나름대로의 방식을 강구해 집행하도록 분권화하는 게 보다 합리적일 것이다.65)

학교 조직도 동일한 행정 환경에 처해 있다. 오히려 더 어려운 상황이다. 환경뿐만 아니라 목표 자체까지 추상적이기 때문이다. 학교 조직은 일반 생산기업체와는 달리 목표를 구체적으로 명료하게 나타내기 어렵다. 목표 달성 정도를 평가하기 위한 측정도 용이하지 않다. 특정 학교가 얼마나 목적을 달성하고 있는지 구체적으로 알 수 없다. 또한 능률적으로 운영되고 있는지 여부를 판단하기가 어렵다.

이러한 모호성이 학교의 의사결정자로 하여금 더욱 통제 중심의 관료제 방식에 의존하도록 만들 수 있다. 미리 정해놓은 구체적인 절차와 방식에 기초하여 업무가 수행되도록 하는 것은 일견 안전하고 합리적으로 보일 수 있다. 그러나 이는 시대를 거슬러가는 것이다.

무엇보다도 학교는 그 본질상 군대 조직처럼 일사불란한 의사결정과 실천이 요구되는 조직은 아니다. 학교가 교육의 핵으로서 위치를 지켜나가고자 한다면 교육의 본질이 학교의 모든 면에서 배어 나와야 한다. 바로 '자율과 책임'이다. 학교교육은 미래를 살아갈 학생들에게 자율과 그에 따르는 책임을 가르칠 수 있어야 한다.

따라서 교육활동을 위한 조직 운영에서도 '자율과 책임'이 배제되어서는 안 된다. 학교 구성원 개개인의 자율성이나 책임감이 조직 존립의 기초가 된다는 신념을 구성원 모두가 공유해야 한다. 이때 비로소 과거의 비인간적인 분업 조직과 구별되는 미래 조직은 탄생할 수 있다. 인간성이 말살된 기계의 역할을 하는 구성원이 아니고 자발적이고 독창적인 사고를 할 수 있는 구성원으로 채워진 조직이 필요하다.

이를 위해서는 분권화 시스템을 확보하고 있어야 한다. 분권에는 그에 상응하는 자율과 책무성의 확보가 전제되지 않으면 안 된다. 분권화란 한 마디로 재량권의 분산을 의미한다. 책무성과 함께하는 권한의 부여는 조직 강화의 한 방법이 될 수 있다. 관리자의 독주를 막고, 신선한 아이디어에서 얻을 수 있는 이득을 챙겨가야 한다.

다만, 분권화가 극단적으로 일어나지 않도록 경계할 필요가 있다. 지나친 분권화 때문에 전체에 대한 인식이 결여되어 균형잡힌 문제 해결이 어려울 수도 있기 때문이다.

분권화를 통한 견제장치가 거의 없는 상태에서 교장이 모든 것을 결정하는 구조 속에서는 경쟁력을 갖춘 의사결정이 보장될 수 없다. 모든 조직이 수많은 정보를 근거로 경쟁적으로 변화를 추구해 가는 시대에는 적절하지 않을 수 있다. 필요한 정보와 지식을 제때 습득하고 공유하며 생산하지 못할까 우려된다. 생명력이 없는 의사결정 과정이 학교를 점점 약체화된 조직으로 만들어 갈 수 있다.

이제 조직의 경쟁력을 영웅적인 리더에게 의존하는 시대는 저물고 있다. 경쟁력을 정보나 지식에 의존하는 비중이 높아지고 챙겨야 할 양 또한 급속히 늘고 있다. 개인에 의존하던 의사결정 방식보다 정확한 분석에 기초한 기능 분담을 통한 결정방식이 더 효율적일 수 있다. 특유의 감각이나 독점적인 정보활용능력을 가진 리더가 힘이 있던 시대가 가고 있다. 여러 구성원들의 신념과 최신 정보들을 수렴하고 공존의 길을 찾아가는 지혜를 지닌 리더가 더 대접받는 시대가 오고 있다.

학교는 다양한 이해관계자들로부터의 압력을 수용함으로써 모호성에서 벗어날 필요가 있다. 또한 조직을 구성하는 다양한 구성원들이 각자의 관점에 따라 경험을 달리 해석할 수 있다는 사실을 인정할 필요가 있다. 의사결정과정에 많은 이해관계와 경험을 개입시키는 것이 필요하다.

아울러 교육 수요자 편에 서있는 지역 주민, 학부모, 학생들도 자신의 권리와 의무를 어떻게 행사할 것인지 고민해야 한다. 자율과 책임에 대해 깊이 생각해야 할 것이다. 이해관계자로서 분권화 시대에 맞는 자세를 견지해 가야 한다. 공존을 위한 철저한 협력이 강조되는 시대가 오고 있다.

자율성

사회가 빠르게 변하고 있고 교육소비자들의 욕구는 시시각각 달라지고 있다. 분권화는 이에 대한 신속한 대응이 가능하도록 해준다. 학교 조직에서 분권화가 자리 잡기위해서는 무엇보다 먼저 재정과 경영에 있어서 단위 학교의 자율성이 증가되어야 한다. 모든 권한이 밑으로 내려와 감독기관은 교장에게 단위 학교를 책임지고 경영할 수 있는 권한을 주고, 교장은 다시 교사가 교육현장인 교실에서 자율과 책임성을 가지고 학생들을 가르칠 수 있는 권한을 줄 때 비로소 분권화는 실현된다.

그러나 이러한 상황 속에서도 과거의 중앙집권적 학교 관리 체제는 크게 바뀌지 않고 있다. 학교를 하나의 의사결정단위로 인정하지 않는 중앙의 통제행태가 문제다. 서울대의 김신일 교수는 "전국의 학교를 일사불란하게 관리하도록 고안된 거대한 관료기구가 각 학교를 지배하는 한, 각각의 학교가 빠른 변화에 신속하고 유연하게 대응하는 것은 불가능하다."고 지적했다.[66)]

권대봉 교수 등은 그들의 저서 『한국 공교육의 새로운 구상과 전략』에서 공교육 개혁에서 공교육의 핵심 주체인 학교의 자율권 확대가 중요함을 강조했다.[67)] 교육 선진국의 경우 단위 학교에 강력한 자율권을 부여한다는 것이다.

그들은 탄력적인 교육과정 운영을 일례로 들고 있다. 교육과정의 탄력성은 제도적인 차원에서는 정부의 책임이 있지만 단위 학교에서의 자율권 내에서는 학교의 책임이다. 학생의 특성, 지역사회의 특성 등을 고려하여 학교는 재량권을 발휘하여 교육과정을 탄력적으로 운영하게 된다.[68)]

최근 미국에는 임파워먼트 스쿨empowerment school이 등장했다. 임파워먼트 스쿨은 한 마디로 학교에 더 많은 권한과 자치를 부여한다는 점에서 자율권을 많이 보장하는 시스템이다. 뉴욕 시내에 위치한 바드고등학교가 그 예다.

바드고교는 바드대학에서 설립했지만 뉴욕시에서 재정지원을 받는 4년제 공립학교다. 뉴욕시가 2005년 도입, 1,400여 개 공립학교 중 332곳에 적용하고 있는 임파워먼트 스쿨 중 하나다. 이 학교가 고교 4년 과정 중 2년은 고교, 나머지 2년은 대학 교과과정을 진행하는 것은 임파워먼트 스쿨 시스템 덕분이다.

뉴욕시는 교장에게 교과 과정, 예산 책정, 교사선발 권한 등 학사운영에 전권을 위임했다. 교장은 꼭 필요한 곳에만 예산을 배정하고 남는 예산을 학생들이 필요로 하는 맞춤식 교육에 할애하고 있다. 전교생이 600명에 불과한 이 학교 학생들은 졸업할 때쯤이면 대학 학점을 60학점까지 취득하고 있다. 덕분에 학생들의 대학 진학률이 2007년의 경우 96%나 됐고 이 학교 입학 경쟁률은 23대 1로 치솟았다.

레이먼드 피터슨Raymond Peterson 교장은 임파워먼트 스쿨의 장점에 대해 "무엇보다 학교가 학생들에 맞는 교육을 자유자재로 짤 수 있는 시간적, 재정적 여유가 많아졌다."고 강조했다. 특히 교육당국에서 일방적으로 하달하는 '관료적' 예산 배정에서 벗어나 학교 환경에 맞게 예산을 짤 수 있는 것이 장점이라고 했다.69)

단위 학교의 자율성이 증대되면 교육성과는 올라갈 수밖에 없다. 학생들의 요구와 문제점을 가장 잘 파악하고 있는 사람들에 의해 의사결정이 이루어질 수 있기 때문이다. 다만, 서울대 한숭희 교수의 지적대로 "학교 자율화 조치의 최종 목표가 입시체제 강화가 아니라 창의적인 교육과정 혁신과 학습 중심의 학교 혁명에 있다."는

점을 분명히 해야 할 것이다.[70]

학교 내부적으로도 자율성을 살려가는 노력이 필요하다. 학교 차원의 자율성이 요구되는 것은 미래가 다양화, 특성화를 원하기 때문이다. 김신일 교수는 최근 학교붕괴의 원인이 "사회 조직으로서의 학교가 자율성과 유연성을 상실하여 새로운 변화에 적절히 적응하지 못한 데"있다고 보았다.[71] 미래의 교육소비자는 자율성을 잃어버리고 딱딱하게 굳어져 버린 학교의 모든 것을 외면할 것이다.

서울대 경영대학의 신유근 교수도 "인간존중 경영을 위해서 집단 활성화를 통해 자율기반이 구축돼야 한다. 이러한 자율기반을 토대로 집단성과의 향상과 인간관계의 개선을 동시에 도모하려는 것이 자율경영이다."라고 하여 자율성이 효율적인 조직 운영의 기초임을 강조했다.[72]

구성원들의 자율성 발휘를 위해 리더는 효율적인 의사소통 기회를 제공해야 한다. 자율성은 자유로운 커뮤니케이션 환경 하에서 발휘될 수 있다. 이러한 분위기 속에서 각 개인은 진정한 자아를 표현할 수 있고 피드백을 받아들이는 기회를 갖게 된다. 이 기회를 이용해 개인이나 조직이 필요로 하는 전문성의 수준을 높일 수 있다. 이는 구성원으로 하여금 자발적으로 조직에 몰입하도록 만들 것이다.

분권화된 조직에서 의사소통의 활성화는 더욱 중요한 의미를 갖는다. 각자의 업무처리가 병렬적으로 분리되어 있기 때문이다. 조직 차원의 공유가치를 형성하기 위해 전통적인 조직보다 더 많은 노력이 필요할 수 있다. 구성원들이 조직 차원의 현안을 이해하고 일체감을 조성하는 다양한 수단들이 마련될 필요가 있다. 회의는 가장 훌륭한 수단들 가운데 하나로 활용될 수 있을 것이다.

특히 학교 조직과 같이 각 구성원이 여러 형태의 조직에 동시에 소속되어 있는 경우, 회의는 매우 쓸모 있는 의사소통 수단이 될 수 있다. 학교 조직은 흔히 교육 조직, 사무 조직, 운영 조직 등으로 구분할 수 있다. 이 가운데 교육 조직은 직접 교육활동을 수행한다. 교육활동을 위한 중요 의사결정, 사명권한이 계선에 따라 각 계층에 미치는 조직이다. 사무 조직도 있다. 관리자에 대하여 계선, 직능, 참모의 권한들이 합리적으로 결합되어 있는 조직이다. 운영 조직도 있는데 관련 조직들을 조정하고 유기적으로 통합하여 활동을 효과적으로 촉진하기 위한 조직이다.[73] 한 사람의 교사는 교육 조직에 속해 있지만 동시에 사무 조직에도 속해 있고 또한 운영 조직에도 직접 관련된다.

그러나 학교 조직의 경우 대부분의 회의가 전달위주로 진행되고 있다. 상호작용이 일어나지 않는 회의는 효과적인 회의가 될 수 없다. 다양한 의견의 교환 및 수렴을 위한 회의 분위기의 정착이 요구된다. 바람직한 회의문화 정착은 조직 내 의사결정의 질을 높이는 데 기여할 수 있다.

한편, 최근 기업들을 중심으로 회의시간을 줄이기 운동이 일반화되고 있다. 그러나 이는 효과적인 회의진행이 목표일 뿐 회의 자체를 부정하는 것은 아니다. 제한된 시간을 효과적으로 활용하기 위해서는 회의를 통해 무엇을 얻고자 하는 지를 우선 생각해 보아야 할 것이다.

자율성의 부여는 또한 구성원의 실패를 인정하는 분위기와도 연결되어야 한다. 분권화된 조직은 구성원의 자발성과 재량권이 그 바탕이 되기 때문에 구성원들의 실패는 불가피할 수 있다. 이 경우 리더는 그 실패를 분석한 후 이에 대한 신중한 조치를 취해야 할 것이다.

실패가 용인되지 않는다면 새로운 아이디어를 구체화할 기회가 주어지지 않을 것이다. 다만, 실패의 종류가 문제가 될 수 있다. 이에 대해 인사관리 분야의 전문가인 박내회 교수는 "조직의 사명을 완수하다가 실패한 경우, 실패가 정형화된 것이 아닌 경우, 실패가 실패한 사람의 재량권 범위 내에서 또는 권한 범위 내에서 일어난 경우에는 실패가 용인되어야 할 것이다. 다시 말해, '실패할 수 있는 자유freedom to fail'가 보장된 문화를 창출해야 한다."고 강조했다.74)

자율성의 발휘는 학교의 관리자와 구성원 모두에게 짐이 되는 것도 사실이다. 그러나 이 짐이 학교 조직을 살리는 중요한 수단이 될 수 있다는 확신이 필요할 때다.

책무성

자율성과 책무성은 상호 대응적 측면을 갖는다. 공교육체제의 자율성이 점차 확대되면서 이와 맞물려 자율적 경영의 결과에 대한 설명 책임도 강화되고 있다. 감독기관이 단위 학교에게 학교운영의 권한을 부여하는 대신 책무성에 대한 감독을 강화하는 방향으로 나가고 있다. 단위 학교는 자율적으로 학교를 운영할 수 있지만 그 교육 결과에 대해 엄중한 책무성의 부담을 안는다.

이러한 흐름의 밑바닥에는 교육을 담당하는 행정가들의 자기반성과 함께 학교교육에 대한 학부모의 관심이 늘어난 측면이 있었을 것이다. 그러나 시장 경제 원리가 교육에도 서서히 유입되고 있는 상황을 무시할 수 없다. 이에 따라 학생과 학부모를 수요자로 설정하고 그들의 요구에 부응해야 한다는 학교 이해관계자들의 의식 전환이 크게 작용하였다고 볼 수 있다.

교육비를 부담하는 학부모 입장에서는 학교가 예산을 제대로 사용하고 있는지 궁금해 한다. 공교육기관으로서 그 책임을 다 하고 있는지 알고 싶어 한다. 그것도 매우 구체적으로.

이와 관련해서 한국교육개발원의 조석희 박사 등은 “최근 학교자치와 단위 학교 책임 경영제가 확대되면서 단위 학교의 자율권이 신장되고 있으며, 학생, 학부모의 학습권에 대한 의식이 높아지면서 학교교육의 계획, 과정, 결과에 대해 알고자 하는 요구가 점점 커지고 있다.”고 그 배경을 분석했다.

그들은 따라서 “학교는 언제까지 교육의 성역화를 주장할 수 없으며, 이제 학교교육의 과정과 결과를 공개해야 하는 상황에 놓이게 되었다.”고 말했다.[75)]

이제 학교는 학교운영의 결과를 최대한 구체적으로 제시할 필요가 있다. 사용된 비용과 기대되는 성과사이에 정적인(+) 상관관계가 성립됨을 증명해야 한다. 공공예산이 올바르게 사용되었음을 입증해야 할 의무가 있다.

원래 책무성은 책임과 의무의 결합어로 만들어진 말이다. 그러나 책무성은 단순하게 책임과 의무를 다하는 수준을 넘어서는 더 적극적인 의미로서 책임과 의무를 다하여 그 결과를 보여줄 수 있는(입증할 수 있는) 능력이나 상태로 정의하는 것이 옳을 것 같다.[76)]

이러한 책무성의 강화를 통해 학교 간 경쟁을 유발할 수 있고 결국 교육의 질을 높일 수 있다. 제대로 관리된 책무성은 학생의 자아실현뿐만 아니라 학부모의 교육선택권을 보장해 줄 수 있다. 더 나아가 국가적 차원의 교육경쟁력을 높여 줄 수 있다.

선진국을 중심으로 학교 관리자에게 학교운영에 관한 권한을 주는 제도가 많이 활용되고 있다. 학교운영 권한을 위임받은 관리자가 그 결과에 대해서까지 책임을 지도록 하는 이 제도는 학교의 경쟁력을 높이는 데 크게 기여하고 있는 것으로 나타났다. 이와 관련하여 이성호 중앙대 교수는 "학교의 책무성은 경쟁과 직결된다."고 평가하면서 "개별 학교에 대한 평가를 통해 학교 간의 경쟁이 유발되기 때문"이라고 그 이유에 대해 설명하고 있다.[77)]

책무성을 강화하기 위해서는 무엇보다도 그 기준의 확립이 중요하다. 책무성은 그 기준과 관련하여 논란이 많은 영역이다. 어떤 요소에 대해서 누구에게 어느 정도까지 책임을 져야 하는지에 대해 의견이 분분하다.

만일 학업성적과 같은 단일 요인으로 책무성을 측정한다면, 책무성의 의미를 지나치게 협소하게 보고 있다는 비판을 받게 될 것이다. 왜냐하면 학업성적의 향상이 교육목표의 가장 중요한 요소일 수는 있지만 이 이외에도 많은 것들이 고려되어야 하기 때문이다.

권대봉 교수 등의 지적대로, 학교 책무성은 수학점수니 국어점수니 하는 학력측정뿐만 아니라 인성교육, 도덕성 함양, 국제시민으로서의 자질 육성 등과 같은 사항에 대한 책무성을 강조하는 것이 적합할 것이다.[78]

한편 2007년에 하버드대 총장에 취임한 파우스트Faust 총장은 그의 취임사에서 학교가 무엇을 위해 책무성을 갖는지를 정의하는 것이 중요하다고 말했다.[79] 그는 "우리는 대학생활이 창조하는 '부가가치'를 평가한다는 명목으로 졸업률, 대학원 입학 자료, 표준화된 시험 점수, 연구비, 교수 논문 게재율 등을 보고하지만 이런 조치들로는 성과 자체는 물론이고 대학이 가진 포부를 파악해낼 수 없다."고 강하게 지적했다.

그는 대중들이 학교의 의미에 혼란을 느낀 나머지 학교에 더 많은 '책임성accountability'을 요구하기에 이르렀다고 분석했다. 그러나 책무성이 무엇을 위한 것인지를 정의하는 데 있어서 학교가 주도권을 장악할 것을 주문했다. 그는 "대학은 때로는 대중의 당장의 우려나 요구와 충돌하더라도, 뒤를 돌아보고 앞을 내다보면서 가야 한다."고 말해 과거와 미래에 책임을 지는 독보적인 존재로 대학을 설정했다. 비록 대학교에 대한 의견이지만, 현재 혹은 현재 위주에 국한된 기준 설정이 문제가 있을 수 있음을 지적하는 대목이다.

책무성의 기준뿐만 아니라 어느 집단에게 책임의 소재를 물을 것인가에 대해서도 다양한 의견이 있다. 또한 평가 절차나 공개 과정에 대한 견해도 분분하다. 본질적인 의미가 상실되고 통제 기제로서만 작동되는 상황에 대한 우려도 있다.

그럼에도 불구하고 학교의 책무성을 강화하는 방향으로 나아가고 있는 추세는 학교교육 성과의 질을 높이는 데 기여할 것이다.

학교 조직 내에서도 마찬가지다. 무엇에 대하여 누가 누구에 대해 책임을 질 것인가에 대한 끊임없는 의문이 제기된다. 그러나 자율성의 고양과 이에 수반되는 책무성의 강화는 교사들이 학생에 대한 교육의 질을 향상시킬 수 있도록 한다. 교사 자신이 담당하고 있는 일에 대한 통제감을 높일 경우 자신의 교수를 개선하도록 할 수 있다. 각 교사로 하여금 자신의 일이 학교의 성패를 좌우한다는 강한 사명의식을 갖도록 만들 수 있다.

책무성에 관해 여러 가지 논의가 계속되고 있지만 분명한 것은 관리자가 최종 책임을 져야 한다는 사실이다. 학교의 관리자는 피터 드러커의 말을 기억할 필요가 있다. 드러커는 "리더가 더 이상 조직을 지배할 수는 없다."고 전제하고 있다. 그러나 "변하지 않는 것이 있다면 리더가 책임을 진다는 것이다."라고 그는 강조하고 있다. 조직 구성원 모두가 리더십을 공유하고 변화를 추진하더라도, 최종적인 책임은 관리자가 진다는 생각으로 조직을 운영할 때 조직이 산다.[80)]

16장

평 가

평가할 수 없다면 관리도 할 수 없다. 한 조직을 관리하기 위해서 평가는 반드시 필요하다. 평가가 중요한 이유는 평가결과가 바로 조직이 미래에 해야 할 일의 방향과 그 내용을 제한하기 때문이다.

평가결과는 관리자에게 매우 유용한 정보를 제공한다. 고객을 만족시키기 위해 어떤 영역에 더 힘을 집중해야 하는지를 알게 한다. 조직의 설립 목적을 달성하기 위해 어떻게 변화해야 할 것인가를 알도록 한다. 보다 정교한 평가기준을 사용할 경우 조직의 성과가 어떻게 창출되었는지 알 수 있도록 해주며, 무엇이 바뀌어야 하는지도 알려준다.

그러나 평가결과는 자원을 효율적으로 활용해야 할 최종적인 책임을 가진 관리자에게만 유용한 것은 아니다. 조직의 이해관계자 모두에게 쓸모있는 정보를 제공해 줄 수 있다. 고객에게 선택 기회 확대를 위한 근거를 제시해준다. 최고를 선택하기 위해 관련 정보를 꼼꼼하게 챙기는 소비자들이 점차 늘고 있는 추세다. 교육 영역에서도 마찬가지 현상이 나타나고 있다. 최선의 프로그램을 찾으려는 경향이 심화되고 있다. 소비자의 권리에 관심을 가지고 있는 학부모 집단은 학교교육에 대한 참여의 수위를 높이고 싶어 한다.

감독기관은 평가결과를 지원이나 통제의 명분으로 삼을 수도 있다. 학생의 학력 저하를 막고 학력 수준을 높이고자 하는 정부는 교육부문에 투자된 비용이 어떤 결과를 낳았는지에 대해 알고 싶어 한다. 각 학교의 교육활동이 그들이 정해 놓은 목표를 달성하였는지 확인하고 그 결과에 대해 책임을 물을 권리가 있다고 생각할 것이다. 학교가 그 책임을 다하지 못하고 있다는 비판이 제기될 때마다 감독기관은 학교교육에 대한 통제를 강화하려고 할 것이다.

이는 학교 구성원들에게는 큰 짐이 될 수밖에 없다. 특히 여타 조직에 비해 업적 평가나 보상에 있어서 이른바 '평균주의'가 더 일상화된 학교 조직에서는 구성원들의 부담이 더 클 것이다. 학교는 각 구성원이 가진 능력의 탁월성을 고양하기 보다는 업무 수행에 따른 실책을 방지함으로써 조직을 유지해가는 데 익숙한 조직이라 할 수 있다. 이러한 조직 특성에 길들여진 교사들에게 시장원리를 앞세운 평가는 생소할 수밖에 없다.

학교 조직의 특성상 구성원의 업무가 중첩되어 있는 점이 합리적인 평가를 어렵게 할 것이라고 주장할 수 있다. 교사 한 사람이 학급담임을 맡고 있으면서 담당교과를 가르친다. 동시에 분장 업무를 수행하면서 때때로 각종 위원회에 참여하여 학교경영에 개입한다. 이와 같이 여러 가지 업무가 중첩되어 있기 때문에 업무 능력이나 성과를 평가하기가 까다로운 것이 사실이다.

학교의 경우에는 평가의 대상이 되는 교육활동의 본질이 과소평가되어서는 안 된다는 우려도 있다. 본래 교육활동은 동기나 과정이 결과 못지않게 중시되어야 한다. 그러나 동기나 과정의 평가가 생각만큼 수월하지 않은 점이 문제가 된다. 눈에 보이는 명시적 정보만을 가지고 평가할 경우 곧 한계에 부딪힐 수밖에 없다. 비가시적이며 내재된 정보가 주는 가치를 찾아내 평가할 수 있어야 한다.

이와 같은 난점들에도 불구하고 공교육의 위기를 인식한 세계의 교육선진국들은 강력한 학교평가를 실시하고 있다. 고려대 교수인 권대봉 교수 등의 연구에 따르면 미국, 영국, 프랑스, 일본 등 선진국들이 학교평가를 정기적으로 실시하고 그 결과에 따른 학교개선, 폐교조치를 통한 교육의 질적 개선을 국가, 사회, 가정차원에서 적극적으로 추진하는 것으로 나타났다. 또한 학교평가를 통해서 학생의 학력강화를 지원하고 학부모들의 교육권을 강화하는 방향으로 후속 활용되고 있는 것으로 조사되었다.[81)]

전 세계적으로 논란이 되고 있는 학교평가나 교원평가의 실시가 학교의 기본 가정을 반영하지 못한다는 우려도 있다. 그러나 오랫동안 학교를 지탱해준 그 기본 가정이 바뀌어야 할지도 모른다. 사회 전반에 시장주의의 팽배로 교육소비자들이 학교교육비용으로 투자한 것에 대한 합당한 교육산출을 요구하는 시대다. 교사들이 교직을 봉사적인 관점이 아니라 경제적인 관점에서 바라보는 경향도 심화되고 있다. 또한 교육경쟁력 차원에서 학교를 대체할 수 있는 새로운 대안들이 속속 등장함으로써 학교를 새로운 시각에서 바라보게 되었다.

예를 들어, 과거의 학교는 계속 존재할 수 있는 영속체로 인식되었다. 그러나 이제는 폐쇄될 수도 있는 조직체라는 견해가 폭넓게 받아들여지고 있는 분위기다. 문을 닫지 않으려면 새로운 부가가치를 창출해야 한다는 압력까지 받고 있다.

영국 같은 나라는 일정수준에 미달하는 중등학교에게 2년간의 유예기간을 주고 재생의 가능성이 희박하면 학교를 폐쇄하는 제도failing system을 시행하고 있다. 미국의 뉴욕시 정부도 지난 2007년 말 시내 초 · 중 · 고 공립학교 평가에서 낙제점을 받은 50개교를 폐교하고 교장을 해임할 것이라고 발표했다.[82)]

이제 시장경제 차원에서 학교가 여러 경쟁자들과 경쟁할 수밖에 없는 상황에 직면했다는 점을 받아들여야 한다. 학생, 학부모들은 어떻게 하면 저렴한 비용을 들여 양질의 교육서비스를 받을 수 있을까 고민하고 있다. 교육활동은 본질적으로 외부의 간섭이나 통제로부터 자유로워야 하고 교사의 전문성은 최대한 보장되어야 한다. 그러나 이에 대응하여 학교의 교육성과를 구체적으로 보여줄 것을 요구받고 있는 상황이다.

이렇게 달라진 상황 속에서 평가는 오히려 새로운 대안으로 활용될 수 있다. 통제 기제가 아니라 그 목적과 취지에 맞도록 평가시스템이 운영된다면 학교의 경쟁력 회복에 기여할 수 있다. 평가가 교육 발전의 훌륭한 대안으로 자리매김하기 위해서는 몇 가지 전제가 필요하다.

무엇보다도 이해관계자의 동의를 바탕으로 평가가 이루어져야 한다. 정부, 기업, 지역 단체, 학부모 등 관련 주체들이 모두 참여하는 가운데 평가가 진행되어야 한다. 이와 함께 경쟁원리를 통해 평가를 수행할 수는 있으되, 평가에 따른 비용을 따져볼 필요도 있다. 아울러 유연성있는 평가기준을 마련하여 교육상황의 변화가 가져올지도 모르는 환경 적응력 약화에 대비할 수 있어야 한다.

동 의

동국대가 최근 교수들의 강의 평가결과를 실명으로 공개한 것을 놓고 대학가의 의견이 분분하다. 한국 사립대교수연합회 최영철 이사장은 이와 관련한 인터뷰 기사에서 "교육적 효과가 높다고 해도 대학 구성원 사이의 합의가 중요하다고 생각합니다. 공개에 대한 교수들의 공감을 얻어야 선의의 피해를 보는 교수가 없게 됩니다."라고 말했다. 그는 "평가방법 역시 정확하고 객관적이었는지 따져봐야 합니다. 이런 부분에 대한 구성원 간의 합의가 없는 한 강의평가 공개가 학생과 교수 양측에 설득력을 얻기에는 부족할 것"이라고 합의의 중요성을 강조했다.[83)]

좋은 평가가 이루어지려면 평가의 모든 요소들이 이해당사자들의 동의를 기초로 해야 한다. 타당성 확보를 통해 구성원들로부터 동의를 얻을 수 있어야 평가가 성공할 수 있다.

학교의 업무는 그 특성상 우선순위와 관련해서 업무영역사이에 갈등의 원인을 제공할 수 있다. 학교 업무는 학년업무, 행정부서업무, 전공과업무 또는 교과업무가 서로 중첩되게 되어있기 때문이다. 예를 들어, 학년업무의 측면에서는 꼭 해야 할 어떤 업무를 교과업무의 입장에서는 의미가 없는 경우도 있을 수 있다.

이 경우 갈등을 최소화하고 이를 업무 수행 상 긍정적인 요인으로 만들어 갈 수 있어야 한다. 이를 위해서는 관리자의 조정이 개입될 수 있는데, 이 경우 조정을 위한 평가기준이 필요하다. 이때 '어떤 결정이 학교 전체 차원에서 가장 가치 있는가?'가 평가기준의 핵심이 될 것이다.

그러나 이러한 평가기준이 교사들의 동의를 폭넓게 얻지 못할 경우 조정은 쉽지 않을 것이다. 갈등이 원만히 해결되기 위해서는 평상시의 조직 분위기에 영향을 미치는 평가기준이 구성원들의 공감을 얻고 있는 것이어야 한다. 폭넓은 동의를 얻고 있는 평가 시스템의 확보는 구성원들의 목표 공유도를 높인다. 그리하여 조직의 생산성 향상에 기여할 수 있다.

광범위한 동의를 얻기 위해서는 이해당사자의 자율성이 개입된 평가 방식이 준비되어야 한다. 최근 단위 학교의 자율권이 점차 신장되고 있고 학생, 학부모는 학교교육의 계획, 과정, 결과에 대해 개입하고자 하는 요구가 점점 커지고 있다. 이러한 변화된 상황으로 인해 학교운영의 개선과 학생의 성적 개선, 평가결과의 공개와 같은 적극적인 학교평가활동은 자율성이 보장된 후에야 비로소 가능해진다.

권대봉 등은 그들의 저서에서 "학교평가가 진정한 의미의 학교 개선을 위하여 사용되기 위해서는 학교의 자율성이 가미된 학교평가가 실시되어야 한다."고 강하게 말했다. 그들이 말하는 학교평가에서의 자율성이라는 것은 "학교의 구성 주체로 인정되는 교사, 학생, 학부모가 학교평가에 있어서 자율적이고 주체적인 역할을 수행"하는 것을 가리킨다. 이때 "정부나 기업은 학교평가에 대해 지원과 감독의 역할을 수행"하게 된다.[84)]

자발적으로 스스로를 평가하는 방법이 좋다. 교사들을 예로 든다면, 자신들의 업무를 수행하는 데 가장 커다란 도움을 줄 수 있을 것으로 판단되는 평가방법을 활용할 수 있도록 해야 한다. 강제로 이루어지는 평가는 학교에 대한 통제 기제가 될 수 있기 때문에 본래의 목적과 어긋날 수 있다. 학교 이해당사자들이 동의하는 자기조정방식의 평가체제 구축이 구비되어야 한다.

한편 동의를 구하는 것과 내부 저항을 최소화하기 위해 모호한 평가기준을 만드는 것은 다르다. 하버드 경영대학원의 석좌교수였던 로버트 시몬스Robert Simons 등은 "조직 내에 어느 곳에서도 비난을 받지 않는 애매한 측정기준의 성과평가 요소들"이 경영성과율을 저해하는 부정적인 요인들 가운데 하나라고 지적했다.[85)] 이는 내부저항을 극복하려다가 오히려 불신만 증폭시킬 수 있다.

평가 시스템이 아무리 잘 만들어져도 불만이 나올 수 있다. 이러한 상황을 피할 수 없다면 그 불만을 해소할 수 있는 방법까지 마련해두는 것도 동의를 확보할 수 있는 한 가지 방법이다. 평가 자체가 목적이 아니기 때문이다. 글로벌 기업 IBM은 직원들의 평가 불만을 줄이기 위해 '승급재심사제도', '오픈 도어open door', '오피니언 서베이opinion survey' 등의 장치를 마련해뒀다.86)

여기서 승급재심사제도란 평가에 납득할 수 없는 직원이 이의를 신청하고 급여의 타당성에 대해 심사를 받을 수 있도록 하는 시스템이다. 또 이보다 한 단계 나아간 제도적 장치가 오픈 도어 제도다. 재심사위원회를 거쳤음에도 평가결과를 수긍하지 못하는 직원들을 최고 인사담당자 등과 직접 면접을 해서 회답을 들을 수 있는 것이다. 또 평가에 대한 오피니언 서베이를 2년마다 한 번씩 정기적으로 실시한다.

이러한 제도의 존재는 그 활용 여부를 떠나 평가를 달가워하지 않고 회의를 느끼는 구성원들로부터도 쉽게 동의를 얻어 낼 수 있는 바람직한 방법이 될 것이다. 이는 구성원 전체의 공감대를 형성하도록 만들어 준다.

비용의 감소

평가를 위한 시스템을 마련할 때, 반드시 그 비용을 따져 보아야 한다. 비용의 증가는 그 만큼 조직의 경쟁력을 떨어뜨리게 된다. 비용이 지나치게 늘어 평가를 통해 조직이 얻을 수 있는 이득보다 더 커진다면, 이는 사회적 비용의 증가가 될 뿐이다.

각 당사자의 이익을 보호하고 권리행사를 돕는 평가도 그 비용이 지나쳐서는 안 된다. 이는 명분을 챙기다가 실리를 잃어버리는 꼴이 될 것이다. 비용을 최소화하면서 합리적인 의사결정과 실행의 기초를 만드는 평가 시스템을 갖추어야 한다.

평가란 최선의 상태를 추구하고 모든 구성원들이 그러한 상태를 갖추어 가도록 유도하는 일이다. 여기에 평가기준의 선택에 신중해야 하는 이유가 있다. 모두가 최선의 상태를 추구할 때, 교육의 대상인 학생들이 안게 될 스트레스를 생각해야 한다. 학교가 평가를 통해 얻을 수 있는 이득과 그 이득을 위해 누군가 부담해야 할 희생(비용)에 대해 세심한 배려가 필요하다.

만일 평가가 어떤 시스템 또는 한 조직의 성장발전을 위해 마련된 수단이라면, 평가의 실행으로 생기는 혜택을 이해관계자 모두가 공유할 수 있어야 한다. 단순히 상대적으로 우수한 능력의 보유자로 평가받은 구성원에게 그 혜택을 집중하는 것만으로는 조직의 발전을 기대할 수는 없다. 바로 그 최고 능력자는 그보다 덜 생산적인 구성원들이 있기에 가능했다. 차이는 날 수 있어도 같이 노력한 대가를 같이 가져가야 한다.

이러한 전제들이 달성되도록 하려면 일관성 있는 평가기준이 대단히 중요하다. 평가가 가진 순기능을 활용하고자 한다면, 평가의 이중 잣대를 없애고 객관성을 확보해야 한다. 투명성과 합리성의 확보는 바로 경쟁의 기반이며, 이중 잣대는 그 기반을 약화시키기 때문이다. 이중의 잣대는 조직 구성원들 사이에 조성된 불안감을 악용하는 행태로서, 개방적인 조직 분위기 형성에 커다란 걸림돌이 된다.

연세대 유석춘 교수는 한국이 이중사회라고 지적했다. 그는 "이중사회는 특정한 집단의 소속여부에 의해 결정되는 기회비용이 매우 높은 것을 특징으로 한다. 평가의 잣대가 두 가지이기 때문이다. 사람들은 항상 자신이 어느 잣대로 평가받고 있는지를 알고 싶어 한다. 특히 자신에 대한 평가가 집단의 내부용 잣대인지, 혹은 외부용 잣대인지 궁금해 한다. 왜냐하면 내부용 잣대는 외부용 잣대보다 항상 상대적으로 평가에 유리한 기준을 사용하기 때문이다. 그렇기 때문에 이중사회에서는 자신에 대한 평가의 기준을 외부용이 아닌 내부용으로 만들고자 하는 노력이 항상 존재하게 된다. 바로 이러한 노력이 이중사회의 기회비용을 구성한다."고 강조했다.[87)]

특정 기준에 맞추기 위한, 또는 특정 집단에 속하기 위한 노력은 추가 비용을 필요로 한다. 이러한 추가 비용은 조직 전체의 손실로 더 나아가서는 사회 전체의 손실로 귀착될 것이다. 서로 다른 잣대에 의해 평가받을 수밖에 없고, 특정 기준이 보다 유리할 것으로 판단되어 그 기준에 맞추어 가려고 시도하는 구성원으로 가득 찬 조직의 미래는 없다. 누군가 받게 되는 특혜는 다른 누군가의 손실을 의미한다. 설사 조직 전체로는 제로섬이더라도, 구성원 간의 불협화가 생겨 경쟁력 강화에 걸림돌이 될 수 있기 때문이다.

미래의 학교란 그 구성원에 대한 평가에 있어 이중 잣대를 이용하고자 하는 유혹으로부터 벗어나려 끊임없이 시도하는 조직을 가리킨다. 이를 위해 개방된 평가에 불가피하게 따르는 상대적인 불이익을 감수하려는 용기가 필요하다. 또한 특혜에 대한 기대 자체를 불식시키려는 노력도 있어야 한다.

영국의 학교 평가는 매우 시사적이다. 영국의 평가결과는 주로 수준에 미달하는 학교를 돕는 후속 조치가 반드시 뒤따르게 되어 있다. 따라서 평가결과에 따라 평가받은 학교를 어떻게 증진시킬 것인가를 결정하여 실효성있는 행동과 조치를 취하도록 한다.[88]

경쟁원리에 입각한 개방된 평가를 통해 효율을 추구할 수는 있으되, 경쟁력을 지니지 못한 주체에 대한 확실한 배려를 통해 평가의 순기능을 활용한다. 이는 사회 전체의 비용을 감소시킬 수 있다.

적응성

어떤 조직이 경쟁력을 갖추려면 평가 시스템을 가지고 있어야 한다. 비록 어느 기준을 가지고도 완벽한 평가는 불가능하지만 기준이 갖는 의미가 매우 크다. 평가 시스템이 가치를 유지하도록 하려면 평가기준은 필요할 때마다 추가하거나 제거해야 한다. 조직의 외부 상황은 급속히 변하고 있는데 이전에 확정해 놓은 평가 잣대를 맹신할 수는 없다. 현 상황에 대한 분석을 바탕으로 끊임없이 새로운 평가기준을 만들어야 한다. 이를 대비해 평가기준을 설정할 때 수정 계획을 같이 수립하는 것도 하나의 방법이 될 수 있다.

평가 시스템의 적응성이란 바로 환경 변화에 기민하게 대처하는 것을 가리킨다. 처음 설정한 원칙을 꾸준히 밀고 나가는 것도 중요하다. 그러나 일의 성패에 따라, 상황의 변화에 따라 원칙을 수정하는 유연성이 더욱 중요하다는 것이다. 상황이 변했는데도 평가기준이 그대로 유지된다면 이러한 시스템은 비효율적일 수밖에 없다.

학교 간 우열을 결정짓는 평가기준들의 경우에도 마찬가지다. 평가 시스템이 신뢰를 받기 위해서는 평가기준들은 수시로 수정되어야 한다. 평가기준들 가운데 교사들의 수업시수, 복지수준, 인사처리의 공평성, 지원부서의 서비스수준 등과 같은 비교적 전통적인 평가수단들은 변별력이 약화되고 있다. 보다 합리적인 수단들이 제시되어야 할 필요가 있다. 새로운 평가수단들은 보다 내재적이며 유연한 요인들이 제시되어야 한다.

한마디로, '조직이 얼마나 열려있는가?'와 '구성원 개개인의 가치가 얼마나 중시되는가?'가 평가수단의 기본 이념이 되어야 할 것이다. 조직 구성원의 정보 공유도나 조직 내 분위기의 개방정도, 실무담당자가 제시한 의견의 정책반영도, 의사결정절차의 합리성 등이 그 예가 될 수 있다.

위에서 제시한 학교 간 경쟁력 비교의 척도를 받아들인다면, 각 학교에서 조직 구성원들을 평가하는 구체적인 기준들은 어떤 것들이 되어야 하는가? 지식 · 서비스 상품의 수준을 평가할 때 흔히 이용되는 변수들인 신뢰성, 친절도, 편안함, 문제처리태도 등을 예로 들 수 있다. 다만, 이런 지표들은 계량화나 표준화가 어렵다는 한계가 있다. 이러한 한계가 생산성향상 의욕을 감퇴시키는 한 원인이 되기도 한다.

제조업의 경우에는, 생산성의 두 변수인 투입과 산출을 명확히 계량화할 수 있다. 그러나 최근 제조업에서는 수치화된 목표가 급속한 변화에 대응할 수 있는 유연성을 떨어뜨릴 수 있다는 우려 때문에 명확한 수치 목표 제시 및 그 관리에 대하여 오히려 회의적인 시각도 있다. 즉, 수치화된 목표가 급속한 변화에 대응할 수 있는 적응성을 감소시킬 수도 있으므로 수치화에 지나치게 의존하지 않겠다는 것이다.

적응성을 부여하기 위해 업무성과보다 조직 공헌도에 더 큰 비중을 두는 조치를 취하는 조직도 있다. 업무목표 달성도 이외에 도전적인 목표 세우기를 장려하는 항목들을 추가했다. 목표에 비해 충분한 성과를 얻지는 못했더라도 어려운 목표에 과감히 도전한 사원들을 높이 평가할 수 있도록 하기도 한다. 효율성 위주에서 다양성과 유연성을 중시하는 쪽으로 변화하는 추세를 반영한 것으로 보인다.

미래를 위한 새로운 평가기준에는 과정이 결과 못지않게 중시되어야 한다. 경영컨설팅 회사인 인티그럴사의 상임회장직을 맡고 있는 크리스토퍼 메이어Christopher Myer 박사는 결과측정지표result measures가 한계가 있음을 지적하고 있다. 즉, 결과측정지표들이 조직이 목표 달성을 위해 노력한 정도를 알려주지만 그 성과가 어떻게 달성되었는지, 무엇이 달라져야 하는지를 설명해주지 못한다는 것이다. 그는 반면에 과정측정지표process measures들이 특정 결과를 산출해 낸 조직 전반의 과업과 활동들을 감시하는 역할을 수행한다고 했다.89)

상대평가를 기초로 하는 집단주의가 퇴색하고 절대평가를 중시하는 개별주의가 그 의미를 더해가고 있는 추세도 반영되어야 한다. 이는 개개인의 가치가 보다 중시되는 포스트모더니즘과도 연결되는 현상이라고 볼 수 있다. 이러한 흐름을 수용하고 구성원 각자가 가장 잘 할 수 있는 일을 할 수 있도록 해야 한다.

이렇게 되면 교사 입장에서는 자기만족을, 학교 조직의 입장에서는 효율적인 자원 활용이 가능하도록 하여 경쟁력 있는 조직을 만들 수 있다. 이를 위해서는 조직 구성원 개개인의 특성을 제대로 파악하고 평가할 수 있는 종합적인 평가도구가 준비되어야 한다.

종합적인 평가가 가능하도록 하려면 지향점의 설정이 매우 중요하다. 흔히 뱃머리를 보고 노를 저으면 절대로 원하는 지점에 닿을 수 없다고 한다. 뱃머리가 아니라 먼 산과 같이 자신이 목표로 하는 곳을 바라보면서 노를 저어야 한다. 대체로 수치화하기 쉬운 행정적인 기준에 치중된 경우, 교육을 위해 존재하는 행정이 교육 그 자체를 침몰시킬 수 있다. 학교의 존재이유가 무색해지는 상황이 연출될 수도 있다. 효율이 중요하지만, 목적을 침식하는 효율의 추구는 경계해야 한다. 개별적인 등급보다 종합 의견에 더 비중을 두어야 하는 이유다.

5

학 습

The Five Bases of Future Schools

17장 과정적 지식
18장 학습능력
19장 전문성
20장 학습 공동체

오늘날과 같이 경쟁적인 환경에서는 능력이 있다는 것만으로는 더 이상 충분하지가 않다. 학습의욕이 없다면 경쟁력은 쉽게 무능력으로 변질될 수 있다. 학습이란 개인의 발전, 개인적인 지식 습득이 오늘날의 전문가들에게 핵심 사항임을 자각하는 끊임없는 과정이다.

프랭크 레칸느 데프레와 르네 티센이 『제로 스페이스』에서 과거 농경 사회에서 학습은 인생의 즐거움 차원에서 논의되었다. 산업 사회에 들어와서 학습은 개인적인 즐거움의 차원을 넘어 조직의 생산성 향상과 국가의 경쟁력 제고 차원에서 논의된다. 이제 지식정보사회에서 학습은 생존의 조건이 됐다.[1] 지식의 빠른 증가 추세와 함께 지식의 전달과 활용 속도의 증가로 계속 학습하지 못하면 도태될 수밖에 없을 것이다.

실제로 영국의 한 국가보고서에 따르면 2000년 한 해 전달된 정보량 전체가 2035년에는 수 초 만에 전달이 가능할 정도가 된다고 한다.[2] 한국 기업경영의 새로운 상을 보여준 것으로 평가되는 문국현 전 유한킴벌리 CEO는 2005년 한 언론과의 인터뷰에서 "현대는 지식의 반감기다. 작년에 익힌 새로운 지식도 올해에는 절반의 효과밖에 볼 수 없고, 내년에는 4분의 1, 내후년에는 8분의 1로 줄어들고, 결국 아무 쓸모가 없어진다."고 이야기 한 적이 있다.[3]

유엔 산하 세계미래회의가 주최한 시카고 세계미래포럼에서 에디 와이너Edie Weiner도 갈수록 짧아지는 지식의 생성 및 소멸 주기를 거시적으로 보여주었다. 그에 따르면 농경 시대가 3,000년, 산업 시대가 200년이었다면 정보화 시대는 50년으로 끝나고, 이후에 오는 후기 정보화 사회는 10년 정도밖에 지속되지 않을 것으로 내다보았다.4)

이렇게 지식 변화의 속도가 모든 것을 결정하게 될 미래에는 가치있는 정보나 지식을 얼마나 빨리, 또 얼마나 적은 비용으로 얻을 수 있는가가 개인이나 조직의 최대 관심거리가 될 것이다. 이는 특정 정보나 지식을 다른 사람, 또는 다른 조직보다 더 적은 비용으로 얻을 수 있도록 끝없이 경쟁하게 만들 것이다.

이에 따라 이러한 경쟁에서 소외되는 개인, 조직은 정보 · 지식 빈민층으로 전락하게 될 수밖에 없을 것이다. 또 정보 불평등 또는 지식격차가 지식화 사회에서 가장 심각한 사회문제 가운데 하나로 등장할 것이다. 이와 함께 지식격차의 해소는 빈부격차 해소 못지않게 정부의 중요한 정책이나 사회단체들의 주요한 존재 이유가 될 것이다.

이러한 상황은 개인으로 하여금 끊임없이 학습하도록 몰아갈 것이다. 개인은 폭증하는 지식을 따라 잡아야만 직장으로부터 내몰리지 않게 될 것이다. 학교에서 배운 굳어진 지식이 빠른 속도로 쓸모없는 것이 되어가면서 계속교육을 통해 쉬지 않고 지식을 채워가야 하는 사회가 될 것이다.

이는 조직의 경우에도 마찬가지 상황이 될 것이다. 이미 많은 조직들이 조직 갱생이나 지속적인 성장과 발전을 요구하는 변혁기의 와중에 와있음을 깨닫고 있으며, 학습하지 않으면 생존자체가 보장되지 않는다는 인식을 하고 있다.5)

이름하여 학습사회learning society라 불리어지는 이러한 사회로의 변화에 대응하기 위해 가장 관심을 기울여야 할 영역은 바로 교육이다. 이런 사회에서는 사회 전체가 학습 기회를 제공하게 된다. 개인의 자발적인 학습도 강조된다. 학습을 희망하는 구성원은 누구나 사회로부터 다양한 교육서비스를 받을 수 있게 된다.

이에 따라 기존의 전통적인 교육체제의 틀은 깨어지고 학교교육의 탄력적 운영과 계속교육을 통한 지식의 보충이 일상적인 일이 될 것이다. 학교가 독점하고 있던 교육 체제는 기업, 공공기관, 비영리 조직 등이 참여하는 다원화된 체제로 전환될 것이다. 학교는 다양한 교육기관 가운데 하나로 자리 잡을 것이다. 학교교육 이후에도 전생애에 걸쳐 교과와 연령에 관계없는 계속교육 프로그램이 마련되어야 한다. 지식은 물론 지식 획득에 대한 학습방법의 학습이 절실히 필요해 질 것이다.[6)]

학습이 일상화되는 시대로 가고 있다. 그러나 전통적으로 교육활동에서 핵심적인 역할을 수행해 왔던 학교의 위상은 오히려 흔들리고 있다. 학교가 단순히 과거의 유물들을 전달해 가지고는 효과적으로 미래를 준비하는 데 선도적 역할을 할 수가 없다.

미래는 각 개인이 가진 학습능력의 수준이 개인의 사회적 · 경제적 능력을 결정하게 되는 시대다. 더 늦기 전에 학교는 유일한 교육기관이라는 환상을 버릴 필요가 있다. 그 동안 축적해 온 교육경험을 새로운 의식과 틀에 맞도록 재창조할 수 있는 시스템을 갖추어 나가야 한다. 새로운 지식을 적극적으로 수용할 수 있는 겸허한 조직으로 거듭나야 한다.

그러나 학교가 기존의 틀을 깨고 의식을 전환하기는 쉽지 않을 것 같다. 그 동안 교사의 주된 역할이 이미 검증된 지식과 확인된 절차를 가르치는 일이었다고 할 수 있다. 때로는 이미 유효기간이 경과해 쓸모없게 된 지식을 가르치면서도 아무런 문제점을 발견하지 못하는 경우도 있다. 따라서 새로운 시각과 방법을 수용하고 이를 전수하는 일은 교사에게 부담으로 다가올 수 있다.

학교 관리자의 경우에도 관례나 습관으로부터 벗어나기까지 많은 노력이 요구될 것이다. 과거에 해온 방식대로 별 생각없이 똑같은 업무처리방식을 그대로 반복하고 있는 경우가 많다. 답습해왔던 기존 틀을 부정하는 노력이 필요하다. 그렇지 않을 경우 딱딱하게 굳어진 방식이 반복될 것이고 발전은 기대하기 어려울 것이다. 때로는 상황에 대한 인식이 되어 있고 도전해보려는 욕구도 있지만 의지가 부족하여 실천하지 못하고 있는 경우도 있다. 현실 부정은 발전의 첫 걸음이라는 신념이 필요하다.

물론 관례나 기존의 틀이 항상 나쁜 것은 아니다. 하버드 경영대학원의 데이비드 가빈David Garvin 교수는 관례가 꼭 나쁜 것만은 아니라고 말하면서도 문제가 있음을 지적했다. 그는 "같은 방법을 반복해서 사용하기 때문에 업무와 정보를 처리하는 데 시간을 절약할 수 있지만 부작용이 심한 경우도 있다."고 말한다. 그렇기 때문에 그는 "학습을 통해서 새로운 사실을 발견하려는 노력뿐만 아니라 습관적으로 해오던 일의 방식과 새로운 것을 시도하지 못하는 무능력의 벽을 깨야 한다."고 주문했다.[7]

학생들의 지식에 대한 자세도 바뀔 필요가 있다. 이제 지식은 단순한 정보가 아니다. 개개인에게 유용하게 변환된 지식을 의미한다. 권대봉 고려대 교수는 학습자는 그를 둘러싼 환경과 능동적이고 주도적으로 상호작용함으로써 자신에게 필요한 지식을 생산해 나갈 수 있어야 한다고 강조했다. 그는 "이러한 지식은 독창적이고 자신의 경험에 대한 비판적 반성을 통해 생산되고 적용된다."고 말했다.[8)]

지식의 변화 속도가 빠르기 때문에 아무리 최신 지식이라 하더라도 구지식이 되어버리는 것은 순간이다. 따라서 지식 그 자체를 가르치는 것도 중요하지만 학교는 지식을 활용하고, 더 나아가 새로운 지식을 창조할 수 있는 기술을 가르치는 정보 · 지식 센터로 다시 태어나야 한다.

과거 학교가 지식 전달기능의 중심에 있을 때에 비해 지식 전달자로서의 학교의 위상은 점점 약화되고 있는 것이 사실이다. 공교육제도에 의존해 겨우 그 존립명분을 찾고 있다고 해도 지나친 표현은 아닐 것이다. 학교는 이제 지식을 활용하는 기술know-how을 전수하는 곳이 되어야 한다. 더 나아가 문제 해결을 위해 정보원을 발견할 수 있는 정보원에 관한 지식know where, know who이나 비판적 지식know why까지도 가르쳐 주는 곳으로 다시 태어나야 한다.

한 마디로 학교는 단순한 지식 전달자 차원을 뛰어넘어 지식을 효율적으로 활용할 수 있는 기술과 새로운 지식의 창출을 위한 지혜를 가르쳐주는 지식 사회의 동력원이 되어야 한다.

지식 사회란 지식이 세상을 살아가는 데 필수적인 자본이 되는 시대다. 새로운 지식을 갖고 있지 못하면 생존하기가 어렵다. 지식

격차의 해소가 중요한 사회적 이슈가 된다. 이러한 시대에 학교는 정보 · 지식 격차나 불평등 해소를 위한 첨병으로서의 역할을 요구받게 될 것이다. 학교는 새로운 지식을 확보해가는 능력, 다시 말해 학습할 수 있는 능력을 키워줄 수 있어야 한다.

학습능력은 과거 그 어느 때보다도 중요하게 되었다. 빠르게 변모하는 미래에서의 성공이란 얼마나 많은 정보가 축적되었는가에 달려있는 것이 아니다. 문제는 얼마나 새로운 기술과 지식이 빨리 획득되고 변화된 상황에 적용되어 질 수 있는 가에 달려있다.[9] 학교는 학생들이 학습능력을 신장시켜 나갈 수 있도록 돕는 프로그램을 제공해야 한다.

위와 같은 사명을 완수하려면 학교는 전문성을 지닌 교사들로 채워져야 한다. 김경희는 지식정보사회는 변화할 줄 아는 능력의 개발이 더욱 중요한 삶의 과제라고 전제하고 "변화의 시대에 전문적 일을 수행하는 사람들에게 있어 가장 시급한 문제 중 하나는 어떻게 전문성을 지속적으로 신장시킬 것이냐의 문제"라고 말했다.[10] 지식근로자로서 교사의 경우에도 전문적 능력을 꾸준히 향상시켜가는 노력이 필요하다.

이러한 전문성 신장은 교사 개인의 경쟁력 확보를 위해서 필요하다. 그러나 학교가 경쟁력을 높이기 위해서도 필요하다. 따라서 학교는 조직 차원에서 이를 지원할 필요가 있다. 다시 말해 조직을 전문성을 지향하는 조직으로 바꿔가야 한다. 효율성에 집착하는 관료적인 성향을 줄이고 전문성을 추구하는 미래 조직으로 거듭날 필요가 있다.

개인과 마찬가지로 지식 사회에서 조직의 경쟁력은 각 구성원이 지니고 있는 지식이나 전문성에 기초한다. 따라서 각 조직은 구성원들이 지식이나 전문성을 지속적으로 창조, 축적하도록 힘써야 한다. 그러나 이에 그쳐서는 안 되며 조직의 전체 구성원이 이를 공유하고, 더 나아가 업무활동에 적용할 수 있도록 해야 한다.

미래의 학교가 조직 차원에서 해야 할 과제들 가운데 하나는 교사들이 수준 높은 지식을 끊임없이 창조하고, 습득할 수 있는 여건을 조성해 주는 일일 것이다. 이러한 여건 하에서는 교사들이 축적된 경험과 새로운 정보를 토대로 새로운 지식을 창출하고, 필요한 때에 적당한 지식을 업무에 이용할 수 있게 되기 때문이다.

이는 보다 효율적으로 업무를 처리할 수 있게 됨을 의미한다. 여기서 절약된 시간과 비용은 다시 조직의 지식 수준이 한 단계 진보하는 데 투입된다. 학교 조직 차원에서도 이득이 되는 투자가 될 것이며, 사회 전체적인 부가가치 증대에도 기여할 수 있게 된다.

가빈 교수의 말대로 "학습은 미래에 대한 신념의 표현이고 지속적인 성장을 가능하게 하는 통로"가 되는 것이다. 겸손한 학교는 모든 해결책을 가지고 있지 않다는 한계를 인정하고 새로운 지식과 정보와 기술을 수용하는 데 익숙한 학교다.

17장

과정적 지식

드러커, 토플러, 피터스 등 세계적인 석학들은 미래 사회를 지식 사회knowledge-based society로 규정했다. 즉 "컴퓨터와 통신기술을 무기로 하는 정보화 사회를 넘어 정보기술이 인간의 창의력과 결합한 새로운 생산요소, 즉 지식이 경제를 이끄는 사회"가 될 것이라고 전망하고 있다.[11)]

정보화 사회에서 지식의 생산적 활용 및 지식의 창조로 특징지어지는 지식 사회로 전환은 이미 시작되었다. 미래는 인간의 창조적 지식이 가장 중요한 요소가 되는 사회가 될 것이다. 따라서 미래에는 정보 · 지식을 다룰 줄 아는 인재가 주인공이 될 것이다.

지식의 시대에는 수준 높은 지식을 많이 가진 개인이 성공할 것이다. 조직의 경우에도 그 성장 · 발전이 각 구성원의 지식 수준과 개인이 가진 지식의 공유를 통해 형성되는 조직의 지식 수준에 달려 있다. 지적 자원이 풍부한 조직일수록 경쟁에서 살아남을 확률이 높아질 것이다. 축적된 지식을 보다 효율적으로 활용하고 새로운 지식을 먼저 창출해 내는 일이 각 조직의 최대 관심사가 될 것이다.

미래학자인 드러커는 그의 저서 『자본주의 이후의 사회』에서 지식기반 사회에서 지식은 고도의 경쟁사회를 초래한다고 분석하고 있다. 지식은 쉽게 확산될 수 있다는 점에서 국경이 없다. 누구나 손쉽게 습득할 수 있는 생산수단이라는 점에서 상승이동이 쉬워진다. 하지만 성공 가능성과 함께 실패 가능성도 늘 함께 지닌다는 특성을 가지고 있다. 이로 인하여 개인이든 조직이든 치열한 경쟁의 와중에 놓이게 되며, 인터넷의 보급은 그러한 경쟁력을 전 지구적 차원에서 갖추어야 하는 상황을 만들고 있다.[12)]

학교 역시 이러한 경쟁으로부터 자유로울 수 없게 되었다. 학교는 그 동안 철저히 지식에 의존해 온 조직이다. 그렇기 때문에 지식화의 진전은 학교가 미래에 담당해야 할 역할을 정립하는 데 있어 보다 많은 관심과 투자를 요구하고 있다.

이에 더하여 토플러가 말하는 '미래의 충격Future Shock'도 학교가 관심을 가져야 할 환경요인이다. 사회변동의 속도가 더욱 가속화함에 따라 새로이 출현하는 것에 미처 익숙하기도 전에 또 다른 새로운 것이 폭주해 들어오는 데서 '충격'이 일어나고 있다.[13)]

산업 사회를 뛰어넘어 치닫고 있는 오늘의 상황에서 미래의 충격파는 인간을 더욱 혼미하게 만들고 있다. 이제는 '과거의 교육'은 물론 '현재의 교육'도 무의미하게 되어 버렸다. 그래서 세계 여

기저기서 '미래의 교육'이 필요하다고 주장하는 소리가 드높게 들려오고 있다.14)

미국의 인류학자 마아가렛 미드Margaret Mead의 지적도 의미심장하다. 미드는 선세대가 후세대에게 가르쳐주어야 했던 '후형성적 문화postfigurative culture'는 이미 오래 전에 사라졌고, 한 세대가 동시대인에게 배워야 하는 '동형성적 문화configurative culture'도 지나가고 있으며 이제는 기성 세대가 오히려 젊은 세대로부터 배워야 하는 '전형성적 문화prefigurative culture'가 나타나고 있다고 주장했다.15) 실제로 지식에 관한한 오늘날 학생들은 더 이상 부모 세대로부터 배울 수 있는 것이 거의 없어 보인다. 거꾸로 부모 세대가 학생들에게 배워야 할 지식이 늘어가는 시대가 되어버렸다.

이제 읽고 쓰고 셈하기와 같은 기본적인 교과지식은 인터넷 등 학교가 아닌 곳에서도 얼마든지 습득할 수 있다. 또 많은 경우에 학교에서보다 훨씬 더 효율적인 학습이 이루어질 수도 있다. 따라서 만일 학교가 고집스럽게 종래의 교과 지식만을 가르치려고 한다면, 경쟁에 뒤져 존속이 위태롭게 될 수도 있다. 앞으로 학교는 학교가 아니면 습득하기 어려운 지식을 위주로 가르칠 수 있어야 한다.16)

물론 학교는 지식적인 면 이외의 교육영역에 집중할 수도 있을 것이다. 그러나 이제는 지식이 세상을 좌지우지하는 지식의 시대다. 학교가 그 존립 근거 가운데 하나였던 지식적인 면을 포기할 수는 있겠는가? 오히려 학교에서 더 잘 가르칠 수 있는 지식 관련 영역을 탐색하고 개발해 가야할 때다.

학교가 아니면 습득하기 어려운 지식에는 어떤 것이 있을 수 있을까? 드러커는 학교가 아니면 습득하기 어려운 지식 즉, 학습하는 방법을 가리켜 '과정적 지식'이라고 불렀다.17)

여기서 과정적 지식procedural knowledge이란 한 마디로 인간이 어떤 일을 수행하는 방법에 관한 지식이라고 말할 수 있다. 개인이 특정한 환경 속에서 '어떻게 행동할 것인가?'에 대한 인지적 표현이라고 볼 수 있다. 흔히 특정 문제를 해결하기 위한 작업수행단계procedural step들로 이루어진다. 드러커가 이야기한 '학습하는 방법'도 그 가운데 한 종류라고 볼 수 있다.

지식기반 사회에서는 과정적 지식이 큰 의미를 갖는다. 기존 지식의 습득보다는 새로운 지식의 생성이 강조되는 시대이기 때문이다. 과거에는 기존의 지식과 정보를 획득하는 능력이 중요했다. 그러나 실제 삶에서도 지식의 응용성이나 실용성이 점점 더 많이 요구되고 있다. 습득한 지식을 상황에 적용하는 능력이 필요하다. 새로운 문제 상황을 해결할 수 있는 문제해결능력이 중요하다. 한 걸음 더 나아가 창의적인 지식과 정보의 창출능력이 중요해지고 있다.

이해력

『생각의 탄생』에서 로버트 루트번스타인Robert Root-Bernstein 등은 '무엇을' 아느냐보다 '어떻게' 이해하느냐가 중요하다고 말했다. 이것

이 가능할 때 비로소 창조성이 발현될 수 있다는 것이다.[18)]

그들은 현재의 제도권 교육이 '무엇'과 '어떻게'를 분리시키고 있다고 꼬집고 있다. 그들은 "어떤 것을 '이해'하지 못하는 것은 그것을 실제로 '어떻게' 응용해야 할지를 모른다는 것이며, 그것을 '어떻게' 다루어서 새로운 것을 만들어내야 할지를 모른다는 것이다. 그들은 또 지식은 실로 허약하며 쓸모없고, 교육적 실패의 결과물에 불과하고 겉만 번지르르한 '학문적 성취'의 외장일 뿐이다." 라고 지적하기도 했다.[19)]

'안다'는 '무엇을'이 중요하다. 반면에 '이해한다'는 '어떻게'가 중요하다. 그 지식이 어떻게 도출되었는지 하는 과정까지 터득하지 못하면 진정한 지식은 얻을 수 없다.

스탠 데이비스Stan Davis와 짐 보트킨Jim Botkin도 '어떻게'를 이해할 수 있는 능력의 중요성을 강조했다. 그들은 미래에는 "경제적 성장을 달성하기 위해서는 새로운 기술만이 아니라 새로운 사고를 개발, 적용하는 것이 요구된다."고 전제하고, 이러한 추세에 대비함에 있어 가장 중요한 것은 "자료data에서 정보information로의, 정보에서 지식knowledge으로의 전환을 이해할 수 있는 능력"이라고 했다.[20)]

하버드 대학의 심리학 교수인 레온 아이젠버그Leon Eisenberg는 오늘날 교육에 만연해 있는 학교지식과 실제 경험과의 단절현상을 우려한다. 그는 미적분학에 능통한 MIT학생들조차 막상 이를 물리학에 응용하려고 할 때 속수무책인 경우가 많다고 했다.[21)] 이런 현상도 학생 자신들의 앎을 맘대로 응용할 수 있는 능력을 배양하지 못했기 때문에 나타나는 것이다. 너무도 많은 학생들에게 학교에서 학습한 것과 실제 생활은 별개인 것처럼 보인다.

오늘날 교육이 가진 이러한 문제점들을 고려해 볼 때 앞으로의 학교교육은 단순한 지식의 진수만을 목표로 해서는 안 된다. 과거 또는 현재의 교육의 목표는 사실에 대한 지식의 습득과 숙달이었다고 볼 수 있다. 그러나 21세기에서의 교육의 목표는 학생들이 이해할 수 있도록 함으로써 앎에 이르게 하는 것이 되어야 한다. 지식의 결과물들을 달달 외움으로써 앎에 이르게 하는 것은 올바른 교육의 방향이 아니다. 지식이 어떻게 구성됐고 도출됐는지를 이해하도록 교육이 바뀌어야 한다.

'어떻게'에 대한 이해가 강조되는 이유는 지식을 응용하기 위한 바탕이 되기 때문이다. 이해를 기초로 새로운 문제를 해결할 수 있는 '방법에 대한 지식know-how'을 얻을 수 있다. 그리고 '학습 방법에 대한 학습learning how to learn'이 가능하다.

더 나아가 이해를 기초로 할 때, 당면한 문제에 대한 해결방법을 논리적이고 비판적으로 판단 · 규명할 수 있는 논리적 지식know-why까지도 얻을 수 있다. 또한 새로운 문제를 해결하기 위해 필요한 정보를 찾을 수 있는 정보원에 관한 지식know-where, know-who까지도 파악할 수 있다.

이러한 이해력은 새로운 지식의 창출에도 공헌할 수 있다. 이해되지 않으면 새로운 지식의 창출을 위한 의문을 제기할 수 없다. 박수연 박사는 미래의 학교는 "단순한 사실이나 구체적인 지식보다는 의문을 제기하고 생각하는 과정을 중시하고, 지식을 가르치기 보다는 지식을 구성하고 창조할 수 있는 방법"을 가르칠 수 있어야 한다고 말했다.[22] 이러한 역할 수행이 가능하려면 학교는 학생들이 '어떻게'를 이해하도록 하는 데 중점을 두어 가르쳐야 한다.

이를 위해 '학습하는 방법의 학습'에 초점이 두어진 교수법으로의 전환도 하나의 대안이 될 수 있다. 인천교대 초빙교수였던 곽병선은 문제제기형 인간을 양성하기 위해서는 실험, 토론, 대화, 체험을 강조하는 교육이 절실하다고 강조했다. 이러한 교육에서는 상대적으로 학습하는 방법에 대한 학습능력이나 창조적 사고력, 문제 해결력과 같은 과정으로서의 사고과정을 중시하게 되기 때문이라는 것이다.[23]

그 이외에도 장래에 대한 확실한 예측 하에 다양한 종류의 선택과목이 개설되고, 미지의 것, 예측되는 것, 가능성이 있는 것 등에 대처할 수 있도록 학습범위를 넓혀나가는 것도 좋은 대안이 될 수 있다.[24]

선언적 지식

과정적 지식의 상대편에 선언적 지식descriptive knowledge이 있다. 앞에서 미래의 지식으로 과정적 지식이 강조되었다. 그렇다고 선언적 지식을 평가절하할 수는 없다. 선언적 지식은 어떤 과제들에 대해서 절차들을 수행하는 데 필요한 자료를 제공해 줄 수 있기 때문이다. 대불대의 허창범 교수는 다음과 같은 예를 들었다.[25]

"도예가가 도자기를 굽기 위해서 가마에 불을 때는 경우를 보자. 그는 유약 칠하기에 적당한 온도가 되면 불을 그만 땔 것이다. 특정한 유약을 칠하기에 적당한 온도를 아는 것과 같은 지식은 선언적으로 저장될 것이다. 그래서 이 도예가는 이 적당한 선언적 지식을 인출하는 동안에는 가마에 불을 때는 것을 멈추어야 하고, 일단 인출되면 인출된 선언적 지식은 불을 때는 절차에서 멈추어야 할 시점을 설정하는 데 이용된다. 이처럼 선언적 지식은 절차에 필요한 자료들을 제공해 줌으로써 일상의 문제해결 절차들과 상호작용을 한다."

그는 또한 과정적 지식과 선언적 지식의 통합을 통해 많은 창조적인 활동이 나타날 수 있다고 말했다. 그는 "선언적 지식은 이미 알려진 어떤 절차들이 어디에서 수행되어야 할 것인가에 대한 새로운 통찰을 제공해 줌으로써 창조적 문제해결과 상호작용한다."고 강조했다.26)

그러나 문제는 오늘날 대부분의 학교가 정형화된 틀에 따라 배우게 되는 선언적 지식을 배급하는 역할에 만족하고 있는 데 있다. 이런 학교는 문을 닫아야 할지도 모른다. 하나의 원칙을 터득하면 그것을 기초로 스스로 자신의 문제점을 해결해갈 수 있는 창조적인 인재를 미래는 원하고 있다. 또 이런 인재들로 채워진 조직을 미래가 필요로 하고 있기 때문이다.

어떤 학교가 선언적 지식만을 가르치고 있다. 학교에서 가르치는 내용이나 심지어 평가문제에서도 인위적으로 문제 상황이 설정되어 있다. 출현되는 개념이나 상황은 아주 잘 정형화되어 정의되어 있다. 해결에 필요한 정보가 다 주어지며 정확한 해답이 하나 있다. 그리고 그 답을 찾아가는 과정까지도 정확하게 설정되어 있다.[27)]

이러한 학습활동은 지식의 시대에 필요한 과정적 지식을 제대로 습득할 수 없도록 한다. 미리 정해진 계획에 따라 얼마나 제대로 할 수 있느냐가 관건이었던 '과거의 교육'이다. 그러나 지식의 시대에는 무엇을 해야 한다고 따로 정해져 있는 것이 없다. 지식의 핵심은 '무엇을 해야 하는가?' 라는 질문을 해결할 수 있는 능력이다.

미래를 지향하는 학교는 학생이 자신의 과제가 무엇이며, 자신이 무엇을 해야 하며 무엇을 하지 말아야 하는지, 그 과제 수행을 방해하는 요인이 무엇이며 어떻게 피해 나가야 하는지, 그 과제에서 자신의 강점을 어떤 식으로 활용하며 약점을 피해 나가야 하는지, 그 과정에서 자신의 강점을 어떤 식으로 활용하며 약점을 피해 나가야 할 것인지를 판단하고 결정할 수 있는 능력을 갖추어 가도록 교육해야 한다.[28)]

이러한 과정에서 선언적 지식은 과정적 지식의 습득을 도와주는 역할에서 그 의미를 찾도록 해야 한다. 선언적 지식은 과정적 지식과 결합되어 '어떻게'를 이해할 수 있는 능력의 수준을 높이는 데 활용되어야 한다.

다음 사례는 앞에서 이야기한 선언적 지식과 과정적 지식 간의 관계를 잘 설명하고 있다.[29)]

"아이들에게 처음 연산을 가르칠 때 '2+3=?'의 답은 알면서도 '3+2=?'의 답은 대지 못하는 아이 때문에 답답해하고 야단치시는 부모님들이 계십니다. 그러나 아무리 혼을 내도 아이는 답을 댈 수 없습니다. 머릿속에 들어 있지 않은 것을 꺼낼 수는 없는 일이니까요.

부모님들이 아이들에게 더하기를 가르칠 때는 배운 그 문제만 알고 있기를 바라지는 않습니다. 또한 배운 장소에서나 배운 과목에서만 문제 해결하기를 원치도 않습니다. 수학 시간에 더하기를 배웠다면 그 문제가 숫자로 된 문제든 문장으로 된 문제든 해결할 수 있기를 바랍니다. 수학 시간에 더하기를 배웠어도 다른 과목시간에 더하기가 필요하면 해 낼 수 있고 나아가서는 학교 밖의 실생활에서도 자연스럽게 더하기를 하게 되기를 바랍니다.

이렇게 배운 장소와 시간을 넘어서서 생전 처음 본 문제가 주어져도 원리를 알고 문제를 해결할 수 있는 것은 더하기에 관한 절차적 지식을 가지고 있기 때문입니다. '2+3=5'라는 문제를 외워서 푼 아이는 그 문제밖에 답을 낼 수 없지만 더하기라는 절차적 지식을 가진 아이는 처음 본 억 단위의 숫자를 가지고도 더하기를 할 수 있습니다. 숫자만 달라졌지 과정은 동일한 것이니까요. 어떤 분야에서든 전문가가 된다는 것은 느린 서술지식의 사용에서 빠른 절차지식의 사용으로 변화하는 것을 말합니다."

미래의 학교는 "인간의 궁극적인 성취는 앎의 방법을 아는 것"이라고 부르짖고 있는 구성주의의 외침을 새겨들어야 한다.

실용성

지식기반 사회는 지식의 단순 소유보다는 지식의 활용을 통한 산출을 중시하는 특성을 가지고 있다. 달리 말하자면 생산이나 소비 등의 실제 생활에서 지식의 응용성 또는 실용성이 강조된다.[30)]

따라서 지식을 체계적으로 관리하고 이를 활용해 가치있는 지식을 만들어내는 능력이 개인이나 조직의 중요한 경쟁력이 되는 사회다. 학교는 지식노동자가 부가가치를 생산해낼 수 있는 능력을 배양하는 데 관심을 기울여야 한다.

전 인천교대 교수 곽병선은 "한 사회가 경쟁력을 발휘하려면, 교육받은 인력이 생산적인 사회 구성원으로 편입되어야 한다."고 강조했다. 그는 학교의 교육경쟁력은 "학교가 길러내고 있는 인간이 사회적 요구에 얼마나 적합한가?"로 이야기할 수 있다고 했다.[31)]

학생을 미래 사회가 존속하기 위해 필요한 부가가치를 창출할 수 있는 인적 자원으로 설정할 때도 과정적 지식은 매우 중요하다. 과정적 지식은 지식 근로자가 생산성을 올릴 수 있는 능력의 핵심이다. 왜냐하면 지식작업에서 만나는 작업상황은 정형화되어 있는 것이 별로 없다. 또 잘 정의되어 있지도 않다. 해결에 필요한 정보를 다 알 수도 없다. 그리고 해결책이 하나의 정답으로 마련되어 있지도 않다. 여러 개가 다 정확한 답일 수도 있다. 답을 찾아가는 과정 역시 여러 갈래의 길이 있을 수 있기 때문이다.[32)]

그러나 학교의 현실은 이러한 미래의 요구와 동떨어져 있는 경우가 많다. 학교들은 가끔 학생들에게 '힘없는 지식inert knowledge'를 가르친다는 비판을 받고 있다.[33] 힘없는 지식이란 한 마디로 활용할 수 없는 지식을 말한다. 결과적으로 그런 지식을 소유한 사람들은 어떤 경우가 그 지식을 사용할 수 있는 적합한 경우인지를 아는 데에도 상당한 어려움을 갖는다. 그러니까 그 지식이 사람들의 활동을 이끌어가는 데 쓰이기는 더 더욱 어려울 것이다. 실제적인 사용이 되기 위해서는 지식이 '절차화 되어'있어야 한다.[34] 바로 과정적 지식의 형태로 보유하고 있어야 한다는 것이다.

학교는 활용할 수 있는 지식을 가르치는 데 관심을 기울일 필요가 있다. 과정적 지식을 교육과정을 통해 배양해야 한다. 학생들은 정보도 부족하고 해결책을 찾는 길도 정해져 있지 않으며 정답이 여러 개가 되는 문제 상황과 맞닥뜨리게 될 것이다. 이런 상황을 잘 해결하는 사람들을 길러내야 한다.

아울러 학교는 제공되는 교육내용과 학습경험이 다가오는 미래사회에서 실용적인 지식으로 쓰일 수 있는 것인지를 수시로 점검해야 한다. 과감히 바꾸는 일도 게을리 해서는 안 된다. 지식의 수명주기가 급격히 단축되고 있는 혁신의 시대이기 때문이다.

18장

학습능력

우리의 학생들은 학교를 떠난 후에도 평생 동안 학습을 하면서 살아갈 것이다. 학습기간이 초등교육, 중등교육 등등 특정 연령층으로 제한되어서는 넘쳐나는 정보 · 지식을 습득하고 활용할 수 없게 되었다. 따로 학령기라는 특정 시기에 제한되지 않고 학습 기회가 주어질 것이다. 또한 학교 내외를 불문하고 어디에서든지 학습이 가능하게 될 것이다.

그들은 자고 나면 달라져있는 세계와 만나서 생존하고 성공을 꿈꾸며 살 것이다. 경쟁적으로 유능한 인재를 원하는 노동시장은 근로자들에게 최신 지식이나 기술을 습득할 것은 요구하고 있다. 자의든 타의든 근로자들은 지속적으로 새로운 지식을 습득해가야 한다. 빠른 변화의 흐름에서 뒤처지지 않기 위해 평생에 걸쳐 지속적으로 학습하는 일은 일상적인 생활이 되고 있다.

지식이 폭발적으로 증가하면서 지식의 생성과 소멸 주기가 빨라지고 있다. 산업 사회와 달리 이제는 학교에서 한 번 배운 것만으로는 직업세계에서 오래 버틸 수가 없다. 반복적 지속적으로 새로운 지식을 습득하지 않으면 안 된다. 평생 끊임없이 새로운 일을 찾아야 하는 생활을 하게 될 수도 있다. 20여 년 후에는 한 개인이 평생 동안 수십 번 직업과 직종을 바꾸면서 살아야 하는 상황이 올 수 있다는 전망도 있다.[35)]

이런 세상에서의 성공 여부는 외부 환경의 변화보다 더 빠르게 학습할 줄 아는 능력을 가지고 있느냐 여부에 달려있다. 스스로 학습하여 사회 변화에 능동적으로 대응해 나갈 수 있는 능력을 갖추어야 한다.

개개인의 학습능력이 중요성을 더해 가고 있는 상황에서 학교는 학생들이 미래를 위해 필요한 능력을 배양시키는 데 관심을 기울여야 한다. 교육학자들 가운데에는 앞으로는 '배울 수 있는 능력을 기르는 학습learning to learn'이 그 어떤 특정 지식과 기술을 습득하는 것보다 중요하다고 말하는 사람들이 있다.[36)]

이러한 사회적 필요는 학습에 대한 욕구를 전반적으로 증폭시켜 놓았다. 학습의 시대가 된 것이다. 때마침 엄청난 속도로 발달해 온 정보통신기술을 교육적으로 활용하기에 이르렀고, 원격교육이 활성화되고 있다. 이는 다양한 원격통신 수단을 매개로 실시되는 교육 형태다. 원격통신 매체를 활용하기 때문에 일정한 장소나 시간에 구애받지 않는다. 또 교수자와 학습자가 직접 대면하지 않고도 교수활동을 할 수 있는 특성을 가지고 있다.

원격교육의 활성화에 따라 시간과 장소라는 요소에 의존해 왔던 학교의 개념을 재정의할 필요가 생겨났다. 교수학습모델에 있어서도 많은 혁신을 가져왔다. 교수학습방법을 수정 · 창출하거나 교재를 새로이 제작할 필요도 생겼다. 학생과 교사의 역할을 재정립해야 할 상황이 되었다.

이는 과거와는 다른 학습방법을 활용할 수 있어야만 원하는 학습 목표를 달성할 수 있게 되었음을 의미한다.

원격교육

2008년 12월 23일 오후 2시 서울 대학로에 있는 한국방송통신대 DMC 4층 스튜디오에서는 '모바일 러닝 기반 U-KNOU' 개통식이 열렸다. 'U-KNOU'는 방송대의 전용 서비스다. 휴대폰에 독자 메뉴로 구축돼 모든 개설 교과목을 수강할 수 있게 된 것이다. 이날부터 동계 계절학기 51개 과목이 시범적으로 제공되기 시작했고, 2009년 1학기부터는 22개 학과 316개 모든 교과목의 휴대폰 서비스가 가능해졌다. 이로써 방송대 강의 수강 매체는 TV, 인터넷, IPTV에 휴대폰이 추가됐다. 이른바 '3+1' 체제가 완벽히 구축된 것이다. 이 대학의 장시원(56) 총장은 "MOU(양해각서)를 맺은 KTF 휴대폰에서 **0309+SHOW 키를 누르면 곧바로 이 프로그램을 내려받기 할 수 있습니다. 또 평상시 긴급한 공지사항이나 사용상 편리성을 더하기 위해 대기화면에서 서비스를 바로 이용할 수 있는

'팝업서비스' 방식도 채택했습니다. 월 2,000원의 사용료만 내면 때와 장소를 가리지 않고 양질의 강의를 듣게 되는 것이지요."라고 설명을 덧붙였다.[37)]

과거 우편을 이용해 인쇄매체를 주고받던 원격교육 모델이 있었다. 학자들은 이를 제1기 원격교육이라고 분류한다. 뒤이어 라디오, TV를 이용하게 되었고 컴퓨터와 정보통신기술이 활용되었다. 컴퓨터, ICT, 네트워크 등 복합다중매체 활용하는 e-러닝 시대를 거쳐 이제는 생활공간이 학습공간으로 변화되는 u-러닝이 활용되기 시작한 것이다. 대학 강의를 휴대폰으로 듣는 시대가 된 것이다.

흔히 유비쿼터스ubiquitous란 '도처에 널려있다', '언제 어디서나 존재한다'라는 뜻을 가진다. 컴퓨터 기술과 무선 네트워크 기술 혁명으로 학습자들은 '언제 어디에서나 어떤 내용에 상관없이, 어떤 단말기로도 학습이 가능한' u-러닝ubiquitous learning 환경 속에서 학습하게 된 것이다.

미국, 영국, 싱가포르 등 교육강국들이 주도하는 가운데 우리나라는 교육부가 2005년 전국에 9개 학교를 u-러닝 시범학교로 지정하는 사업을 시작하면서 유비쿼터스 학습 환경에 관심을 보이고 있다.

u-러닝 환경에서 학생들은 다양한 TPC(Tablet PC), PDA 등과 같은 모바일 기기를 사용하게 된다. 기존의 ICT활용교육이나 e-러닝에서 활용하는 콘텐츠를 재구조화하거나 변환하여 사용하기도 한다. u-러닝을 위한 별도 학습활동과 내용을 전문가들이 개발하고 교사를 이를 실행하는 형태로 운영되는 나라도 있다.

기존의 교수학습방법에서 이동성과 즉시성이 증가된 활동이 늘어나게 된다. 우리나라에서는 프로젝트 학습, 탐구학습 등에 u-러닝 요소가 강조된다. 해외에서는 특정한 학습모델보다는 학생들의 직접적인 참여와 활동을 중심으로 적용한다. 학습시뮬레이션이나 자기학습과정 및 내용의 기록, 다양한 의사소통 등이 그 예가 될 수 있다.38)

u-러닝 환경에 대한 관심이 늘어나면서 이 환경이 가져오게 될 학교의 미래에 대해서도 다양한 의견들이 쏟아져 나오고 있다. 그 가운데에는 이른바 반학교적anti-school 관점으로 붙여진 극단적인 비관론도 있다. 이 관점은 이러한 상황이 학교를 사라지게 만들 수도 있다고 예견한다. 전통적인 학교가 궁극적으로 지식정보사회에서 퇴출되고 그 자리에 고도의 정보통신공학기술 기반의 학교가 등장하게 될 것이라는 것이다. 이 학교는 기업에 의해 추진될 것이고 학습자가 원하는 학습을 적시에 할 수 있도록 제공될 것으로 예측하고 있다.39)

그러나 또 한편에서는 매우 긍정적으로 보고 있다. 학교교육에 새로운 기술이 활용될 때 학생들은 학습효과를 올릴 수 있다고 본다. 또한 교사들은 비효율적인 교육 외적인 일로부터 해방될 수 있게 된다. 그렇게 되면 교사들은 보다 많은 시간을 교육활동에 투자할 수 있게 되어 학교교육이 발전할 수 있다고 본다. 학교교실, 교사, 학생 그리고 가정이 전세계 네트워크와 연결되고, 이러한 환경은 보다 풍부한 정보에 접근할 수 있게 하며, 다른 학습자와도 협동학습이 가능하도록 할 것으로 예상하고 있다.40)

초기 단계이긴 하지만 국내외 u-러닝 사례를 보면 u-러닝을 통해 학습자의 참여, 흥미, 학습에 대한 주인의식 신장효과가 많은 것으로 나타났다. 일부 학교들에서는 학업성취도 측면에서의 효과도 함께 보여주고 있다.[41]

어쨌든 학교교육에서 u-러닝 환경은 피할 수 없는 흐름으로 보인다. 미래에도 학교라는 교육기관이 존속하기 위해서는 변신이 선행되어야 할 것이다. 그 변신의 초점이 u-러닝 환경 속에서 학생들이 그 환경을 효과적으로 활용할 수 있도록 하는 데 두어져야 한다.

이를 위해서는 학생들이 언제든지 필요할 때는 새롭게 배울 수 있는 기회가 제공되는 열린 학습체제의 구축, 학교 안과 밖에서 학습한 결과가 상호 인정될 수 있는 체제의 마련, 학습의 내용과 방법을 학교 밖의 그것들과 차별화하는 것 등이 필요할 수 있다.[42]

구체적인 예로는 u-러닝이라는 새로운 학습환경에 적합한 콘텐츠 개발 및 효과적인 u-러닝수업을 위한 학습관리 시스템의 개발이 필요하다. 또한 연구능력을 갖춘 연구진과 실천능력을 갖춘 교사진이 연계되어 연구－실천－효과성 검증이 종합적이고 타당하게 이루어지도록 할 필요가 있다.[43]

정보활용능력

우리의 학생들은 네트워크에 산재한 다양한 정보를 자신에게 필요한 지식으로 전환하는 학습방법을 중점적으로 배울 필요가 있다. 거의 모든 학습내용이 하나의 교과서에 가공 · 편집되어 구조화되던 아날로그 시대와는 다르다. 자고 나면 새로운 정보가 쏟아져 나온다. 이제 그러한 정보를 스스로 수집하고 가공하여 새로운 지식으로 창출할 수 있는 능력이 그 어느 때보다도 중요하게 요청된다.[44]

u-러닝 환경에서 학생들은 언제 어디서나 컴퓨터나 네트워크에 접속해 필요한 자료를 찾을 수 있다. 삶의 공간과 사이버 공간의 모든 요소들이 통합되어 풍부한 학습경험을 할 수 있다. 이들 자료나 경험들 가운데 얼마나 효율적으로 의미있는 정보를 선택하여 자기 것으로 활용할 수 있느냐가 중요하다. 이들을 이용하여 얼마나 부가가치를 높일 수 있느냐에 미래의 사회적 · 경제적 성공의 열쇠가 달려 있다고 해도 지나친 말은 아닐 것이다.

이러한 능력은 평생학습 시대에도 필수 능력 가운데 하나다. 학생들이 학습과정 전반은 물론 일상 생활에서 마주치는 문제를 인식한 후 효과적으로 해결해 나가는 데 절대적으로 필요하기 때문이다. 카렌 피터Karen Peter와 그의 동료들은 정보활용능력이 평생학습과 자기주도학습을 구성하는 요소라고 밝혔다.[45] 평생학습과 자기주도학습은 바로 미래 사회의 학습이다.

미국도서관협회의 정보활용능력위원회ALA:American Library Association는 정보활용능력을 알아야 학습하는 방법을 알 수 있다고 강조했다. "정보활용능력을 지닌 사람은 학습하는 방법을 알고 학습하는 사람이다. 그들은 학습할 수 있는 그러한 방법들로 지식을 조직하고, 정보를 찾고, 정보를 사용하는 방법을 알기 때문에 학습하는 방법을 안다."고 정의했다. 또한 "그들은 평생학습을 위해 준비된 사람들이다."라고 하여 평생학습을 위한 필수 조건으로 설정했다.[46)]

정보활용능력을 여러 가지로 정의할 수 있지만, "정보의 필요성을 인식하고 정보에 접근하여 문제해결에 필요한 정보를 찾아 적합성을 평가하고 목적에 맞게 이용하며 관련된 윤리적 책임을 인식하는 능력"으로 광범위하게 정의할 수 있다.[47)]

여기서 윤리적 책임이 강조되는 것은 1990년대 이후 나타난 현상이다. 인터넷이 우리 생활에 밀접한 관계를 맺게 된 이후 개인의 지적 자유를 보호하고 지적 재산권을 존중하는 정보의 윤리적 측면을 강조하게 된 것이다. 이는 단순히 자신의 필요 혹은 문제해결을 위해 정보를 수집하고 평가하는 차원을 넘어서야 함을 의미한다. 정보의 중요성을 인식하고, 윤리적으로 대하며, 정보를 공정하게 사용하는 사회적 책임감이 강조되고 있다.[48)]

국내외 대학교에 개설되어 있는 정보활용능력 교육프로그램들을 분석한 결과에 따르면, 6가지 핵심요소들 가운데 정보윤리가 포함되어 있음을 알 수 있다. 6가지는 정보의 요구 인식과 필요한 정보 결정, 정보탐색 전략과 접근, 정보평가와 분석, 정보 조직과 관리 적용, 정보전달, 정보윤리 등이었다.[49)]

원격교육 환경 속에서 정보통신윤리교육에 대한 요구는 증가할 것으로 보인다. 이러한 교육은 학교에서 가르치기에 적당하다. 이희정의 최근 논문에 따르면, 정보통신윤리교육을 학교에서 실시하는 것이 좋다고 제안하고 있다. 학생들도 정보화의 역기능에 노출되어 있다는 것을 알고 정보통신윤리교육이 필요하다고 생각하는 것으로 나타났다. 정보통신윤리교육의 실시 장소는 학교가 가장 좋다는 의견이 가장 많았다. 또 정보통신윤리교육 활성화를 위한 수업방법으로는 직접 경험을 하는 활동형 수업, 교사 설명과 직접 경험을 통한 설명형 수업 + 활동형 수업이 좋다는 의견이 가장 많았다. 인터넷 웹사이트를 통한 교육을 받는 것을 좋아하지 않는 것을 좋아하지 않는 것으로 나타났다.[50)]

외국의 정보통신교육 사례를 보면 정부기관과 학계, 민간단체의 유기적 협력 속에서 교육이 이루어지고 있었다. 특히 미국은 정보통신교육 방법론에 대해 많은 고민을 하고 있는 나라로 조사되고 있다. 우리나라의 경우에도 주입식, 강의식 교육에서 벗어나 교수방법에 대한 연구가 심도있게 이루어져야 할 필요가 있다. 이를 위한 전문교사 양성을 늘려가야 한다. 학교와 가정, 사회 기관, 대중매체 등 우리가 접하고 있는 모든 환경에서 공동의 관심도 필요하다. 정보통신기술 습득 못지않게 가치관 교육이 이루어질 필요가 있다.[51)]

비판적 사고능력의 배양 또한 필요하다. 자신에게 적합한 정보를 선별한 후 이를 비판적으로 평가할 수 있는 능력이 필요하다. 이러한 비판적 능력이 있어야만 새로운 지식을 창조할 수 있게 된다.

본래 '비판critic'이라는 말은 '식별할 수 있는'이라는 의미를 지닌 크리티코스kritikos와 '선택하다', '분간하다', '논박하다', '평가하다' 등의 의미를 지닌 '크리노krino'라는 말에서 유래했다. 주어진 대상을 구성 요소로 나누고 그 요소와 전체의 연관을 밝혀냄으로써 그

대상을 평가하는 것이다.[52)]

비판적 사고critical thinking는 '더 낫게', '더 합리적'으로 그리고 '더 생각해 보고' 판단하기 위한 사고다. 비판적 사고는 객관적인 기준에 따라 내리는 좋은 판단이다. 자기 반성을 통해 자기 생각을 수정하는 것을 포함하며 사고의 맥락과 환경을 고려하는 것을 포함한다.[53)]

학생들의 비판적 사고능력을 키워주기 위해 토론식 수업, 문답식 수업, 통합 교과형 논술지도, 문제중심학습 등을 활용할 수 있다.

특히 비판적 사고능력 배양은 u-러닝 환경 속에서 학교가 학교 밖의 내용과 차별성을 유지할 수 있는 영역이 될 수 있다. 학교의 존재 가치를 높일 수 있는 영역 가운데 하나로 볼 수 있다.

비판적 사고능력 향상을 위해 가장 널리 이용되는 토론식 수업을 예로 들 수 있다. 수업방법으로 u-러닝 환경 속에서 온라인과 오프라인이 혼용되는 블렌디드 러닝blended learning을 활용할 경우에 온라인을 통해서는 다양한 정보원으로부터 필요한 정보를 얻을 수 있다. 다만, 토론 자체는 면대면 오프라인 방식으로 학교에서 이루어지도록 하는 것이다. 온라인으로 할 경우 면대면 토론에서 얻을 수 있는 흥미와 적극성을 살릴 수 없는 측면이 있을 수 있기 때문이다. 온라인으로만 할 경우, 상호작용 기회가 부족해지는 것도 문제다. 이 때문에 토론의 성과가 크지 못할 수도 있다.

이외에도 학생들이 정보활용능력을 습득하도록 하려면 풀어야 할 여러 가지 과제가 있을 수 있다. 서울 동구로 초등학교 최수진

(35) 교사의 지적은 u-러닝 환경에서 학교의 지향해야 할 방향에 참고가 될 수 있다. 그녀는 미리 치밀한 수업 설계가 절실하다고 지적했다. 온라인에서 원활한 의사소통이 이뤄지려면 오프라인에서 교사와 학생 간의 유대관계 형성이 중요하다. 또한 일방적인 지식 전달이 아니라 실마리를 던져줌으로써 학생들이 찾아갈 수 있는 방법을 알려 주는 등 교사의 역할이 가장 중요하다. 학습자들이 과제나 임무를 기존의 학습보다 훨씬 무겁게 느낄 수 있다는 점을 감안해 대면 접촉에도 신경 써야 한다.[54)]

자기주도학습능력

경기 송림중 2학년 L군은 공부에 관한 한 'CEO(최고경영자)'다. 공부를 스스로 '경영'할 줄 안다는 의미다. L군은 자신의 현 상황(성적)을 분석해 취약 과목을 파악하고 이용 가능한 자원(교과서, 학원, 온라인 강의 등)을 적재적소에 활용함으로써 원하는 효과(성적 향상)를 이끌어낸다. 중학교 입학 후 줄곧 반 15등 안팎이던 L군은 올해 초부터 공부를 경영할 줄 알게 되면서 7개월 만에 반 5등으로 성적이 올랐다. 때론 시험성적이 떨어질 때도 있고 기대보다 오를 때도 있다. L군은 일희일비하지 않는다. 성적에 변화가 오면 L군은 '과학자가 되겠다'는 궁극의 목표 달성을 위한 '학습 로드맵'(중장기적 공부계획)을 수정하고 개선하는 기회로 삼는다. (……).[55)]

위의 사례에서 보듯이 자기주도적 학습이란 한 마디로 학생 스스로 학습의 주체가 되어 행하는 학습을 가리킨다.

이제 학생들은 평생을 배우면서 살아가기 위해서는 자기주도적으로 학습할 수 있는 능력을 지녀야 한다. 이미 알려진 것을 학습하는 것은 더 이상 현실적인 의미를 갖지 못하게 되었다. 새로운 지식을 끊임없이 효율적으로 학습하기 위해서 자기주도학습능력이 절실히 필요하다.

또한 원격교육은 물론이고 학습지원센터, 학점은행제 등등 새로이 개발되는 학습체제들은 학습자가 학습에 대해 적극적으로 참여하기를 요구하고 있다. 이들은 학습자가 수동적으로 학습하기 보다는 학습의 주도자가 될 것을 요구한다.

이러한 환경적 요인 이외에도 사람은 누구나 그 본성상 스스로 학습하려는 동기를 가진 존재라는 주장도 그 필요성을 뒷받침한다.[56] 자기주도학습이 바로 이러한 인간의 본성을 촉진시킬 수 있다는 것이다.

이러한 이유들을 볼 때, 학교는 체계적으로 자기주도학습능력을 키워줄 필요가 있다. 학생 스스로 자신의 학습요구에 따라 목표를 설정하고 적절한 전략을 선정한 후 이를 이행할 수 있는 능력을 배양해 주어야 한다. 아울러 학습결과를 평가할 수 있는 능력까지도 키워주어야 한다. 각 단계에서 이루어져야 할 활동 내용을 아래와 같이 요약해 볼 수 있다.[57]

먼저 학습욕구를 진단할 수 있는 능력을 키워주어야 한다. 학생들은 다양한 이유들을 가지고 학습 활동에 참여한다. 따라서 출발점 행동, 자기주도적 학습에 대한 일반적 능력 수준, 관련 지식과 기능의 습득 수준, 학습자의 사전 경험, 기대 등을 파악해야 한다.

그 이후에 학습 목표를 설정할 수 있도록 한다. 이 목표는 자신의 요구 분석을 통해 도출되는 것이다. 학습자의 요구나 능력에 따라 학습 목표가 다양할 수 있는데 교사는 각각의 학생들이 목표에 도달할 수 있도록 다양한 과정과 절차를 사용할 수 있어야 한다.

이어서 학습 과제를 계획하고 수행하는 데 도움이 되는 인적 물적 자원을 파악하도록 한다. 자기주도적 학습은 학습을 고립화시키는 것이 아니라 교사, 지도자, 자원 인사, 동료, 교재, 교육 기관 등 다양한 형태의 조력자들과의 협력 하에 이루어지는 활동이기 때문이다.

다음 단계는 적절한 학습전략을 선정하고 그 이행을 지도하는 일이다. 학습자의 요구는 광범위하고 학습내용도 다양하다. 따라서 여러 가지 학습 방법이 있을 수 있다. 이 단계에서는 목표 달성을 위한 학습 시간의 배당, 학습 순서의 계획, 학습 자원에 대한 접근 절차와 이용할 자료의 선정 등이 결정된다.

끝으로 학습결과를 평가할 수 있도록 해야 한다. 자기주도적 학습에서는 평가에 대한 책임도 학습자에게 있다. 이때 학습결과를 객관화하기 위한 측정 기준을 준비할 수 있어야 한다.

학생들로 하여금 자신의 학습과정을 주관하는 능력을 키워주기 위해서는 이에 적합한 수업방식이 필요하다. 탐구학습이나 문제해결형 학습이 좋다. 최근 활용되기 시작한 웹기반WBI:Web based instruction 프로젝트project 학습이나 블렌디드 러닝을 적용한 문제중심학습, 소집단 협동학습도 이용될 수 있다. 이 이외에도 학습기술 향상 집단

상담, 학습동기 훈련 프로그램, 학습습관 개선 프로그램 등이 보완적으로 활용할 수 있다.

이 가운데 웹기반 프로젝트 학습은 웹을 이용하여 학생이 학습 주제를 파악하고 자신의 선 경험을 바탕으로 학습내용을 스스로 계획하게 하며 의문점을 해결하는 협동학습 형태로 이루어진다. 웹을 프로젝트가 수행되는 과정에서 공동학습의 장으로 활용하는 것이다. 초등학교 2학년 학생을 대상으로 한 한 연구[58]는 웹기반 프로젝트 학습이 자기주도학습능력 신장에 기여했음을 실증적으로 확인시켜 주고 있다.

협동학습능력

정보통신기술의 발달은 모든 면에서 개인 맞춤형 문화가 일상화되도록 하는 데 기여했다. 『롱테일 경제학』의 저자 크리스 앤더슨Chris Anderson은 "디지털영상장치DVR:Digital Vedio Recorder가 만들어짐에 따라 시간이라는 요소의 제약이 사라졌다."고 말했다. 그는 "오늘날에도 사람들은 동일한 쇼를 보지만, 그들은 굳이 같은 날 밤이나 같은 시간에 쇼를 시청하지는 않는다. 또한 아직 보지 않은 쇼에 대한 기대와 놀라움을 없애 버릴지도 모를 다른 사람의 설명을 듣고 싶어 할 사람은 아무도 없다."고 달라진 사회상을 묘사했다.[59]

오늘날 학생들은 각자 자신의 스타일을 발견하고 찾아나가는 데 익숙하다. 학습에 있어서도 예외가 아니다. 원격교육 환경의 발달과 함께 개별 맞춤 학습에 대한 요구는 점점 커질 것이다.

그러나 개별화 학습을 통해 배울 수 없는 협동학습능력은 미래에는 중요한 능력이 될 수 있다. 특히 독립적이고 경쟁적인 개인주의가 팽배한 오늘날의 학생들에게 협동학습은 다른 학습자와 상호작용 활동을 할 수 있는 기회를 제공할 수 있다. 학생들이 문제를 해결하는 과정에서 자신과는 다른 방향으로 생각하는 다른 학생들의 생각을 만나면서 융통적인 사고를 기를 수 있다. 또 서로 다른 의견이 발생했을 때 조율하는 방법을 통해 다른 학생과 협력하는 방법도 배울 수 있다.[60)]

협동학습은 학습자들의 상호의존성과 자기주도적 학습능력을 강조하여 학업 성취를 증대하기 위한 방법이다. 학습자의 인지적인 면은 물론 정의적인 면에 영향을 주어 학업성취에 긍정적인 효과가 있는 것으로 평가되고 있다.[61)]

협동학습능력은 미래에 귀중한 자산이 될 수 있다. 같은 팀 내의 구성원들과의 협력을 통해 새로운 것을 습득하게 한다. 키스 소여Keith Sawyer는 그의 저서 『그룹 지니어스』에서 "협력이야말로 창의성의 한계를 뛰어넘는 비결"이라고 강조했다.[62)]

돈 탭스코트Don Tapscott와 앤서니 윌리엄스Anthony D. Williams도 그들의 저서 『위키노믹스』에서 오늘날과 같은 네트워크 시대에는 협동할 수 있는 능력이 성공의 기회를 만든다고 강조했다. 그들은 "네트워크 경제에서 소유권을 독점하는 지식은 진공상태를 만들어낸다."고 말했다. 그러나 "제대로 공유하고 협업하기만 한다면 공공재를 활용하는 흐름에 편승하여 큰 성공의 기회를 만들어낼 수 있

음이 계속 증명되고 있다."고 지적했다.[63)]

우리 학생들이 학교를 떠난 후에 만나게 될 세상은 이기적인 편협함보다는 협동능력을 높이 사는 세상일 것이다. 학교는 개별학습뿐 아니라 협동학습과 같은 다양한 학습경험을 학생들에게 제공할 수 있어야 한다. 협력이 가지는 엄청난 힘을 체험할 기회를 주어야 한다. 이는 상대방이 하는 이야기에 귀를 기울이고 서로 조언해가며 아이디어를 발전시켜가는 학습과정을 학습할 가능성을 높여줄 수 있다. 또한 우수한 학생이 부족한 학생을 돕는 과정을 체험하고 희생정신을 기를 수도 있다.

물론 협동학습에서는 교사의 감독이 없을 경우 수업이 산만해질 수 있다. 일부 우수한 학생에 의해서만 학습이 이루어 질 수도 있다. 또한 참여 정도에 상관없이 구성원들의 보상이 동일하게 주어질 수도 있다.

그러나 이러한 약점들은 지도 교사가 어떤 역할을 하느냐에 따라 극복될 수 있는 여지가 많다. 협동학습을 수행하기 위한 교사의 역할은 기존 수업에서의 역할과는 커다란 차이가 있다. 전통적인 강의식 수업에서 교사는 지식 · 정보 제공자로서의 역할을 한다. 그러나 이제는 학습의 조언자 또는 촉진자facilitator로서의 역할로 바뀌어야 할 것이다. 자기주도학습능력을 가진 능동적인 학습자와 안내자, 조력자, 촉진자로서 교사가 만나 수업을 진행하게 되는 것이다.

촉진자로서 교사는 학생 개개인이 가지고 있는 잠재력을 끌어내어 학습목표를 효과적으로 달성할 수 있도록 도와줄 수 있어야 한

다. 학생의 참여를 촉진시키고 풍부한 피드백을 제공하여 수업을 가치있는 활동으로 만들어가야 한다.[64)]

협동학습을 할 경우 교사는 기본적으로 내용에 대한 지식이나 교수 설계 기술을 갖추고 있어야 한다. 뿐만 아니라 상호작용 촉진, 팀활동, 적절한 피드백 제공 등의 역할을 맡아주어야 한다. 특히 원격교육 환경 속에서 협동학습을 할 경우 원격교육의 특징인 테크놀로지를 활용할 수 있어야 한다. 교사가 이러한 역할을 얼마나 잘 할 수 있느냐에 따라 학생의 참여도와 상호작용의 질도 달라질 수 있다.[65)]

교사가 촉진자로서 역할을 원활히 수행하기 위해서는 필수적으로 요구되는 능력을 갖출 필요가 있다. (주)나우에이치알디그룹의 운영자인 정혜선은 최근 저서에서 촉진자가 갖추어야 할 8가지 필수 능력을 다음과 같이 제시하고 있다.[66)]

- 신뢰감 : 학습자들에게 자연스럽게 권위를 세우고 조절능력 행사
- 경청 · 종합능력 : 발언한 내용 이면의 사고와 느낌까지도 파악하여 주제와 접목
- 직관력 : 직접적인 의사표시 및 제스처를 통한 간접적인 의사소통도 감지
- 표현력 : 자신의 사고와 의견을 간결하고 분명하게 표현
- 시간 조정력 : 의도한 목표를 제 시간에 달성할 수 있도록 조정
- 조직적 사고 : 구조적으로 정보를 수용, 소화한 후 체계적으로 발표

• 중립적 · 객관적 사고 : 퍼실리테이터 자신의 의견을 배제하고 객관적 입장 유지
• 열린 마음과 수용적 태도 : 그룹의 발전을 위해 비평과 관찰을 수용하여 자신을 있는 그대로 드러냄

학교가 학생들의 다양한 개인차를 인정하고 개별화된 교수학습이 가능한 수업방식을 채택하는 것은 바람직한 일이다. 최대한 세분화시킨 교육 자료가 준비되고, 학생 자신의 학습능력에 따라 건너뛰거나 되돌아와 반복 학습이 가능하도록 해 줄 필요도 있다. 학생들이 시간적 제약을 받지 않고 자기 스타일로 학습할 수 있도록 해주어야 한다.

그러나 협력의 시대다. 극단적인 개인주의의 팽배에 대한 우려가 있다. 학교교육의 목표가운데 하나로 볼 수 있는 '구성원 간의 사회적 기술의 개발'도 미래 학교의 중요한 과제다. 이질적인 구성원간의 긍정적 상호작용을 최대화하여 학습목표를 달성할 수 있는 협동학습능력도 절실한 때다.

19장

전문성

세계가 전문성을 향해 달려가고 있다. 개인은 학습을 통해 전문성을 키우기 위해 죽기 살기로 매달리고 있다. 남과 자신을 구별 짓는 차별성을 자신이 가진 전문성에서 발견하고자 한다. 조직들은 조직들대로 전문적인 능력을 가진 인재를 찾느라 부산하다. 과거와는 달리 어떤 형태든 전문성을 갖고 있지 않으면 일자리를 갖기가 점점 어려워지고 있다.

드러커는 21세기는 전문적인 지식을 갖춘 지식 노동자가 지배하는 사회가 될 것이라고 했다.[67] 그는 앞으로의 공동체는 고도로 전문화된 지식을 갖춘 사람들로 구성될 것이며, 이들은 각자의 전문 분야를 통해 자신의 정체성을 확인하게 될 것이라고 예견했다. 지식 노동자들은 자신이 몸담고 일하는 조직이 자신의 정체성을 보여줄 것으로 생각하지 않을 것이라는 것이다. 그는 다음과 같은 예를 들어 설명하고 있다.

"미국의 경우, 1950년대와 1960년대까지는 파티에서 어떤 사람을 만나 직업이 무엇이냐고 물으면, '제너럴 일렉트릭에 다닙니다.' 혹은 '시티 은행에 다니지요.'라는 대답을 들을 수 있었다. (……) 하지만 오늘날의 미국은 다르다. 미국에서 누군가가 파티에서 만난 사람에게 '직업이 무엇입니까?'라고 물으면, 아마도 '나는 금속 기술자입니다.' 또는 '나는 소프트웨어 디자이너입니다.'라는 대답을 들을 수 있을 것이다.68)

미래학자 토플러도 후기 산업 사회를 '전문성의 고도화 시대'라고 말했다. 산업이 발달되면 될수록 직업은 더욱 분화되고 거기에 따라서 직업이 요구하는 지식과 기술 역시 보다 세분화되고 전문화된다. 이에 따라 전문화된 직업이 요청하는 전문적 지식과 기술이 없이는 직책을 수행할 수 없게 되었다. 어떤 종류의 직업에 종사하기 위해서는 그 직업이 요구하는 특수한 전문적 지식과 기술의 습득을 위한 교육과 훈련을 받지 않으면 안 된다.69)

그렇다면 조직들이 전문성으로 무장한 인재를 선호하는 이유는 무엇일까? 맥킨지의 유명한 컨설턴트들이었던 에드 마이클스Ed Michaels 등은 "가장 재능 있는 지식노동자가 창출할 수 있는 차별적인 가치different value가 엄청나기 때문"이라고 설명한다. 예를 들어, "최고의 소프트웨어 개발자는 평균적인 개발자에 비해 열 배나 많은 코드를 쓸 수 있고, 그들의 생산품은 다섯 배나 많은 수익을 가져온다." 그들은 지식 사회화가 진행될수록 최고의 재능을 가진 사람들의 차등적인 가치는 계속 커질 것이라고 예측했다.[70]

각 조직들은 또한 구성원들이 지닌 지식이나 전문성이 가장 귀중한 재산이라는 것을 깨닫기 시작했다. 경쟁이 격화되고 있으며, 기술은 급속히 발전하고 있다. 고객의 취향은 점차 다양화되어 가고 있다. 이러한 상황은 조직들로 하여금 유연성과 신속한 적응력을 갖출 것을 요구하고 있다.[71] 전문성을 지닌 인재가 그 해결사가 될 수 있다는 신념이 확산되고 있다.

교육 분야도 예외가 아니다. 전문성 수준 높이기 경쟁은 이미 시작되었다. 학교 조직과 교사 개인은 전문적 지식을 갖출 것을 요구받고 있다. 높은 수준의 전문성을 가진 교사들과 이들로 채워진 학교가 사회의 미래를 이끌고 갈 것으로 기대되고 있다.

이와 함께 전세계적으로 학교단위책임경영제도와 같은 분권화 추세도 확산되고 있다. 학교 경영권한이 단위 학교로 넘어오고 있는 중이다. 관리자는 물론 교사들에게도 학교를 경영할 수 있는 전문성이 요구되고 있다. 분권화를 위한 시도가 그 의미를 찾으려면 학교경영을 이해하고 운영할 수 있는 능력이 뒷받침되어야 한다.

학교 수준에서 전문성이 약할 때 문제가 된다. 분권화 하지 않고 종래의 중앙집권적이고 획일적인 교육을 하는 것만 못하게 된다. 교육과정과 인사권, 재정권이 학교로 넘어오면 교사와 교장은 전문 교육과정 운영자가 되고 전문 경영인이 되어야 한다.[72]

이제는 학교 조직도 우수한 인재로 채워질 필요가 있다. 학교 자체의 전문성을 높이기 위한 방안의 하나로 교사 개개인의 전문성 개발이 중요하다. 이를 위한 조직 차원의 지원이 필요하다. 잘 가르치는 학교가 되려면 가르치는 당사자인 교사의 전문성 수준을 높이는 것이 가장 확실한 투자다.

그러나 교사의 전문성이 학습을 통해 개발되도록 하는 것만으로는 부족하다. 개발된 교사의 전문성이 최대한 발휘될 수 있는 환경을 조성하는 일도 필요하다. 이른바 전문성을 지향하는 조직을 만들어가야 한다. 잘 가르칠 수 있도록 조직 경영을 할 때 교사는 직접적인 당사자가 된다. 교사들의 전문성의 합이 곧 학교 조직의 전문성이 될 수 있도록 해야 한다. 자신의 전문적 지식과 기술을 발휘하고 싶어하는 교사에게 기회를 주어야 한다.

교사도 개인으로서 그리고 조직의 구성원으로서 환경 변화에 맞추어 전문성을 확보하기 위해 노력을 기울여야 한다. 누구나 손쉽게 적은 노력을 기울여 어떤 일을 할 수 있다면 그 일은 더 이상 전문가가 할 일이 아니다. 수준 높은 전문성을 쌓아가는 일이란 장기간의 투자와 많은 노력을 필요로 할 것이다. 그렇기 때문에 쉽게 얻을 수 없는 전문성이 확보되는 것이다.

전문성은 또한 살아 움직이는 개념이다. 굳어져있는 것이 아니라 쉬지 않고 변한다. 전문성을 지키기 위해 교사들은 끊임없이 자기발전을 도모해야 한다. 전문성은 스스로 확보해가는 것이지만 인정은 남이 해준다. 오직 고도의 전문성을 지녔을 때 학생들에게 인정받는 전문가가 될 수 있을 것이다.

다만, 전문성이 지나치게 강조되면 통합적 사고를 하지 못할 수 있다. 진정한 전문성이란 지식을 파편화하는 전문성이 아니다. 로

저 마틴Roger Martin의 우려처럼 전문화는 거대한 캔버스의 일부분을 제외한 나머지 부분을 철저히 가림으로써 깊이와 완전함을 보존하려하는 완고한 시도가 되어서는 안 된다.[73]

전문성이 복잡한 교육 현실로부터 벗어나기 위한 도피처가 되어서도 안 된다. 혼란스러운 환경 속에서 자신의 영역만을 부여잡고 있어서는 곤란하다. 닥친 상황을 같이 헤쳐 나가는 통합적인 노력을 게을리 하는 우를 범해서는 안 된다. 전문성과 통합적 사고가 결합되지 못한다면 이는 한마디로 불완전한 전문성이다.

전문성 지향 조직

학교 조직은 교육이라는 특정한 과업을 수행하기 위해 만들어진 전문적 성격의 조직이다. 그럼에도 불구하고 그 과업을 효율적으로 달성하려다 보니 관료제를 채택할 수밖에 없었다. 그러나 지나친 관료화로 인해 조직은 경직되어 버렸다.[74]

효율적인 조직 운영의 필요성 때문에 고유 특성인 전문성이 사그라지도록 더 이상 방치할 수는 없다. 더구나 전문성을 확보하지 못하면 개인이든 조직이든 설 자리를 잃어버릴 수 있는 사회상황이 앞에 있다. 전문성이라는 본질을 회복하려는 분투가 필요하다.

토플러가 말한 대로 '전문성의 고도화 시대'다.[75] 수준 높은 전문성만이 인정받을 수 있다. 따라서 학교가 전문성을 키울 때는 초점이 필요하다. 신뢰성 높은 자료의 수집과 면밀한 비교 분석을 통해 비교우위가 있는 분야를 찾아내는 것에서 시작되어야 한다. 조직이 지닌 핵심역량을 파악한 후 이곳에 가용 자원을 집중 투자해야 한다. 특정 분야를 집중적으로 파고들어야 한다. 전략적으로 선택된 분야에서 최고의 경쟁력을 갖추는 방향으로 나아가야 하는 것이다.

다른 상품과 차별화될 수 있는 상품을 개발하여 수요를 창출하는 일은 말처럼 쉬운 일은 아니다. 특정 부문에서 최고의 경쟁력을 바탕으로 할 때 비로소 가능하다. 이에는 소비자의 욕구에 대한 안목을 실현시킬 수 있는 마케팅적 사고가 뒷받침되어야 한다. '우리 학교만이 학생들에게 제공할 수 있는 가치는 무엇인가?'와 '이 가치가 학생과 학부모, 경쟁자로 상정되는 타 학교들 그리고 관계 기관들에게는 얼마나 매력적으로 비쳐지는가?'라는 질문으로부터 전문성 지향의 논의가 시작되어야 한다. 모든 면에서 월등히 뛰어난 학교를 만들려는 시도는 하나의 환상일 뿐이다.

그럼에도 불구하고 전문성을 지향하는 학교 조직이 공통적으로 해야 할 과제가 있다. 전문성을 지닌 인재를 소중히 여기고 그들의 자율성을 보장할 필요가 있다. 그들의 전문성이 사회의 미래를 보장해 줄 수 있기 때문이다. 각 구성원이 가진 전문성을 통합하기 위한 전략적 노력도 필요하다. 균형잡힌 전문성을 확보하기 위해서다.

학교가 어렵사리 확보한 전문성의 가치는 공공성이 강조될 때 더 빛날 수 있다. 학교가 가지고 있는 지식을 조직 자체의 존립은 물론 사회 전반의 발전을 위해 활용될 수 있어야 한다.

인재 존중

피터스는 『톰 피터스 에센셜 : 인재』에서 "인재를 찾으라 · 인재를 개발하라 · 인재를 잡고 놓지 마라."고 주문했다.[76] 에드 마이클스Ed Michaels 등도 그들의 저서 『인재 전쟁』에서 "뛰어난 인재관리가 경쟁우위의 필수적인 원천이 되고 있다."고 강조했다. 그들은 "인재를 유인하고, 개발하고, 약동하게 하고, 보유하는 일"에 뛰어들도록 조직들에게 조언하고 있다. 이를 통해 중요하고 희소한 자원을 얻을 수 있을 것이고 이를 통해 성과를 극적으로 증대시킬 수 있을 것이라고 장담하고 있다.[77]

학교 조직도 예외가 될 수 없다. 전문가의 시대다. 학교는 인재를 아낄 줄 알아야 한다. 학교 조직은 경쟁과는 무관한 조직 가운데 하나로 인정받았었다. 그러나 전세계적인 교육경쟁력 강화 추세는 학교 조직에 경쟁 원리를 도입하기 시작했다. 경쟁의 시대에 학교가 살아남는 길은 전문성을 키우는 것이다. 이는 전문성을 가진 인재를 영입하거나 양성하는 일로부터 시작된다.

그 동안 신분의 안정성을 이점으로 생각했던 교직에도 서서히 변화 조짐이 보이고 있다. 고용의 유연성이 강조되기 시작했다. 외부 전문가가 교단에 설 수 있도록 하는 개방체제를 채택하기 시작하고 있다. 이러한 변화는 학교에 있던 전문가가 학교를 떠날 수 있는 기회가 늘어나는 것을 의미할 수도 있다. 학교는 확보한 전문가를 대우하고 관리해야 한다. 그렇지 않으면 그는 떠나버릴 것이고 학교가 가진 전문성은 결국 약화될 것이다.

조직의 경쟁력이 구성원이 보유한 전문성에 의존하게 되면서 조직의 권위는 점점 힘을 잃어 갈 것이다. 과거에는 조직이 인재를 선별할 수 있었다. 피고용인들은 힘이 없었다. 그러나 오늘날은 상황이 달라졌다. 힘의 균형은 재능있는 사람들에게로 옮겨졌다. 그 어느 때보다도, 재능 있는 개인은 그들의 직장생활에 대한 기대치를 단계적으로 증가시킬 수 있는 협상력을 가지게 되었다.[78]

언제라도 인재는 떠날 수 있다. 미래에 전문성을 가진 인재에게 중요한 것은 충성심을 발휘할 수 있는 조직이 아니다. 자신의 정체성을 확인할 수 있는 기회다. 자신의 개별적인 특성을 강조할 수 있는 전문 분야다.[79]

자율성과 전문성

오늘날 대부분의 전문직은 범접하기 힘든 고도의 전문성을 바탕으로 폭넓은 자율성을 유지하고 있다. 전문성의 고양을 통해 다른 학교들과 차별적인 조직 가치를 확보하기 위해서는 자율성의 보장은 필수적이다. 특히, 상황이나 부서별 특성을 무시한 일률적인 업무지침이나 규정은 전문성 키우기에 최대의 걸림돌가운데 하나다.

각 상황에 맞추어 그때그때 가장 효율적인 선택을 할 수 있도록 하는 자율성은 전문성 제고에 큰 기여를 할 수 있다. 각자의 맡은 분야에서 생산성이 최고가 될 수 있도록 그 수단을 선택할 수 있는 권리가 보장되어야 한다. 동시에 권리에 따르는 책임을 부담할 수 있어야 한다. 학교교육의 실제에 대한 건전한 책임의식과 윤리로 무장하여 교수 · 학습의 질을 스스로 개선하려는 노력이 다른 무엇보다도 우선시 될 때 전문성은 확보될 수 있다.[80)]

이렇게 키워진 교사의 전문성은 다시 자율성을 키울 수 있는 선순환 구조를 형성할 수 있다. 고려대 교육학과 교수인 권대봉과 신현석은 공교육 정상화 방안의 하나로 교원들의 전문성 제고를 들었다. 그들은 교직이 고도의 전문성을 바탕으로 폭넓은 자율성을 확보하려면 전문성 향상을 위한 자기반성과 각고의 노력이 필요하다고 강조했다. 이러한 전문성의 제고야말로 자율성을 스스로 획득할 수 있는 지름길이며, 학교와 교원의 책무성은 보장될 수 있다.[81)]

한편 확보된 전문적인 지식은 학교경영의 자율성을 증진시킬 수 있다. 일부 국가에서는 학교경영에 교육관련 당사자들이 실질적으로 참여해 도움을 줄 수 있도록 하고 있다. 이를 위해 교직원, 학부모, 지역사회인사 등 주요 구성원들에게 학교운영에 따른 전문적 지식이나 기술에 대한 상담과 지원 등을 강화하고 있다. 학교의 효율적 운영을 위해 교육활동영역과 비교육영역을 구분해 전문성에 기초한 분업화를 지향하고 있는 것이다.[82)]

이는 또한 교육경쟁력을 키우고 싶어 하는 정부의 방향과도 일치될 수 있다. 단위 학교경영에 자율성을 보장해 학교 조직의 전문성을 키우는 것이 결국은 국가의 교육경쟁력이 되기 때문이다.

전문성의 통합

다양한 욕구를 수용할 수 있게 되는 데에서 벤처기업의 존재의의를 찾을 수 있다. 이는 각자 전문적인 분야를 키워가는 벤처기업들이 모여서 함께 해결하는 과제다. 기업별로 선택한 분야에만 집중 투자해 전문성을 확보하는 시스템은 일견 폐쇄적으로 보인다. 각 조직이 가진 전문 분야의 높은 벽을 넘어서 동시에 여러 분야에서 우위를 점할 수 없는 구조다. 이러한 구조는 다른 분야와의 단절을 의미할 수도 있기 때문이다.

그러나 사회 전체적으로는 개방적인 것이다. 사회 차원에서는 전문 분야의 수평적 분업체제를 통해 그 사회가 목표로 하는 전문성을 키울 수 있다. 이러한 개방성은 각 분야를 전문적으로 맡아주는 개인 또는 조직들의 집합체인 보다 큰 사회가 가장 효율적으로 움직일 수 있도록 해 준다. 이러한 과정을 통해 사회 구성원 모두가 삶의 질을 높일 수 있는 편익을 얻게 된다. 사회 전체적으로는 부가가치를 증대시킬 수 있게 되는 것이다.

분권화 · 전문화 사회로 이행하면서 잘게 쪼개진 업무를 전문적으로 수행할 수 있는 인력에 대한 수요가 많아질 것이다. 근로의 형태도 기존의 틀에서 벗어나 다양한 모습을 지니게 될 것이다. 이에 대응하기 위해 여러 가지 해법들이 제시되고 있다. 한국경영과학회 산하 MIS연구회 김상국 회장의 충고는 그 지향점을 잡는 데 큰 도움을 줄 수 있다. 그는 “과거에는 기업마다 한 명의 ‘큰 에디슨’이 필요했다. IBM의 왓슨, 포드의 포드1세, 뒤퐁의 뒤퐁, 혼다의 혼다 소이치로 등이 그 예다. 그러나 이제는 기업마다 1백 명의 ‘작은 에디슨'이 필요하다."고 말했다.83) 지속적인 전문성 개발의 필요성과 함께 복잡해진 기술체계를 한사람이 모두 커버할 수는 없다. 여러 명의 전문가가 필요하다는 것이다. 앞으로는 규모의 경제성보다는 변화에 민첩하게 대응할 수 있는 작은 조직들에 힘을 실어주어야 한다.

학교에서도 개별적 전문화 전략이 필요하다. 교사들이 특정 업무나 교과목에 파고들어 집중할 수 있도록 지원함으로써 이를 집결시키는 전략이다. 이와 함께 학교차원에서 특성화시키고자 하는 전문 분야를 미리 선정할 필요가 있다. 선정된 분야를 교사 개인이 추구하는 개별적 전문화의 성과물과 접목시켜야 한다. 각 교사가 특정 지식을 공유하고 조직 전체의 전문성을 고양시키기 위해 각자의 전문성을 통합시키는 노력을 해야 한다. 이를 위해 일반 행정 업무 담당자별로 보유한 노하우와 각 교사가 보유한 교과관련 전문능력을 조직 차원에서 발휘하도록 기회가 마련되어야 한다.

조직의 균형잡힌 전문성 제고를 위해서는 구성원들의 조직 목표 공유가 필요하다. 즉, 조직의 설립 목표가 공유된 상태에서 각자의 전문성이 발휘되도록 해야 할 것이다. 조직의 목표는 바로 전문성을 결집시키는 지향점이기 때문이다. 목표가 공유되지 않을 때 무엇이 가치 있는 행동인가에 대한 판단에 어려움을 겪게 된다. 개인별로 가지고 있는 가치 평가기준이 다를 수 있다. 이로 인해 전문성의 결합을 통한 조직 전체의 목표 달성이 힘들어지기도 한다. 학생들에게 정보를 전달할 때, 조직 목표가 공유되지 않은 상태에서 교사 각자의 전문성만을 내세운다면 학생들은 전문성 제고의 희생자가 될 수 있다.

아울러 지식공유 네트워크를 통한 커뮤니케이션communication의 활성화 역시 필요하다. 각자의 영역이 전문화되어 가면서 일어날 수 있는 문제점으로 조직 내 단절이 우려된다. 각자의 맡은 분야가 수평적으로 분업된 경우 공통 관심사를 찾기가 어려울 수 있다. 자유스럽게 각자의 어려움이나 아이디어를 교환할 수 있는 기회를 만들어야 한다. 이는 조직 구성원들 간의 공유 지식을 늘리고 조직 갈등을 해소시켜 전문성을 보완해 줄 수 있다.

지식 공헌자

국민은행은 최근 한국와이엠시에이와 함께 '청소년경제교육센터'를 설립해 금융교육 콘텐츠와 교육비용을 지원하고 있다. 교육센터는 실제 은행 창구 형태로 꾸며져 학생들이 직접 돈거래를 하면서 돈의 흐름을 익힐 수 있도록 한다. 하나은행도 전국 지점별로 인근 초등학교의 요청을 받아 방문 교육을 실시하고 있다. 지이코리아 조병렬 홍보이사는 "기업이 갖고 있는 고유의 경영 노하우와 전문지식을 고객이나 사회와 공유하는 활동은 필요한 사람들에게는 경제적 지원이나 단순한 사회봉사보다 더욱 도움이 된다."며 "기업의 지식공헌 활동은 더욱 늘어날 것"이라고 내다봤다.[84)]

주니어 과학교실은 LG전자 임직원이 사업장 주변의 초 · 중학교, 사회복지시설을 방문해 학생들에게 과학 원리에 대해 설명하는 프로그램이다. 이 활동은 특히 LG전자 연구 · 개발 연구원이 교육프로그램을 수료하고 직접 1일 과학 강사로 자원해 참여하고 있다. 2005년부터 2007년까지 2,000여 명의 학생들이 과학 체험 기회를 가졌으며 2008년에는 1,200명의 학생에게 참여 기회가 주어진다.[85)]

일본 요코하마현에 있는 중소기업 이시이조원은 회사가 갖고 있는 지식이나 자산을 지역민들에게 나눠주면서 기업 이미지 개선 효과는 물론 직원들의 사기도 높이고 있다. 가로수 정비 및 개인 주택 정원관리를 하는 이 업체는 직원 수가 8명, 연매출이 2억 엔에 불과하다. 그렇지만 사회책임경영 활동은 그 어느 회사보다도 적극적이다. 이 회사의 이시이 나오키 사장은 지난 6월 젠부소학교에서 숲에서 조심해야 할 독초와 식물의 성장 과정 등에 대한 강의를 했다.[86)]

위의 사례들은 회사들이 가지고 있는 전문 지식이나 노하우를 사회에 기부하는 기업들의 사회 공헌 활동의 사례들이다. 그 동안 기업들은 사회적 책임을 인식하고 사회 공헌 활동에 힘을 기울여 왔다. 이미지 개선은 물론 구성원들의 자부심까지 키워 주는 성과를 거두고 있다.

학교 조직도 고유한 전문성을 무기로 존속하려면 지식 공헌자로 나서야 할 때가 되었다. 학교가 보유하고 있는 기술, 지식, 인적 자산, 인프라 등을 사회와 적극적으로 나눌 필요가 있다.

이는 무엇보다도 학생들을 교육하는 데 더 없이 좋은 방법이다. '나눔'의 의미를 체험할 수 있는 기회를 갖게 된다. 또한 전문성이 사회적으로 재생산되어 사회 발전에 기여할 수 있도록 한다. 과거의 단순한 봉사활동 차원을 뛰어 넘는다.

이는 학교가 자리하고 있는 지역사회로부터 받은 혜택을 되돌려 주기 위한 방법이 될 수 있다. 학교는 전문성을 보여주어 학교가 전문성을 기초로 하고 있다는 것을 홍보할 수 있는 기회로도 활용할 수 있다. 이와 함께 이러한 기회는 학교 조직의 전문성의 질을 높이기 위한 노력에도 자극을 줄 수 있다. 또 기대하기는 교사들이 가진 이론적 지식이 현장 경험을 통해 살아있는 실용지식으로 재탄생할 수도 있다.

학교가 보유하고 있는 전문성의 수준이 걸림돌이 될 수 있다. 분야 별로 상대적으로 높거나 낮을 수 있다. 이때 정부와 지역사회, 대학 등과의 긴밀한 협조를 통해서 문제를 해결할 수 있을 것이다. 문제는 학교가 전문성을 나누고 싶어하는 의지를 얼마나 가지고 있느냐에 달려 있다.

변화 지향

"5분의 1 곱하기 4분의 1은?" 미국 워싱턴 시내 비영리 교육기관인 '더 나은 가르침을 위한 센터Center for Inspired Teaching'. 둥글게 모여 앉은 초등학교 교사 25명에게 강사가 질문을 던졌다. 1초도 안 돼 다들 "20분의 1"이라고 대답하자 강사가 다시 질문한다. "어떻게들 계산하셨죠?", "분자끼리, 분모끼리 곱하면 되죠.", "그건 누구나 외우라고 교육받아온 공식인데, 그럼 선생님들, 왜 그렇게 곱하면 되는지 설명해 주시겠어요?" 교사들의 얼굴이 심각해진다. 짧게는 2

년, 길게는 15년의 교단 경력을 가진 교사들은 분수 계산의 원리를 쉽게 설명할 방법을 찾기 위해 머리를 싸매고 토론에 들어갔다. (……) 교사 20명이 스스로 분자가 되어 일어났다 앉았다 반복해 보기도 한다. 아이들에게 단지 공식을 외우라고 가르치는 게 아니라 원리를 이해할 수 있도록 가르치기 위해 아이들의 눈높이에서 고민하는 것이다. 1년 내내 이 센터에선 교사들을 위한 교육이 끊이지 않는다. 방과 후나 주말을 이용한 워크숍에서부터 방학 중의 집중 강의 등 다양한 프로그램을 거쳐 간 교사가 5,000여 명에 달한다.[87)]

전문성에 의존하는 조직으로 갈 때 학교 조직은 존속할 수 있다. 마찬가지로 교사 개인도 자신이 가지고 있는 전문성의 질을 인정받을 때 학교 조직에 기여하는 구성원이 될 수 있다. 위의 예는 전문성을 키우기 위한 교사들의 분투가 느껴지는 단편이다.

사회 전반에 전문화가 확산되고 있다. 학교 조직도 전문성을 지향해야만 살아남을 수 있을 것 같다. 이러한 분위기는 교사 개인에게 기대되는 전문성의 수준을 지속적으로 끌어 올리고 있다.

전문성이 강하게 요구되는 가장 큰 이유는 변화에 대한 대응의 필요성이다. 좀 더 구체적으로 이유를 살펴보면 세 가지 정도로 요약할 수 있다.[88)]

먼저, 지식의 양적 증가가 그 이유다. 지식의 생산 주기가 빨라지면서 지식의 내구 연한이 짧아지고, 양이 폭발적으로 늘어나고 있다. 따라서 종래의 교수 · 학습방법을 적용할 수 없을 뿐만 아니라 학생들의 요구에 대응할 수 없게 되었다. 다양한 교수 매체를 활용하고 수업에 적용할 수 있는 전문적 소양과 능력이 필요하게 된 것이다.

또한 지식 영역의 다양성이다. 정보화 사회에서 폭발적으로 늘어나는 지식을 모두 수용할 수가 없다. 그렇다고 단순한 지식을 전달하는 것만으로 학습의 효과를 기대할 수는 없다. 이 상황에는 교사는 학생들에게 다양한 지식을 어떻게 효과적으로 선정하고 필요로 하는 지식을 습득하는 가를 안내하고 가르칠 수 있는 기술이 필요한 것이다.

끝으로, 교육업무가 다양화되는 데 따른 것이다. 교사가 가지고 있는 지식을 전달하기 전에 학생들의 학업성취도, 준비도, 수용력을 고려하고 학생들의 다양한 능력을 향상시켜줄 수 있는 지도 능력이 요구되고 있다.

미래 교육전문가

교사가 가진 전문성의 핵심은 학생들이 미래를 살아가는 데 필요한 소양을 키워줄 수 있는 능력일 것이다. 전통적으로 제시되는 교사의 전문성은 지식을 전달하는 능력, 인간 발달을 촉구하고 조성하는 능력, 아울러 학교 조직이 유지 · 발전해 가는 데 필요한 학교 경영업무를 수행하는 능력이었다.[89]

그러나 여기에 학생이 미래를 대비할 수 있도록 지도하는 능력이 추가될 필요가 있다. 학생들은 각자의 분야에서 전문적인 일을 수행하게 될 것이다. 교과수업 전문가로서 또한 생활지도와 상담 전문가로서의 역할을 훌륭히 수행해야 한다. 하지만 이에 그쳐서는 안 되며 미래의 인재가 갖추어야 할 능력의 기준을 파악하고 이를 신장시켜 나가는 데 초점을 두어야 할 것이다.

예를 들어, 과거에 교사는 1차적으로 정보의 제공자로 여겨졌다. 그러나 앞으로 학생들은 인터넷이나 다른 정보원을 통하여 교사만큼 또는 그 이상의 정보를 접할 수 있다. 이는 교사들이 학생들의 학습을 통합하고, 학생들의 정보를 지식으로, 지식을 지혜로 전환하도록 돕는 보다 높은 전문성을 지녀야 함을 뜻한다.[90]

미래 인재의 모델

교사는 학생들의 가치나 태도 형성의 모델이 될 수 있어야 한다. 미래를 살아갈 학생들에게 전문성을 갖추어 나가는 미래의 인재로서 모범을 보여주어야 한다.

미래에는 변화할 줄 아는 능력의 개발이 더욱 중요한 삶의 과제가 될 것이다. 변화의 시대에 전문적인 일을 수행하는 사람들에게 있어 가장 시급한 문제 중 하나는 어떻게 전문성을 지속적으로 신장시킬 것이냐의 문제다.[91]

이러한 과제와 관련하여 새로운 지식이나 기술을 쉼 없이 받아들여 변화할 수 있는 능력을 갖추어 가는 모습을 보여주는 일이 필요하다. 더 나아가 교사는 지적 호기심과 전문성을 바탕으로 하여 새로운 지식을 생산해가는 탐구의 문화가 조직 내에 자리 잡도록 해야 한다. 단순한 주입식 교육을 벗어나기 위해 끊임없이 새로운 교수 방법을 연구하는 교사의 모습은 학생들의 지적 호기심을 자극하기에 충분하다.

이와 함께 교사는 사회화의 모델로서 조력자의 역할을 수행해야 한다. 즉, 사회와 관련된 공공의 역할들을 담당해야 한다. 직접적인 교수행위 이외에도 사회의 규범과 가치의 전달자로서, 교육을 통한 사회평등의 기회를 배분하는 사람으로서, 직업적인 자명성을 인식하는 사람으로서 학생들 앞에 설 수 있어야 한다. 아울러 외부의 자극과 충고를 적극적으로 수용하고 포용할 수 있어야 한다.[92)]

변화 지향적 리더

관동대 행정학과 최창현 교수는 그의 저서 『복잡계로 바라본 조직관리』에서 "종전의 확신은 오늘날 관리자들이 직면한 예측 불가능한 미래의 일에는 쓸모가 없다."고 말했다. 그는 또 "표준지도나 전통적인 항해 원칙의 문제점은 다른 사람이 항해한 길을 따라갈 경우에만 강요될 수 있다. 즉 이는 오로지 예측 가능한 미래를 관리하는 데만 사용될 수 있다."고도 말했다.[93)] 다시 말해서 예측할 수 없는 미래를 대비할 때 기존의 신념이나 틀은 유용한 대안이 아닐 수도 있다는 것이다.

자꾸 새로워지는 여건에 적응하기 위해 몸을 추스르고 있는 학교 조직에게는 이미 확인받은 과거의 틀은 너무나 귀중한 보물처럼 보일 수도 있다. 조직을 최종적으로 책임져야 하는 관리자에게는 더욱 그럴 것이다. 마치 가보지 않은 길을 안내해야 하는 길잡이에게 표준지도가 너무나 큰 의미로 다가오듯이.

그러나 학교가 처한 사회 및 경제적 환경은 빠르게 변하고 있다. 학부모들의 기대와 요구가 증가하고 있고 교육의 민주화와 분권화로 자율성이 증대되고 있다. 이런 환경은 관리자에게 학교 발전을 추구하고 미래에 대한 교육적 비전을 제시하는 역할을 요구하고 있다.[94] 한 조직의 관리자로서 새로운 변화와 도전에 대응할 수 있는 전문적 능력을 보여줄 것을 기대하고 있다.

이 시점에서 관리자를 구원해 줄 대안은 변화를 지향하는 리더십이다. 그러나 전문성 없는 리더십은 경계 대상이다. 과거가 주는 감이나 경험만으로는 주변의 기대를 충족시킬 수 없을 것이다.

변화를 지향하는 리더십의 요체는 교사들이 최고의 노력을 발휘하도록 자극을 주는 동기부여에 있다. 이를 통해 보다 높은 수준의 목적을 달성하도록 하는 변혁적 리더십transformational leadership을 가리킨다.[95]

이를 수행하기 위해 관리자는 학교 조직의 주어진 목표의 중요성과 의미에 대한 교사들의 인식 수준을 제고시켜야 한다. 또한 교사들이 개인의 이익을 초월하여 조직 전체의 이익을 위하여 역할 수행을 하게 만들 수 있어야 한다.[96]

이를 위한 여러 가지 방법들이 제안되고 있다. 예컨대, 경영학에는 내부 마케팅internal marketing이론도 있다. 반살Bansal 등은 직무의 안정성, 교육훈련, 관대한 보상, 정보공유, 권한위임, 직급 간 차별 축소 등 여섯 가지 활동을 제시하기도 했다. 이러한 활동은 조직 구성원의 충성도, 직무만족, 경영자 신뢰에 영향을 주게 된다. 이는 결국 외부 고객을 위한 역할 외 행동으로 이어지고 마침내 외부 고객 만족과 외부 고객의 충성도에 영향을 미친다는 모형을 제시했다.[97)]

한편 변혁적 리더십을 전통적 리더십이라 할 수 있는 거래적 리더십과 상반된 개념으로 설정하기도 한다. 거래적 리더십은 구성원들과의 보상 또는 교환의 관계에 있다. 리더는 그들에게 요구사항을 제시하고 그 요구를 완성하면 리더는 구성원들에게 인정, 보수 인상 및 승진을 약속함으로써 과업을 수행하게 된다. 이에 반해 변혁적 리더십은 물질적 보상과 같은 거래적 관계를 초월하는 학교 분위기, 조직 문화, 상징, 비전 등의 사회 정서적 현상을 이용하여 교사들을 목표에 헌신하도록 하는 방법을 제안한다.[98)]

변화를 지향하는 리더십의 방법론에 관한 논의는 매우 많고 참고 문헌도 즐비하다. 그러나 문제는 관리자의 의지다. 얼마나 계획성 있고 치밀한 전문성을 갖추고 있느냐에 달려 있다. 다른 학교의 혁신 논리를 그대로 가져오거나 다른 관리자가 하는 실행사항을 단순히 모방해서는 성공할 수 없다. 그 필요성에 대한 인식과 조직에 대한 이해 및 외부 여건에 대한 안목이 필요하며 이와 함께 수준 높은 전문성이 뒷받침되어야 한다.

역할 지각

전문가로서 교사라면 자신이 맡아야 할 역할에 대해 기대하는 바가 있을 것이다. 그러나 이러한 역할 기대를 갖는 것만으로는 충분치 않다. 주변에서 기대하고 있는 자신의 역할까지 인식하고 이를 수행할 수 있는 전문성을 지니고 있어야 한다. 한 마디로 자기의 역할에 대한 스스로의 인식과 기대되는 역할 사이의 역할 갈등 role conflict이 발생하지 않도록 할 수 있는 능력이 필요하다.

교사로서의 행위는 역할 기대와 역할 지각의 상호작용에 의해 결정된다고 할 수 있다. 교사로서의 역할을 성공적으로 수행하려면 자신의 올바른 지각과 이에 상응하는 주변의 역할에 대한 기대가 필요하다.[99)]

따라서 역할 갈등이 일어나지 않도록 하려면 무엇보다도 자신의 역할에 대해 제대로 알고 있는 것이 중요하다. 주관적 판단에 기초하여 스스로의 역할을 설정하는 것은 전문가다운 행동은 아니다. 전문가로서 인정받기 위해서는 그 역할에 대한 사회적 합의social consensus가 필요하기 때문이다.[100)] 교사 역시 한 개인으로서 사회가 부여한 역할과 기능을 수행할 때 그 자신의 전문성을 확보할 수 있는 것이다.[101)] 교사가 되기 위해서 엄격한 자격기준 또는 표준을 통과하도록 요구받고 있는 것도 같은 이유에서다.

또한 변화에도 민감해야 한다. 변화하는 교육수요자의 요구를 파악할 수 있는 안목이 필요하다. 역할이란 사회 변화에 따라 얼마든지 변할 수 있는 것이다. 확산되고 있는 분업화와 전문화 추세는 이에 맞추어 변화된 역할을 수행할 것을 교사에게 요구하고 있는 상황이다. 아울러 학교 조직을 구성하는 한 개인으로서 교사는 학교 사회 내에서의 그 기능과 역할에 있어서도 커다란 변화를 요구받고 있다.

그리고 자신의 부족함을 인식했을 때 이를 수용하고 개선하려는 실천 의지가 있어야 한다. 앞으로의 전문성은 현장성을 강화하는 방향으로 갈 것이다. 양성교육pre-service education 단계에서 이론적 지식과 현장실무능력을 갖춘 교사가 배출되어야 하겠지만, 현직교육in-service education 단계의 상호보완적 활용은 현장성을 강화시켜줄 수 있다. 현장성이 강조되는 것은 빠르게 변화해 가는 교육 현장의 변화 요구에 대응할 수 있는 전문성을 확보하기 위해서다. 탄탄한 이론적 지식에 기초한 현장성의 끊임없는 보완 노력은 전문가로서 인정받기 위한 필수 요건이 될 것이다.

20장

학습 공동체

한 조직이 미래에도 남아 있으려면 조직 내부의 일상적인 과업 수행에만 의존해서는 안 된다. 이와 함께 조직이 내외적 환경 변화에 대응할 수 있는 능력을 키워가야 한다. 새로운 환경사태에서도 흔들림 없이 목표를 달성해갈 수 있어야 한다.

경쟁은 날로 격화되고 소비자의 취향은 점차 다양화되어 가고 있다. 이러한 변화에 신축성 있게 대응하기 위해서는 활동의 절차나 방법을 변화시킬 수 있어야 한다. 이를 위해서는 구성원 개개인뿐만 아니라 조직이 보다 학습 지향적이 될 필요가 있다. 즉, 구성원들은 자발적으로 학습에 적극 참여해야 하며 개개인의 학습 성과물이 조직 차원에서 하나로 통합될 수 있도록 학습네트워크를 마련해야 한다.

최근 화제가 되었던 삼성 SDI의 '학습 셀'은 이러한 학습 네트워크의 한 예로 볼 수 있다. 학습 셀은 일종의 맞춤형 교육제도다. 기존 교육방식과 달리 직원들이 직접 교육 주제와 강사 등을 선택할 수 있도록 한 것이다. 최대한 적은 인원으로 학습효과를 극대화하기 위해 학습인원은 최소 5명에서 20명을 넘지 못하게 했으며, 1회 학습기간당 16시간 이상, 1년에 총 4회까지 학습기간을 신청할 수 있게 했다. 부서와 상관없이 공동관심을 가진 직원들끼리 학습 셀을 구성해 교육주제를 등록하면 교육활동에 필요한 강사료 등은 전액 회사가 지원하는 방식이다.[102)]

학습 셀 구성원들은 서로 경험과 기술을 공유하고 세미나, 토론, 발표, 강연 등을 통해 자기역량을 키워나가게 된다. 개별 학습행위가 학습 팀들을 통해 조직 차원으로 확산될 수 있다.

학교 조직도 변화의 급류를 타고 있다. 학교가 처한 여러 가지 변화에 신축성 있게 대응해 나갈 수 있는 유연성이 확보되어야 한다. 특히 학생이나 학부모의 학교에 대한 기대 수준이 날로 높아지고 있는 상황이다. 수준 높은 교육서비스를 효율적으로 제공할 것을 요구받고 있다. 이러한 상황은 점점 더 그 압박 강도를 높여갈 것으로 예상된다.

이러한 당면 과제를 해결하기 위한 방법으로 교사 개인과 조직 차원의 학습 지향성을 강화시킬 필요가 있다. 교사 개인의 자발적인 학습은 성취감과 함께 자신감을 불어넣을 것이다. 교사 개인의 가치를 상승시킬 것이다. 동시에 학습과정을 통해 창의적 시도를 하게 되므로 일에 재미를 느끼게 된다. 수동적인 단순작업에서 벗어나고 자신의 고정관념을 바꾸려는 창의적 노력을 함으로써 일상

적 업무 속에서도 재미를 느낀다.[103)]

학교 조직 차원에서도 교사 개인은 물론 교사들로 구성된 학습팀들이 지속적으로 학습할 수 있는 시스템을 마련해야 한다. 교사 개인의 학습결과물을 전 교사가 공유할 수 있는 조직 차원의 학습이 많이 일어나도록 해야 한다. 이러한 기회를 통해 새로운 지식과 교육방법을 끊임없이 배울 수 있게 된다. 이를 업무활동에 적용할 수 있다. 이에 그치지 않고 새로운 지식을 창출해 낼 수 있는 기초가 마련될 수 있다. 이러한 과정을 통해 학교 조직의 합리화와 효율화를 추구할 수 있고 경쟁력을 확보할 수 있게 된다.

개인 학습이나 팀 학습이 왕성하게 일어나는 학습 공동체가 활성화될 때 학교는 미래의 조직으로 설 수 있다. 미래 조직은 조직 내외적으로 가치있는 정보를 끊임없이 습득하고 이를 전체 구성원이 공유할 수 있을 때 가능하다. 개인이 가진 지식이나 하나의 학습 팀이 가진 지식이 나름대로 가치를 지닐 수 있다. 그러나 전체 구성원이 개개의 지식을 모두 공유하게 될 때는 통합에 따른 가치 상승 효과를 예상할 수 있다.

학습 공동체를 활성화시키려면 교사 개개인의 학습의지와 함께 학교 조직 차원의 배려가 필요하다. 교사들이 여러 가지 이유로 새로운 정보로부터 차단된 경우, 이는 학습기회의 상실을 의미한다. 기존 정보에 크게 의존하게 되는 이러한 상황은 구성원들로 하여금 상대적으로 가치가 낮은 정보를 지나치게 큰 자극으로 과대평가하도록 만들 수 있다.

새로운 정보에 끊임없이 노출되어 다양한 학습을 경험한 교사들로 채워진 학교는 제한된 학습 기회밖에 갖지 못한 교사들로 이루어진 학교에 비해 의사결정의 수준을 높일 수 있다. 상대적으로 가치가 낮은 정보를 과대평가하는 교사와 접촉하는 학생들에 비해 학습의 수준이 보다 높은 교사들과 접촉하는 학생들은 학습 공동체의 이익을 향유할 수 있다. 학습 공동체의 활성화는 학습하는 교사들을 만들고 수준 높은 수업진행이 가능하도록 한다. 궁극적으로 교육 생산성을 제고하는 데 핵심적인 역할을 할 수 있을 것이다.

미래 조직은 또한 미래지향적 관점에서 새로운 지식을 창출할 수 있도록 하는 조직 차원의 시스템이 필요하다.

세계 최대의 의류업체인 이탈리아의 베네통이 성공한 이유 가운데에는 '기존의 지식을 절대적인 진리로 받아들이지 않는 고집'이 있다. 아무런 비판 없이 용인되는 기존 이론에 대해 항상 비판적인 시각으로 바라보고 개선점을 찾으려고 한 루치아노 베네통Luciano Benetton 회장의 경영철학이 오늘의 베네통을 탄생시킨 것이다.[104] 맹목적으로 기존 이론이나 전통적인 방식에 의존하는 것은 위험하다. 기존의 지식에 대해 의문을 제기하고 끊임없이 개선책을 도출하고자 하는 조직문화가 필요하다.

학습 공동체는 이러한 문화 조성에 기여할 수 있다. 예를 들면, 학습 공동체는 문제제기에 대해 신속한 해답을 제공할 수 있다. 문제를 제기할 수 있도록 격려해 줄 수도 있다. 도를 지나칠 경우에는 미리 경고신고를 보내줄 수도 있다. 아울러 새로이 창출되는 지식의 수준을 높이는 데 기여할 수 있다. 범위를 넓혀주어 편협한 대안이 나오지 않도록 하는 데 공헌한다.

미래의 학교 조직이 조직 차원에서 해야 할 과제들 가운데 하나는 교사들이 수준 높은 지식상품을 끊임없이 개발해낼 수 있도록 여건을 조성해 주는 일일 것이다. 이러한 여건을 활용해서 교사들이 축적된 경험과 새로운 정보를 토대로 새로운 지식을 창출하고, 필요한 때에 적당한 지식을 업무에 이용할 수 있게 되기 때문이다. 이는 보다 효율적으로 업무를 처리할 수 있게 됨을 의미한다. 여기서 절약된 시간과 비용은 다시 조직의 지식 수준이 한 단계 진보하는 데 기여하게 된다. 학교 조직 차원에서도 이득이 되는 투자가 될 것이며, 사회 전체적인 부가가치 증대에도 기여할 수 있게 된다.

이와 함께 미래 조직은 경영 환경 변화에 대처하기 위해 학습 성과물을 실제로 활용하는 조직이다. 습득하거나 창출해 낸 지식을 직접 업무에 적용할 수 있어야 한다. 이는 조직의 기본 기능이다. 드러커는 "지식을 작업에 적용하는 것"이 조직의 기능이라고 하였다. 작업 도구에, 제품에, 제조 공정에, 작업 디자인에 그리고 지식 그 자체에 지식을 응용하는 것이 조직의 사명이라는 것이다.[105] 더 나아가 조직은 학습 성과물인 지식을 활용하여 조직의 기존 행동 패턴을 창조적으로 변화시킬 수 있어야 한다.[106]

문제는 지식이 빨리 변한다는 데 있다. 오늘은 확실했던 것이 내일에 가서는 언제나 어리석은 것이 되어버리는 것이야말로 지식의 본질이다.[107] 개인이나 조직이나 과거의 지식을 새로운 지식을 꾸준히 교체하지 못하면 시대에 뒤떨어지고 만다. 이는 변화를 제 때 하지 못해 업무 처리나 행동양식이 시대에 뒤진 개인이나 조직으로 남게 된다는 의미다. 학습 공동체를 활성화하게 되면 이러한 과제를 해결할 수 있다. 삼성 SDI의 '학습 셀'같은 경우도 급변하는 디지털 시대 흐름에 맞는 지식 습득과 함께 시장 적응력, 업무능력 향상에 초점을 두고 있다.[108)]

변화가 일상화된 것은 학교 조직에도 마찬가지다. 학생들의 요구 수준이 올라가고 경쟁자들의 압력이 거세지면서 교육의 질을 쉬지 않고 높여가야 되는 상황이 되었다. 교사들의 교육활동의 질을 교사 양성교육이나 구조화된 현직연수 프로그램에 의존하기에는 한계가 있다. 빠른 변화 속에서 수시로 재교육이 이루어질 필요가 있다.

다양한 형태로 구성된 학습 팀들은 이러한 목적을 위해 활용될 수 있다. 교사들이 일상 업무를 수행하는 도중에 맞닥뜨리게 되는 크고 작은 문제들을 해결하는 데 실질적으로 기여할 수 있다. 매우 실제적인 지식을 자연스럽게 공유할 수 있을 뿐만 아니라, 이를 적용한 뒤 신속히 피드백을 받을 수 있다. 이러한 과정을 통해 학습 공동체는 실천력을 향상시켜준다.

그렇다면 학습 공동체를 활성화시키기 위해서는 어떤 것들이 갖추어져야 하는가? 무엇보다도 조직 구성원들의 강한 학습 지향성일 것이다. 그러나 이것만으로는 부족하며 조직 내에 형성된 협조적인 학습 환경이 구비되어야 한다. 아울러 조직 차원에서 구성원의 학습을 촉진시키는 리더십도 필요하다.

학습 지향성

환경이 변하면 개인이든 조직이든 변해야 한다. 변화된 환경에 대응할 수 있는 방법은 학습이다. 학습은 환경 변화에 적응하기 위한 변화를 가능케 하는 원동력이다. 변화 속에서 학교 조직이 설정한 목표를 효과적으로 달성하려면 잘 배워야 한다. 교사도 자신의 업무를 제대로 수행하려면 지속적으로 배워야 한다.

학습을 통해 학교 조직의 문제를 해결하거나 교사 개인의 기존 업무 방식을 개선할 수 있다. 문제는 학습에 대한 의지나 태도에 달려 있다. 바로 학습 지향성learning orientation의 수준이 문제다.

학습 지향성이 강한 학교는 외부 환경과 내부의 상황을 정확히 지각할 수 있다. 당면한 문제를 해결하기 위해 지식을 습득하거나 창출하고 공유하며 이를 효과적으로 활용할 수 있다. 학습 성과를 일반화하는 노력을 통해 습득한 것을 다른 과제 해결에 적용시켜 나갈 수 있다. 또한 변화된 환경에의 적응을 위해 기존 행동 패턴을 창조적으로 변화시킬 수 있다.

한편 학습 지향성이 강한 교사라면 지속적인 학습을 통해 새로운 시각을 개발하고 이를 실현시켜 갈 수 있다. 그리고 그로부터 나타난 결과를 토대로 또 다시 새로운 시각을 창조해가는 노력을 계속한다. 각자가 가지고 있는 다양한 경험이나 생각을 효율적으로 활용하여 새로운 학습기회로 만들어 간다. 반복되는 학습을 통해 얻어진 성과물은 독점하지 않고 공유하고 체계화시킨다.

교사의 학습 지향성은 학교 조직에게 매우 중요하다. 학습열이 높은 교사는 연수 등을 통해 습득한 자기 개인의 지식들을 체계화하고 분류 · 정리하여 학교 조직의 보편적 지식으로 공유화시키며 활용하기 때문이다. 이런 과정을 통해 학교 전체의 성과를 개선시키는 데 동참한다. 이러한 교사는 현장에서 학생들로부터 얻은 정보를 그들의 요구를 만족시키기 위해 활용하는 데 능숙하다. 자신이 한 행동에 대한 학생들의 반응을 피드백받아 그들을 만족시킬 수 있는 방법을 학습한다. 더 나아가 학습한 내용을 동료 교사들과의 교류를 통해 학교 차원으로 확장하고 체계화시킨다. 이는 궁극적으로는 학생들에게 한 차원 높은 교육서비스를 제공할 수 있게 한다.

가빈 교수는 최근 논문에서 학습하는 조직의 지식공유와 체계화를 강조했다. 그는 가장 좋은 예로 미 육군의 '사후 검토AAR:After Action Review' 제도를 들었다. 이 제도는 군사 작전이 끝난 후 참가자들이 네 가지 질문, 즉 ①어떤 일에 착수했는가 ②실제 어떤 현상이 발생했는가 ③그 일은 왜 일어났는가 ④다음에는 무엇을 할 것인가에 대해 답변하고 토론하는 것이다. 미 육군은 이렇게 얻어진 정보를 상하(계급 라인) 또는 수평(부대 간)으로 전달한다. 최종적인 정보는 육군 분석센터에 체계적으로 보관한다.[109)]

교사들은 새로이 생산하거나 해석을 통해 얻은 지식을 학교 전체로 배포될 수 있도록 해야 한다. 한 걸음 더 나아가 체계화되어 보편화될 수 있도록 하는 데 기여해야 한다.

학생들과의 다양한 경험을 통해 학습 전문가를 자처하고는 있으나, 자신의 학습과 관련하여서는 과연 얼마나 그 지식을 적용시키고 있는지는 의문이다. 학생들이 학습할 수 있도록 하는 일을 주 업무로 하면서도 자신들이 무엇을 학습해야 하는지, 얼마나 많은 것을 학습해야 하는지, 또는 얼마나 빨리 학습해야 하는지 등 학습에 관한 질문들에는 얼마나 익숙해 있는 지 자문해 보아야 할 것이다.

협조적인 학습 환경

학습 지향성이 강한 교사들로 채워져 있더라도 학습기회를 창출하는 숙제가 남는다. 가빈 교수의 지적대로, 업무가 홍수처럼 쇄도할 때 학습은 '불필요한 장식'이 되어 버릴 수 있다. 우선순위에서 뒤로 밀릴 수밖에 없다.110) 그렇기 때문에 학습이 일어나기에 적합한 조직 분위기를 만들어 가기 위한 조직 구성원 모두의 노력은 매우 중요하다.

협조적인 학습 환경을 만들기 위해 미국 미네소타대 아동병원이 시행한 노력의 사례가 있다. 이 병원은 '비난적 어감 없이 보고하기'란 정책을 도입했다. 이 정책은 직원들이 '오류error'와 '조사investigation' 같은 위협적 용어 대신 정신적으로 편안함을 주는 '우연한 실수accident'나 '분석analysis' 등의 용어를 쓰도록 하는 것을 뼈대로 한다. 정책을 시행한 결과 병원 내에서 환자를 위험에 빠뜨리는 행동양식과 시스템에 대한 논의가 활발해졌다. 또 문제점을 개선하기 위해 조직 전체가 서로 협력하는 분위기가 생겨났다. 시간이 지나면

서 이 병원에서는 예방 가능한 사망사고나 질병이 현저히 줄어들기 시작했다.111)

학교에서도 모든 교사가 알고 있어야 할 지식을 쉽게 이야기할 수 있는 여건을 조성하는 일이 중요하다. 모두의 시각을 탐색하고, 청취하고, 통합하는 일을 수월하게 할 수 있어야 한다. 또한 구성원 누구의 의견에 대해서도 부담 없이 반대 의견을 제시할 수 있어야 한다. 다시 말해 동료 교사를 가르치는 일이 자연스럽게 일어나도록 해야 한다. 이렇게 될 경우 교사 개인은 각자의 학습결과물을 뛰어 넘을 수 있다. 비로소 협소한 전문성에서 벗어날 수 있다. 또한 개인이나 부서 차원의 틀을 벗어나 시야를 학교 전체로 넓힐 수 있다.

이를 위해서는 새로운 아이디어에 대해 개방적인 풍토를 조성하기 위해 노력해야 한다. 이는 상대성이 존중되는 문화가 필요함을 의미한다. 다양한 시각을 받아들이고 서로 다른 색깔들이 조화를 이루어 가는 분위기가 정착되지 않고는 학습의 시너지 효과는 기대하기 어려울 것이다. 교사들이 어떤 새로운 방법에 대한 선입견을 버릴 때 학습이 제 방향으로 갈 수 있다. 그러나 다양한 견해에 대한 지나친 관용은 조직의 효율을 떨어뜨릴 수 있다. 학습 공동체는 일하기에 충분할 만큼의 의견만 필요하다.

대부분의 경우 교사 개인은 자신이 관심 있는 것 또는 자신있는 분야에 정통하기 위해 학습을 수행한다. 그러나 여기에서 멈춘다면 학습 공동체는 살아나지 못한다. 일정 분야에 대한 지식이 실제로 활용되기 위해서는 보완관계에 있는 분야의 지식이 필수적인 경우가 많다. 다른 교사의 협조를 받아야만 할 경우에 협조가 유기적으로 이루어질 수 있는 메커니즘이 구비되어야 한다. 한편 자신에게는 의미가 없는 것일지라도 다른 누군가에게 가치 있는 것이라면 이를 적임자에게 연결시킬 수 있는 채널도 존재해야 한다.

교사들 사이에 빈약한 상호작용은 학습 공동체의 활성화에 커다란 장애물이 될 수 있다. 학교는 소위 '두뇌로 기능하는 조직'으로 볼 수 있다. 이러한 부류의 조직은 그 조직에서 일하고 있는 구성원은 동료 구성원의 정보수집능력이나 문제해결능력의 도움을 받을 수 있을 것이다. 왜냐하면 많은 구성원들이 날마다 복잡한 환경과 상호작용을 하고 있기 때문이다.[112] 학교 조직 내에는 특정 문제를 해결하는 데 필요한 충분한 정보가 있을 수 있다. 문제는 빈약한 의사소통이나 경직된 지식 네트워크로 인해 학습이 이루어지지 않는다는 데 있다. 의사소통이 원활히 이루어지는 학교의 문제해결력은 뛰어날 수밖에 없다.

가빈 교수는 '실패를 개선의 대가로 수용하기'가 조직 내에서 학습활동이 원활히 일어나도록 하기 위해서 매우 중요하다고 강조한다. 그는 실수와 오류를 허용하기 위한 지원적인 조직문화 세 가지를 들고 있다. 즉, 완벽함을 지나치게 요구하지 않는 조직문화, 처벌이나 벌칙이 없어 실수를 저질러도 괜찮은 분위기, 그리고 잘못된 것에 대한 규명, 분석, 검토를 격려하는 시스템이나 보상이 그것들이다.[113]

이는 학교 조직에 특히 시사적이다. 왜냐하면 학교는 실패를 매우 두려워하는 조직이기 때문이다. 실패하지 않기 위해서 어떻게 해야 하는지를 가르치는 데 익숙해 있는 조직이다. 미래 사회는 실패하지 않는 방법만을 필요로 하는 것은 아니다. 오히려 조직에 재앙을 가져오지 않는 한 전략적인 실패를 통해 새로운 접근방법을 시도하는 실험정신을 더 높이 평가하게 될 것이다.

촉진적 리더십

드러커는 그의 저서 『비영리단체의 경영』에서 한 커다란 교회 목사님과의 대화 내용을 소개했다. 그 목사님은 성공적으로 사람을 개발 · 발전시킨 비영리단체의 최고경영자로 소개되고 있다.

(……) 나의 물음에 목사님은 대답했다. "나는 응원단장처럼 격려하는 사람입니다. 사실 격려하는 일은 어떤 조직 단체이든 가장 높은 위치에 있는 사람이 아니고서는 하기 힘든 일입니다. 실로 나는 젊은 사람들이 실수를 통해서 무엇을 배울 수 있다고 믿는 사람이기 때문에 실수 후의 격려가 얼마나 중요한지를 알고 있는 사람들 중의 한 사람입니다. 그런 실수를 경험하지 않은 젊은 사람들의 계발이란 생각할 수 없습니다. 그러므로 젊은 사람들이 실수로 넘어져서 일어서지 못할 지경에 이르렀을 때 그들을 일으켜 세워서 '한 번 더 계속해 봄세' 이렇게 이야기 해 주는 것이 나의 역할입니다." 라고 말했다.114)

이 사례는 관리자의 촉진자로서의 역할을 잘 보여주고 있다. 실수를 인정하고 이를 가치있는 학습 기회로 활용할 수 있도록 도와줄 수 있어야 한다. 이런 관리자의 존재가 학습 공동체를 활성화시킬 수 있다는 사실을 잊어서는 안 된다.

학습 지향성도 높고 협조적인 학습 환경도 잘 갖추어져 있다. 교사 누구나가 학습의 필요성을 느끼고 있다. 목적도 확고하다. 그러나 이를 뒷받침할 학교 조직 차원의 지원이 없다면, 학습 공동체는 지지부진할 것이다. 학교는 교사들이 더 많은 노력과 인내심을 가지고 학습에 몰두하도록 도와주어야 한다.

학습 공동체란 구성원의 자생적 학습 · 자발성 · 참여성이 존중되는 조직을 가리킨다. 관리자들은 조직의 개방적인 학습풍토를 조성하고 학습의 효과를 거둘 수 있는 제반 기반을 구축하고 지원하는 일을 한다. 이는 조직 구성원들에게 학습기회, 학습방법, 지식창출의 자율성을 부여함으로써 적극적으로 학습할 수 있도록 해야 한다.[115)]

거꾸로 관리자의 경직된 사고방식은 학습 공동체에게는 독이 될 수 있다. 아서디리틀사의 사장인 찰리 라만치아Charlie Ramancia는 미래의 관리자는 좋은 선생님인 동시에 다양성을 배울 수 있는 학생이어야 한다고 강조했다. 그는 "단일한 사고방식을 지니도록 요구된 환경에 익숙해진 관리자는 새로운 시장과 문화에서도 자신의 사고방식을 강요하는 것을 자신의 임무라고 착각하는 경향이 있다."고 지적했다.[116)] 교사들이 관리자의 사고방식까지 받아들여야 한다는 의식이 조직문화의 기초를 이룬다면, 교사들이 관리자의 사고방식에 대해 이견을 제시하는 것을 '반항'으로, 심지어는 '권위에 대한 도전'으로까지 받아들일 수 있는 위험성에 대한 경고이다.

학교 조직이 학습 공동체가 되도록 하려면 관리자는 교사들의 경험이나 생각을 수용해야 한다. 교사들의 잠재적 가능성과 그들이 가지고 있는 다양한 관점 및 시각을 인정해야 한다.

교사 스스로 지식 수준을 높이고 사고의 폭을 넓히려는 노력을 높이 평가하려 하지 않는 조직 분위기가 있을 수 있다. 이는 변화의 흐름에 역행하는 것이다. 그러한 노력에 투입되는 비용을 대부분 본인이 부담하도록 요구하고 있는 조직 풍토도 개선되어야 한다.

대웅제약의 사례는 비록 학교 조직은 아니지만 많은 시사점을 제공해 준다. 대웅제약의 핵심 경영가치는 '배움', 즉 학습이다. 직원들의 학습에 '시간과 돈'을 아끼지 않는다. 자격증을 얻기 위해 공부하는 직원들에게 인터넷 강의 수강과 자율학습을 하도록 회사 아이티IT실을 최우선으로 제공했다. 낮 근무가 끝난 뒤 회사에서 공부하는 직원에게 2~3시간의 잔업비도 지급했다. 또 인근 대형 서점에 가서 사원증만 제시하면 한 달에 책 3권을 무료로 살 수 있다. 책값은 회사가 낸다. 한해 임직원들이 산 책은 2만여 권으로 책값만 3억 원이 들어간다. 한 달에 한번은 독서토론회를 할 수 있도록 하고 한 사람당 1만원까지 부대비용도 지원한다. 끝나면 간단한 회식도 즐긴다. 읽고 난 책은 아름다운 가게에 기부하도록 한다.[117]

예산 배분의 초점을 학습에 맞추고 예산의 삭감은 학습으로부터 먼 곳에서 행해야 한다. 이를 실행하려면 끊임없이 새로운 지식을 익히고 공유해 이를 실행하는 것은 교사 개인의 성장은 물론 학교 발전의 동력이라는 확신이 필요하다. '학습에 필요한 비용이 얼마인가?'라는 질문이 교사 개인의 질문이기 보다는 학교 차원의 질문이 되도록 해야 한다.

학습결과를 측정할 수 있어야 비로소 촉진할 수 있다. 공허하지 않다면 높은 목표는 대단히 중요하다. 교사들이 성취할 수 있는 목표를 공유할 수 있게 하고 그 곳에 도달할 수 있도록 격려해야 한다. 그러나 이러한 노력을 뒷받침할 측정할 수 있는 도구를 구비해야 한다. 측정할 수 있는 구체적인 기준이 없다면 목표의 진술은 가치를 지니지 못한다.

관리자들의 임무 중에는 측정할 수 있는 도구와 연장을 준비해 주는 일도 포함되어야 한다. 마치 학생들의 학습 성취 결과를 평가하듯이 교사들의 학습을 평가할 수 있어야 한다. 다만, 틀에 박힌 통제나 지나친 경쟁의식은 경계 대상이다. 그들이 하고자 하는 것을 방해할 수 있기 때문이다.

관리자가 학습의 선구자가 되는 일은 매우 바람직한 일이다. 스스로 이상적인 학습자의 모델이 되는 것이다. 끊임없이 지적 자극intellectual stimulation을 줄 수 있어야 한다. 이는 교사들로 하여금 새로운 시각에서 문제점을 보도록 만들 수 있다. 기존의 틀을 뛰어넘어 보다 창의적인 관점을 개발하도록 격려해 줄 수 있다. 궁극적으로는 학교를 변화시키는 데 동참하게 된다.

코닝사의 최고경영자였던 제임스 휴튼James Houghton은 관리자의 학습과 관련하여 다음과 같이 말했다. "당신이 위에서 불을 피워서 그 불길이 아래까지 전달되기를 바랄 때, 아래에 있는 근로자들은 당신 말을 믿는다. 그러면 그 불길이 퍼져나가기 시작하는 것이다."[118] 관리자가 교사의 자기계발을 대신해 줄 수는 없다. 그러나 교사들이 자기계발을 하도록 촉진할 수는 있다.

참고문헌

■ 서 문

1) Steve Donahue. (2004). Shifting Sands. 고상숙 옮김. (2005). 사막을 건너는 여섯가지 방법. 김영사.

2) Alvin Toffler and Heidi Toffler. (2006). Revolutionary Wealth. 김중웅 옮김. (2006). 부의 미래. 청림출판.

3) Peter F. Drucker. (1990). Managing the Non-Profit Organization: Practice and Principles. 현영하 역. (1995). 비영리단체의 경영. 한국경제신문사, 28.

4) Faith Popcorn. (1991). The Popcorn Report. Bantam Doubleday Dell Publishing Group, Inc.. 조은정 옮김. (1995). 팝콘리포트. 21세기북스.

5) 이돈희. (2000). 활력이 넘치는 교육공동체를 위하여. 김호권 외 엮음. (2000). 학교가 무너지면 미래는 없다. 교육과학사, 297-298.

6) 한겨레. 2008년 1월 5일자 19면. 이진경 서울산업대 교수.

■ 제1부 개방

1) Thomas L. Friedman. (2005). The World Is Flat. 김상철 · 이윤섭 역. (2005). 세계는 평평하다. 창해.

2) Thomas L. Friedman. (2005). The World Is Flat. 김상철 · 이윤섭 역. (2005). 세계는 평평하다. 창해, 281.

3) 고범서. (1993). 가치관연구. 도서출판 나남, 417-420.

4) Charles Handy. (1997). The Hungry Spirit. 노혜숙 역. (1998). 헝그리 정신. 생각의 나무, 13.

5) 동아일보. 1998년 1월 18일자.

6) Jeremy Rifkin. (2002). The Age of Access. 이희재 옮김. (2002). 소유의 종말. 민음사, 353-354.

7) 권대봉 · 신현석. (2003). 한국공교육의 새로운 구상과 전략. 집문당.

8) Manual Castells. (2004). ; 박선정. (2007). 포스트모던 사회와 네트워크의 세계: 현대 사회를 향한 돈 데릴로의 시선. 경성대 대학원 박사학위논문, 2. 재인용.

9) 문화일보. 2008년 5월 7일자 27면. 박수균 기자.

10) 한국일보. 2007년 11월 20일자 31면. 진중권 문화 평론가 · 중앙대 겸임교수.

11) 이종태 외. (2006). 미래사회의 변화와 대안적 교과 개념의 탐색. 한국교육과정평가원, 44-45.

12) Jan van Dijk. (1991). 네트워크 사회. 커뮤니케이션북스.

13) 윤영민. (1996). 전자정보공간론. 전예원, 93-96.

14) Eric D. Beinhocker. (2006). The Origin of Wealth: Evolution, Complexity and the Racial Remaking of Economics. 안현실 · 정성철 역. (2007). 부의 기원. 랜덤하우스, 252.

15) 김환석. (1996). 정보사회의 국가경쟁력 강화를 위한 사회제도의 개혁방안 연구. 한국학술진흥재단의 특별연구 과제.

16) Richard Ogle. (2008). Smart world : breakthrough creativity and the new science of ideas. 손정숙 옮김. (2008). 스마트 월드. 웅진씽크빅.

17) 경희대정보사회연구소 · 삼성경제연구소 편. (1997). 네트워크트렌드. 20-21.

18) 매일경제. 2008년 10월 6일자. A37면. 허연 매일경제 문화부 차장.

19) 매일경제. 1996년 7월 2일자 10면. 이준서 기자(정리).

20) Harry S. Dent. (1995). Job Shock. 형선호 역. (1996). 직업혁명. 매일경제신문사.

21) David Krackhardt & Jeffrey Hanson. (1993). Informal Networks: The Company Behind the Chart. *Harvard Business Review, 71* (July/August), 104-111.

22) Eric D. Beinhocker. (2006). The Origin of Wealth: Evolution, Complexity and the Racial Remaking of Economics. 안현실 · 정성철 역. (2007). 부의 기원. 랜덤하우스, 255-267.

23) Eric D. Beinhocker. (2006). The Origin of Wealth: Evolution, Complexity and the Racial Remaking of Economics. 안현실 · 정성철 역. (2007). 부의 기원. 랜덤하우스, 255-267.

24) Jeremy Rifkin. (2000). The Age of Access. 이희재 옮김. (2002). 소유의 종말. 민음사, 372.

25) 매일경제. 1997년 1월 6일자 08면. 조셉 하더 와튼스쿨 교수.

26) 매일경제. 1997년 9월 29일자. 강세호 삼성 SDS 컨설팅 사업부장.

27) 박경숙. (2000). 요즈음의 달라진 아이들. 김호권 외 엮음. (2000). 학교가 무너지면 미래는 없다. 교육과학사, 117.

28) 김신일. (2000). 허물어지는 학교조직. 김호권 외 엮음. (2000). 학교가 무너지면 미래는 없다. 교육과학사, 45.

29) 한국일보. 2005년 5월 2일자 18면. 김동국 기자.

30) 한국일보. 2005년 5월 2일자 18면. 김동국 기자.

31) 이미나. (2000). 정보사회에 뒤쳐진 학교. 김호권 외 엮음. (2000). 학교가 무너지면 미래는 없다. 교육과학사, 146-149.

32) Ed Michaels. et al.. (2001). The War for Talent. 최동석 · 김성수 역. (2007). 인재전쟁. 세종서적, 9-10.

33) 매일경제. 1998년 6월 23일자 01면. 데이븐 포트 텍사스 오스틴대 교수.

34) Esther. Dyson. (1997). Release 2.0 : a design for living in the digital age. 남경태 역. (1997). 인터넷, 디지털문명이 열린다. 경향신문사, 214.

35) 이상주. (1997). 미래를 위한 교육. 교육과학사, 249.

36) 이미나. (2000). 정보사회에 뒤쳐진 학교. 김호권 외 엮음. (2000). 학교가 무너지면 미래는 없다. 교육과학사, 146-149.

37) 매일경제. 1998년 6월 23일자 01면.

38) Daniel Bell. (1992). The Winding Passage : Essays and Sociological Journeys 1960-1980. 서규환 옮김. (1993). 정보화사회와 문화의 미래. 디자인하우스.

39) John B. Bury. (1913). A History of Freedom of Thought. 박홍규 옮김. (2005). 사상의 자유의 역사. 바오.

40) 월간 도예 편집부 편. (1997). 도예. 1997년 11월호.

41) 매일경제. 1997년 1월 3일자 08면. 박천일 숙명여대 교수.

42) Karl R. Popper. (2002). The Open Society and Its Enemies. 이한구 역. (2006). 열린 사회와 그 적들 1. 민음사.

43) George Soros. (2005). The Age of Fallibility. 전병준 외 옮김. (2006). 오류의 시대. 네모북스.

44) Charles Handy. (1997). The Hungry Spirit. 노혜숙 역. (1998). 헝그리

정신. 생각의 나무, 13.

45) 김상희. (1999). 중학교 열린교육의 실태와 개선방안. 영남대학교 대학원 석사학위논문.

46) 김동기 외. (1990). 경영학연습. 법문사.

47) 강인애. (1996). 컴퓨터 네트워크에 의한 수업과 구성주의 : 교육적 활용의 의미. 정보과학회지 91, 11-29.

48) 매일경제. 1996년 11월 19일자 09면. 한주한 기자.

■ 제2부 문화

1) 정홍익. (2007). 세계화 시대와 우리의 문화정책. 박이문, 장미진 외. (2007). 세계화 시대의 문화와 관광. 경덕출판사, 24-43.

2) 동아일보. 2007년 12월 28일자 35면. 제라드 뱅데 에뒤프랑스 회장.

3) 문화관광부. (2005). 문화정책백서. 291.

4) 경향신문. 2006년 12월 16일자 K7면. 한건수 기자.

5) 정홍익. (2007). 세계화 시대와 우리의 문화정책. 박이문, 장미진 외. (2007). 세계화 시대의 문화와 관광. 경덕출판사, 35.

6) 매일경제. 1997년 11월 10일자 08면. 곽수일 서울대 교수.

7) 내일신문. 2007년 7월. 2일자 16면. 구본홍 기자.

8) 최재승. (2001). 문화를 읽는다 미래를 본다. 도서출판 나무와 숲, 301-302.

9) Jeremy Rifkin. (2000). The Age of Access. 이희재 옮김. (2002). 소유의 종말. 민음사, 202-203.

10) 김홍익. (1996). 신한리뷰 1996 여름호, 21.

11) Rolf Jensen. (1999). The Dream Society. 서정환 역. (2000). 드림 소사이어티. 리드리드출판, 65.

12) Rolf Jensen. (1999). The Dream Society. 서정환 역. (2000). 드림 소사이어티. 리드리드출판, 258.

13) 오영수. (2004). 지식의 사회, 문화의 시대. 오영수 외. (2004). 지식의 사회 문화의 시대. 경북대학교 출판부, 19-40.

14) 김순남. (2004). 지식기반사회의 교육과 학교경영. 오영수 · 김영순 외. 지식의 사회 문화의 시대. 경북대학교출판부, 415.

15) 내일신문. 2007년 7월 2일자 16면. 구본홍 기자.

16) 동아일보. 2004년 1월 8일자 10면. 이권효 기자.

17) 문화일보. 2008년 2월 16일자 12면. 김영번 기자.

18) 전경원. (2001). 과거, 현재, 미래를 조망하는 신천년의 창의성. 우종옥 엮음. (2001). 21세기 교육의 큰 두 개의 축. 교육과학사, 113.

19) Keith Sawyer. (2007). Group Genius. 이호준 옮김. (2008). 그룹 지니어스. 북섬.

20) 한겨레. 2008년 9월 18일자 21면. 이형섭 기자.

21) Richard Ogle. (2008). Smart world : breakthrough creativity and the new science of ideas. 손정숙 옮김. (2008). 스마트 월드. 웅진씽크빅.

22) 내일신문. 2007년 3월 29일자 16면. 김선태 · 구본홍 기자.

* 저자 주) 르네 마그리트: 벨기에의 초현실주의 화가로 "조금만 현실을 다르게 바라보아도 현실은 신비롭게 다가올 수 있다."고 말하고 있는 화가이다. 하늘에서 비처럼 쏟아지는 복제인간들, 화가의 얼굴을 가리며 날아가는 새, 투명한 새의 몸체 뒤로 비치는 구름 그림과 같이 기존 관념이나 굳어져 있는 사고를 뒤엎는 시도를 하고 있다. 남들에게는 낯설게 느껴지는 창조적인 발상으로 사물을 바라보는 그의 작품들은 낡은 사고방식에 의존하고 있는 개인이나 조직에게 훌륭한 자극제가 되고 있다.

23) Howard Gardner. (1993). Creating minds : an anatomy of creativity seen through the lives of Freud, Einstein, Picasso, Stravinsky, Eliot, Graham, and Gandhi. 임재서 옮김. (2004). 열정과 기질. 북스넛.

24) 내일신문. 2007년 12월 27일자 16면. 김선태 기자.

25) 내일신문. 2007년 12월 3일자 13면. 이원래 한겨레 연구소장.

26) 한국일보. 2007년 6월 27일자 20면. 고현진 LG CNS 부사장.

27) 매일경제. 2008년 5월 12일자 A23면. 강태진 서울대 공대 학장.

28) Peter M. Senge. (1993). The Fifth Discipline. 안중호 옮김. 제5경영. 세종서적, 305.

29) 매일경제. 1997년 10월 29일자 11면. 정인철 기자(정리).

30) 이청준. (1997). 문화와 나. 1997년 3월. 삼성문화재단, 1.

31) 오진경. (1997). 문화와 나. 1997년 3월. 삼성문화재단, 6.

32) 서병인. (1994). 경영 · 경제연구, 13(1), 33.

33) 경향신문. 2006년 7월 22일자 K7면. 김광억 서울대 교수.

34) 박이문. (2007). 지구촌 시대의 문화 비전. 박이문 · 장미진 외. (2007). 세계화 시대의 문화와 관광. 경덕출판사, 19.

35) 김광현. (2004). 세계화의 문제와 보편윤리. 숭실대학교대학원 박사학위논문, 48.

36) 이정호. (1995). 포스트모던 문화읽기. 서울대학교 출판부, 16.

37) Daniel Bell. (1992). The Winding Passage : Essays and Sociological Journeys 1960-1980. 서규환 옮김. (1993). 정보화사회와 문화의 미래. 디자인하우스.

38) 경향신문. 2006년 7월 22일자 K7면. 김광억 서울대 교수.

39) 이상주. (1997). 미래를 위한 한국교육. 교육과학사, 259.

40) Jonathan Sacks. (2002). Dignity of difference : how to avoid the clash of civilizations. 임재서 역. (2007). 차이의 존중-문명의 충돌을 넘어서. 말글빛냄.

41) 김영철 외. (2006). 미래사회에 대비한 학제 개편 방안. 한국교육개발원, 153-155.

42) 김선미. (2004). 지식사회를 위한 다문화 교육의 이해. 지식의 사회 문화의 시대. 경북대학교 출판부, 335-359.

43) 동아일보. 2006년 11월 1일자 19면. 김희경 기자

44) Richard E. Nisbett. (2003). The Geography of Thought. 최인철 옮김. (2004). 생각의 지도. 김영사.

45) Terrence E. Deal & Allan A. Kennedy. (1987). Corporate cultures : the rites and rituals of corporate life. 삼성출판사 편집국 역. (1987). 강한 기업 강한문화. 삼성출판사, 236.

46) 매일경제. 1994년 9월 27일자.

47) 최정운. (2005). 매력의 세계정치. 평화포럼21 2005년 여름호(통권2호) 매력국가만들기. 동아일보부설 21세기 평화재단 · 평화연구소, 37-39.

48) 한명희. (1993). 대학문화의 다원화와 주체성. 학생생활연구 18. 숙명여자대학교 학생생활지도연구소, 32.

49) 정홍익. (2007). 세계화 시대와 우리의 문화정책. 박이문 · 장미진 외. (2007). 세계화 시대의 문화와 관광. 경덕출판사, 24-43.

50) 한국일보. 2004년 8월 7일 23면. 강미은 숙명여대 언론정보학부 교수.

51) 심상민. (2007). 컬처 비즈니스. 위즈덤하우스, 280-283.

52) Jeremy Rifkin. (2000). The Age of Access. 이희재 옮김. (2002). 소유의 종말. 민음사, 297.

53) Jeremy Rifkin. (2000). The Age of Access. 이희재 옮김. (2002). 소유의 종말. 민음사, 243.

54) 내일신문. 2007년 7월 2일자 16면. 구본홍 기자. (이건희 회장 2007 신년사, 98쪽).

55) 한국일보. 2007년 1월 6일자 7면. 박일근 기자.

56) 문화일보. 2008년 11월 11일자 15면. 이관범 기자.

57) 한국일보. 2007년 1월 6일자 7면. 박일근 기자.

58) 경향신문. 2008년 4월 22일자 14면. 도재기 기자.

59) 김영철 외. (2006). 미래사회에 대비한 학제 개편 방안. 한국교육개발원, 153-155.

60) Andrew Razeghi. (2008). (The)riddle : where ideas come from and how to have better ones. 이선혜 · 신정길 옮김. (2008). 리들-비지니스 창의성을 깨우는 부와 성공의 수수께끼. 명진출판사.

61) 문화일보. 2008년 4월 2일자 30면. 송인회 한국전력기술 사장.

62) 세계일보. 2007년 4월 13일자 22면. 강미은 숙명여대 교수.

63) 한겨레. 2008년 11월 17일자 M08면. 임선하 현대창의성연구소장.

64) 내일신문. 2008년 8월 25일자 22면. 정태석 전 광주은행장.

■ 제3부 협력

1) Peter M. Senge. (1993). The Fifth Discipline. 안중호 역. (1996). 제5경영. 세종서적, 17.

2) Rolf Jensen. (1999). The Dream Society. 서정환 역. (2000). 드림 소사이어티. 리드리드출판, 163.

3) John Nasbitt & Patricia Aburdence. (1990). Megatrends 2000. 김홍기 역. (1998). 메가트렌드 2000 : 1990년대 대변혁 10가지!. 한국경제신문사, 302.

4) John Nasbitt & Patricia Aburdence. (1990). Megatrends 2000. 김홍기 역. (1998). 메가트렌드 2000 : 1990년대 대변혁 10가지!. 한국경제신문사, 368.

5) 서울신문. 2009년 1월 1일자 32면. 김성수 기자.

6) 서울신문. 2009년 1월 1일자 32면. 김성수 기자.

7) 서울신문. 2009년 1월 1일자 32면. 김성수 기자.

8) Don Tapscott & Anthony D. Williams. (2006). WIKINOMICS. 윤미나 옮김. (2007). 위키노믹스. 21세기북스.

9) 내일신문. 2007년 4월 30일자 19면. 오승완 기자.

10) Don Tapscott & Anthony D. Williams. (2006). WIKINOMICS. 윤미나 옮김. (2007). 위키노믹스. 21세기북스.

11) Charles Handy. (1997). The Hungry Spirit. 노혜숙 역. (1998). 헝그리 정신. 생각의 나무, 17-18.

12) Arnold J. Toynbee & Daisaku Ikeda. (1972). Choose Life. Gage R. L. ed.. 일조각 번역위원회 역. (1986). 21세기를 여는 대화. 일조각, 237-239.

13) Charles Handy. (1997). The Hungry Spirit. 노혜숙 역. (1998). 헝그리 정신. 생각의 나무, 17.

14) John Nasbitt & Patricia Aburdence. (1990). Megatrends 2000. 김홍기 역. (1998). 메가트렌드 2000 : 1990년대 대변혁 10가지!. 한국경제신문사, 308.

15) Thomas L. Friedman. (2005). The World Is Flat. 김상철 · 이윤섭 옮김. (2005). 세계는 평평하다. 창해, 61.

16) Charles Handy. (1997). The Hungry Spirit. 노혜숙 역. (1998). 헝그리 정신. 생각의 나무, 17.

17) Jodeph V. Quiley. (1994). Vision: how leaders develop it, share it, and sustain it - includes related articles. *Business Horizens, Sept-Oct 1994*.

18) 매일경제. 1997년 10월 29일자. 로자베스 모스 캔터 하버드대 경영대학원 교수.

19) Peter F. Drucker. (2000). The Essential Drucker Vols. Ⅰ-Ⅲ. 이재규 역. (2001). 프로페셔널의 조건. 청림출판, 77-78.

20) 경향신문. 2007년 9월 22일자 SG면. 안재원 서울대 협동과정 서양고전학과 강사.

21) Robert A. Sullo. (1997). Inspiring quality in your school: from theory to practice. 김희수 외 역. (2008). 좋은 학교를 만드는 비결. 한국심리상담연구소, 176.

22) Jay A. Conger & Rabindra N. Kanungo. (1998). *Charismatic Leadership in Organization*. Thousand Oaks, CA, Sage.

23) Peter F. Drucker. (1990). Managing the Non-Profit Organization Practice and Principles. 현영하 역. (1995). 비영리단체의 경영. 한국경제신문사, 284.

24) Robert A. Sullo. (1997). Inspiring quality in your school: from theory to practice. 김희수 외 역. (2008). 좋은 학교를 만드는 비결. 한국심리상담연구소, 176.

25) 유문조. (2005). 변혁적 리더십과 신뢰유형이 조직유효성에 미치는 영

향. 대전대학교 대학원 박사학위논문, 56.

26) 동아일보. 2008년 8월 23일자 45면. DBR 인터뷰/ '드림 소사이어티' 저자 롤프 옌센 드림컴퍼니 CIO "고객 감동시킬 꿈을 팔아라".

27) James M. Kouzes & Barry Z. Posner. (1995). The Leadership Challenge. 송경근 · 김진철. (1999). 리더십 불변의 법칙 5. 한국언론자료간행회, 154.

28) James M. Kouzes & Barry Z. Posner. (1995). The Leadership Challenge. 송경근 · 김진철. (1999). 리더십 불변의 법칙 5. 한국언론자료간행회, 150.

29) 박내회. (1994). 학교조직문화의 창출을 위한 리더십. 西江經營論叢 5집, 113-135.

30) Molly Sashkin. (1986). The Visionary Leader. *Training & Development Journal, 40*, 58-61.

31) Peter F. Drucker. (1990). Managing the Non-Profit Organization Practice and Principles. 현영하 역. (1995). 비영리단체의 경영. 한국경제신문사, 229.

32) Arnold J. Toynbee & Daisaku Ikeda. (1972). Choose Life. Gage R. L. (ed.). 일조각 번역위원회 역. (1986). 21세기를 여는 대화. 일조각, 232.

33) Arnold J. Toynbee & Daisaku Ikeda. (1972). Choose Life. Gage R. L. ed.. 일조각 번역위원회 역. (1986). 21세기를 여는 대화. 일조각, 237-239.

34) Alan Paisey. (1995). Organization and Management in Schools. 성병창 역. (1995). 학교조직과 경영. 양서원, 13.

35) Alan Paisey. (1995). Organization and Management in Schools. 성병창 역. (1995). 학교조직과 경영. 양서원, 13.

36) Daniel Katz. (1964). The Motivational Basis Organization. *Behavioral Science, April*, 132-146.

37) James M. Kouzes & Barry Z. Posner. (1995). The Leadership Challenge. 송경근 · 김진철 역. (1999). 리더십 불변의 법칙 5. 한국언론자료간행회, 130.

38) James M. Kouzes & Barry Z. Posner. (1995). The Leadership Challenge. 송경근 · 김진철 역. (1999). 리더십 불변의 법칙 5. 한국언론자료간행회, 130.

39) 박내회. (1993). 조직유효성을 위한 조직구조와 관리 형태의 최적 Mix. 西江經營論叢 4집, 91-102.

40) John Nasbitt & Patricia Aburdence. (1990). Megatrends 2000. 김홍기 역. (1998). 메가트렌드 2000 : 1990년대 대변혁 10가지!. 한국경제신

문사, 308.

41) Frans Johansson. (2002). The Medici Effect. 김종식 옮김. (2005). 메디치효과. 세종서적.

42) Frans Johansson. (2002). The Medici Effect. 김종식 옮김. (2005). 메디치효과. 세종서적.

43) Roger L. Martin. (2007). The Opposable Mind: Harnessing the Power of Integrative Thinking. 김정혜 옮김. (2008). 생각이 차이를 만든다. (주)지식노마드, 117-119.

44) Roger L. Martin. (2007). The Opposable Mind: Harnessing the Power of Integrative Thinking. 김정혜 옮김. (2008). 생각이 차이를 만든다. (주)지식노마드, 128.

45) 동아일보. 2006년 3월 1일자 25면.

46) Robert-Bernstein & Michele Root-Bernstein. (1999). Spark of Genius. 박종성 옮김. (2007). 생각의 탄생. 에코의 서재, 412.

47) Roger L. Martin. (2007). The Opposable Mind: Harnessing the Power of Integrative Thinking. 김정혜 옮김. (2008). 생각이 차이를 만든다. (주)지식노마드, 127.

48) 매일경제. 2008년 9월 6일 A22. 황형규 · 김대원 기자.

49) 매일경제. 1998년 7월 13일자.

50) 동아일보. 2007월 11일 3일자 31면. 원광연 KAIST 문화기술대학원 교수.

51) 매일경제. 2008년 8월 25일자 8면. 강태진 서울대 공과대학장.

52) 서울신문. 2006년 8월 11일 13면. 밴쿠버 / 안동환 특파원.

53) Roger L. Martin. (2007). The Opposable Mind: Harnessing the Power of Integrative Thinking. 김정혜 옮김. (2008). 생각이 차이를 만든다. (주)지식노마드, 128.

54) 이미나. (2000). 정보사회에 뒤쳐진 학교. 김호권 외 엮음. (2000). 학교가 무너지면 미래는 없다. 교육과학사, 146-150.

55) 이미나. (2000). 정보사회에 뒤쳐진 학교. 김호권 외 엮음. (2000). 학교가 무너지면 미래는 없다. 교육과학사, 144-145.

56) 동아일보. 2007년 7월 24일 75면. 최세미 기자.

57) Leonard L. Berry. (1999). Discovering the Soul of Service. 은종학 옮김. (2002). 초일류 서비스 기업의 조건. 김앤김북스, 314-315.

58) James E. Austin. (1998). The Invisible Side of Leadership. *Lead to Leader, Spring*, 44.

59) "F. C. Kohliand의 메시지"; Roger L. Martin. (2007). The Opposable Mind: Harnessing the Power of Integrative Thinking. 김정혜 옮김. (2008). 생각이 차이를 만든다. (주)지식노마드, 127. 재인용.

60) Madeleine L. Van Hecke. (2007), Blind Spots: Why Smart People Do Dumb Things. 임옥희 옮김. (2008). 블라인드 스팟. 다산초당, 307.

61) 강명희 · 김병노. (2002). 미래를 준비하는 학교. 학지사, 69.

62) Madeleine L. Van Hecke. (2007), Blind Spots: Why Smart People Do Dumb Things. 임옥희 옮김. (2008). 블라인드 스팟. 다산초당, 313.

63) 내일신문. 2006년 1월 19일자 18면. 장세풍 기자.

64) Madeleine L. Van Hecke. (2007), Blind Spots: Why Smart People Do Dumb Things. 임옥희 옮김. (2008). 블라인드 스팟. 다산초당, 304.

65) Annette Moser-Wellman. (2001). The Five Faces of Genius. 권진욱 옮김. (2007). 창조적 인재의 5가지 얼굴. 도서출판 예문, 123-124.

66) Robert-Bernstein & Michle Root-Bernstein. (1999). Spark of Genius. 박종성 옮김. (2007). 생각의 탄생. 에코의 서재, 419.

67) Robert-Bernstein & Michle Root-Bernstein. (1999). Spark of Genius. 박종성 옮김. (2007). 생각의 탄생. 에코의 서재, 420.

68) 매일경제. 1998년 1월 12일자.

69) 매일경제. 1998년 1월 12일자.

70) 매일경제. 1998년 1월 1일자.

71) Thomas L. Friedman. (2005). The World Is Flat. 김상철 · 이윤섭 역. (2005). 세계는 평평하다. 창해, 179.

72) 매일경제. 1995년 7월 11일자 08면. 김동기 고려대 교수.

73) 동아일보. 2007년 1월 9일자 34면. 김희경 국제부 차장.

74) 위키백과--우리 모두의 백과사전(http://ko.wikipedia.org/)

75) 김기홍. (2000). 직업교육에서 교사의 전문성과 자질에 관한 연구. 한국교육학연구, 5(1), 104.

76) 내일신문. 2007년 7월 2일자 16면. 구본홍 기자.

77) 내일신문. 2008년 10월 13일자 22면. 신문로.

78) 문화일보. 2007년 11월-01 37면. 장석범 기자.

79) 매일경제. 1997년 9월 19일자.

80) Leonard L. Berry. (1999). Discovering the Soul of Service. 은종학 옮김. (2002). 초일류 서비스 기업의 조건. 김앤김북스, 192.

81) Robert B. Reich. (2000). The Future of Success. 오성호 역. (2001). 부유한 노예. 김영사, 126.

82) Robert B. Reich. (2000). The Future of Success. 오성호 역. (2001). 부유한 노예. 김영사, 126.

83) Leonard L. Berry. (1999). Discovering the Soul of Service. 은종학 옮김. (2002). 초일류 서비스 기업의 조건. 김앤김북스, 193.

84) Leonard L. Berry. (1999). Discovering the Soul of Service. 은종학 옮김. (2002). 초일류 서비스 기업의 조건. 김앤김북스, 186.

85) Leonard L. Berry. (1999). Discovering the Soul of Service. 은종학 옮김. (2002). 초일류 서비스 기업의 조건. 김앤김북스, 187.

86) 세계일보. 2007년 2월 21일자 29면. 김신영 한국청소년개발원 부연구위원.

87) 문화일보. 2007년 11월 1일자 37면. 장석범 기자.

88) Alexander. (1989); 장현석. (2006). 교사와 학생간의 신뢰 수준과 학습태도 및 학업 성취도와의 관계. 영남대학교 교육대학원 석사학위논문, 5.

89) Peter F. Drucker. (1990). Managing the Non-Profit Organization Practice and Principles. 현영하 역. (1995). 비영리단체의 경영. 한국경제신문사, 223.

90) James M. Kouzes & Barry Z. Posner. (1995). The Leadership Challenge. 송경근 · 김진철. (1999). 리더십 불변의 법칙 5. 한국언론자료간행회, 232.

91) Peter F. Drucker. (1990). Managing the Non-Profit Organization Practice and Principles. 현영하 역. (1995). 비영리단체의 경영. 한국경제신문사, 223.

92) Robert M. Morgan & Shelby D. Hunt. (1994). The Commitment-Trust Theory of Relationshp Marketing, *Journal of Marketing, July*, 1994, 23.

93) 장수남. (2001). 학교조직의 인간관계 개선방안에 관한 연구. 조선대학교 대학원 석사학위논문, 38.

94) 장수남. (2001). 학교조직의 인간관계 개선방안에 관한 연구. 조선대학교 대학원 석사학위논문, 38.

95) 전효근. (2001). 학교조직에서 교사의 인간관계 연구. 인하대학교 대학원 석사학위논문.

96) 이재룡. (1996). 교사의 자기노출과 교사-학생간의 인간관계 및 학업성취와의 관계. 한국교원대학교 대학원 석사학위논문.

97) 이미나. (2000). 정보사회에 뒤쳐진 학교. 김호권 외 엮음. (2000). 학교가 무너지면 미래는 없다. 교육과학사, 14.

98) Leonard L. Berry. (1999). Discovering the Soul of Service. 은종학 옮김. (2002). 초일류 서비스 기업의 조건. 김앤김북스, 193.

99) 박창엽. (1998). 학교와 지역사회의 협력 방안 탐색 연구. 계명대학교 교육대학원 석사학위논문, 6.

■ 제4부 경쟁

1) 문화일보. 2008년 11월 28일자 33면. 심은정 기자.

2) Robert B. Reich. (2000). The Future of Success. 오성호 역. (2001). 부유한 노예. 김영사, 48.

3) 뉴욕타임스. 2006년 11월26일자; 서울신문 2006년 11월 27일자 15면 기사 재인용.

4) 주삼환. (2005). 질의 교육과 교육행정. 한국학술정보, 186-187.

5) 한국일보. 2008년 6월 5일자 B01면. [한국교육개발원(KEDI)이 조사한 사교육비 규모].

6) 문화일보. 2008년 2월 19일자 31면. 이성호 중앙대 교수.

7) 동아일보. 2006년 3월 28일자 35면. 토머스 프리드먼 뉴욕타임스 칼럼니스트.

8) 서울신문. 2008년 2월 25일자 31면. 사설.

9) 동아일보. 2006년 3월 28일자 35면. 토머스 프리드먼 뉴욕타임스 칼럼니스트.

10) 매일경제. 2008년 9월 6일자 A22면. 황형규 · 김대원 기자.

11) 한겨레. 2008년 7월 25일자 31면. 조상식 동국대 교수.

12) 이성진. (2000). 학교에서 일어나고 있는 교실붕괴. 학교가 무너지면 미래는 없다. 교육과학사, 38-39.

13) 이성진. (2000). 학교에서 일어나고 있는 교실붕괴. 학교가 무너지면 미래는 없다. 교육과학사, 38-39.

14) Robert B. Reich. (2000). The Future of Success. 오성호 역. (2001). 부유한 노예. 김영사, 24-25.

15) Robert B. Reich. (2000). The Future of Success. 오성호 역. (2001). 부유한 노예. 김영사, 28.

16) 안승열. (2000). 지식기반사회에 대비한 학교체제 재구조화에 관한 연구. 한국교원대학교 대학원 박사학위논문, 99.

17) 매일경제. 2007년 2월 17일자 31면. 구자억 기자.

18) 매일경제. 2008년 9월 6일자 A22면. 김대원 기자.

19) 매일경제. 2008년 9월 6일자 A22면. 김대원 기자.

20) 석태종. (2004). 한국의 교육사회. 동문사, 422-430.

21) Alvin Toffler. (1990). Powershift. 이규행 옮김. (1991). 권력이동. 한국경제신문사, 436.

22) John Naisbitt & Patricia Aburdence. (1990). Megatrends 2000. 김홍기 역. (1998). 메가트렌드 2000 : 1990년대 대변혁 10가지!. 한국경제신문사, 309.

23) Alvin Toffler. (1990). Powershift. 이규행 옮김. (1991). 권력이동. 한국경제신문사, 366.

24) Faith Popcorn. (1991). The Popcorn Report. 조은정 역. (1995). 팝콘리포트. 21세기북스, 72.

25) Faith Popcorn. (1991). The Popcorn Report. 조은정 역. (1995). 팝콘리포트. 21세기북스, 72.

26) 이상주. (1997). 미래를 위한 한국교육. 교육과학사, 26.

27) 세계일보. 2008년 11월 29일자 25면. 이강은 기자.

28) John Nasbitt & Patricia Aburdence. (1990). Megatrends 2000. 김홍기 역. (1998). 메가트렌드 2000 : 1990년대 대변혁 10가지!. 한국경제신문사, 299.

29) 매일경제 1998년 2월 17일자 03면. 이경숙 숙명여대 총장.

30) 이미나. (2000). 정보사회에 뒤쳐진 학교. 김호권 외 엮음. (2000). 학교가 무너지면 미래는 없다. 교육과학사, 144-145.

31) 김신일. (2000). 허물어지는 학교조직. 김호권 외 엮음. 학교가 무너지면 미래는 없다. 교육과학사, 45.

32) 이미나. (2000). 정보사회에 뒤쳐진 학교. 김호권 외 엮음. 학교가 무너지면 미래는 없다. 교육과학사, 154-155.

33) 서울신문. 2005년 9월 7일자 05면. 장세훈 기자.

34) 동아일보. 2008년 6월 11일자 18면. 손택균 기자.

35) 김신일. (2000). 허물어지는 학교조직. 김호권 외 엮음. (2000). 학교가 무너지면 미래는 없다. 교육과학사, 51.

36) 매일경제. 1998년 2월 4일자.

37) 福岡伸一. (2008). 生物と無生物のあいだ. 김소연 옮김. 생물과 무생물 사이. (2008). 은행나무.

38) Carlson, R. O.. (1964). Environmental Constrains and Organizational

Consequences: The Public School and Its Clients. Behavioral Science and Educational Administration. *The Sixty-third Yearbook of the National Society for the Study of Education, Part Ⅱ*. Griffiths, D. F.(ed.). Chicago: University of Chicago Press.

39) 염철현. (2001). 공교육의 위기와 학교선택권의 확장. 교육학연구, 39(4), 141-154.

40) Clayton M. Christensen, et al.. (2004). Seeing What's Next?. 이진원 역. (2005). 미래기업의 조건. 비즈니스북스, 197.

41) 염철현. (2001). 공교육의 위기와 학교선택권의 확장. 교육학연구, 39(4), 141-154.

42) Jeremy Rifkin. (2000). The Age of Access. 이희재 옮김. (2002). 소유의 종말. 민음사.

43) Clayton M. Christensen et al.. (2004). Seeing What's Next?. 이진원 역. (2005). 미래기업의 조건. 비즈니스북스, 198.

44) 동아일보. 2006년 3월 28일자 35면. 토머스 프리드먼 뉴욕타임스 칼럼니스트.

45) Manno, B.V., Finn, C. E., Jr. & Vanourek, G. (2000). Educational Policy, 40(4). ; 염철현. (2001). 공교육의 위기와 학교선택권의 확장. 교육학연구, 39(4), 141-154. 재인용.

46) Green, R. (2000). U.S. Education: The Issue of "Choice", U.S. Society & Values. : 2001; 염철현. (2001). 공교육의 위기와 학교선택권의 확장. 교육학연구, 39(4), 141-154. 재인용.

47) 한겨레. 2006년 6월 20일자 8면. 이수범 기자.

48) 동아일보. 2008년 2월 13일자 10면. 런던 / 김기용 기자.

49) 국민일보. 2008년 1월 1일자 04면. 런던 / 이영미 기자.

50) 동아일보. 2008년 2월 13일자 10면. 런던 / 김기용 기자.

51) 동아일보. 2008년 2월 13일자 10면. 런던 / 김기용 기자.

52) 한겨레. 2008년 6월 10일자 16면. 이정애 기자.

53) 김태완. (2002). 미국의 "21세기 학교"에 관한 연구. 교육행정학연구, 20(1), 69-95.

54) 교육부 국제교육협력관실. (1996). 해외교육정보, 1996년 11월호.

55) Thomas L. Good et al.. (2000). *The Great School Debate: Choice, Vouchers, and Charters*. Lawrence Erlbaum Associates, Publishers.

56) 서울신문. 2006년 11월 27일자 15면. 임병선 기자.

57) McLeod. (2002). ; 교사와 학생간의 신뢰 수준과 학습태도 및 학업 성취도와의 관계. 영남대학교 교육대학원 석사학위논문, 10. 재인용.

58) 국민일보 2007년 2월 24일자 23면.

59) Alvin Toffler & Heidi Toffler. (1994). Revolutionary Wealth. 김중웅 옮김. (2006). 부의 미래. 청림출판, 446.

60) 서울신문. 2006년 11월 27일자 15면. 임병선 기자.

61) 국민일보. 2007년 2월 24일자 23면. 김지방 기자.

62) Alvin Toffler & Heidi Toffler. (2006). Revolutionary Wealth. 김중웅 옮김. (2006). 부의 미래. 청림출판, 354-355.

63) Tom Peter. (1982). In Search of Excellence. 이동현 옮김. (2005). 초우량기업의 조건. 더난출판사.

64) Peter F. Drucker. (2000). The Essential Drucker Vols. Ⅰ-Ⅲ. 이재규 역. (2001). 프로페셔널의 조건. 청림출판, 71.

65) 서울신문. 2007년 3월 1일자 30면. 정용덕 정부업무평가위원장·한국행정연구원장.

66) 김신일. (2000). 허물어지는 학교조직. 김호권 외 엮음. (2000). 학교가 무너지면 미래는 없다. 교육과학사, 51.

67) 권대봉 · 신현석. (2003). 한국 공교육의 새로운 구상과 전략. 집문당, 156-157.

68) 권대봉 · 신현석. (2003). 한국 공교육의 새로운 구상과 전략. 집문당, 159.

69) 국민일보. 2008년 1월 16일자 08면. 뉴욕 / 이동훈 특파원.

70) 매일경제. 2008년 7월 2일자. 한숭희 서울대 교수.

71) 김신일. (2000). 허물어지는 학교조직. 김호권 외 엮음. (2000). 학교가 무너지면 미래는 없다. 교육과학사, 51.

72) 매일경제. 1996년 6월 15일자 29면. (노사관계 개혁위 제1차 워크숍).

73) 김세기. (1984). 현대학교경영. 정민사.

74) 박내회. (1995). 관리자 개발을 통한 리더십 역량 향상 방안. 西江經營論叢 6집, 101-126.

75) 조석희 외. (2006). 학교책무성 강화를 위한 학교평가 체제 개발 연구. 한국교육개발원, 머리말.

76) 김영철. (2004). 학교예산회계제도 운영 성과 분석. 충남대학교 교육대학원 석사학위논문, 140.

77) 문화일보. 2008년 2월 19일자 31면. 이성호 중앙대 교수.

78) 권대봉 · 신현석. (2003). 한국 공교육의 새로운 구상과 전략. 집문당,

156-157.

79) 경향신문. 2007년 10월 15일자 10면. (출처 www.harvard.edu)

80) 매일경제. 1997년 10월 29일자 11면. 정인철 기자(정리).

81) 권대봉 · 신현석. (2003). 한국 공교육의 새로운 구상과 전략. 집문당, 152-153.

82) 문화일보. 2007년 11월 8일자 31면. 권대봉 고려대 교수.

83) 경향신문. 2008년 3월 5일자 29면. 송진식·오동근 기자(정리).

84) 권대봉 · 신현석. (2003). 한국 공교육의 새로운 구상과 전략. 집문당, 156-157.

85) Peter F. Drucker. (1998). Measuring Corporate Performance. 현대경제연구원 옮김. (2000). 성과측정. 21세기북스, 137.

86) 세계경영연구원 최미림 연구원(http://blog.daum.net/jilongyi/15710654)

87) 경향신문. 1998년 1월 27일자. 05면. 유석춘 연세대 교수.

88) 조석희 외. (2006). 학교책무성 강화를 위한 학교평가 체제 개발 연구. 한국교육개발원, 47.

89) Peter F. Drucker. (1998). Measuring Corporate Performance. 현대경제연구원 옮김. (2000). 성과측정. 21세기북스, 143-144.

■ 제5부 학습

1) 서울신문. 2008년 2월 26일자 30면. 권대봉 고려대 교수.

2) 박영숙. (2006). 미래예측-한국생존전략, 교육혁신위원회. 미래교육의 비전과 전략 모색을 위한 제6차 세미나 자료집.

3) 이종태 외. (2006). 미래사회의 변화와 대안적 교과 개념의 탐색. 한국교육과정평가원, 33.

4) 이종태 외. (2006). 미래사회의 변화와 대안적 교과 개념의 탐색. 한국교육과정평가원, 33.

5) David A. Garvin. (2000). Learning in Action: A Guide to Putting the Learning Organization to Work. 유영만 옮김. (2001). 살아있는 학습조직. 세종서적, 24.

6) 김홍태. (2001). 지식기반사회의 교육체제 패러다임 전환 연구. 한국교원대학교 대학원 박사학위논문, 256-257.

7) David A. Garvin. (2000). Learning in Action: A Guide to Putting the Learning Organization to Work. 유영만 옮김. (2001). 살아있는 학습조

직. 세종서적, 46.

8) 서울신문. 2008년 2월 26일자 30면. 권대봉 고려대 교수.

9) Patrick Whitaker. (1995). *Managing to learning*. Biddles Ltd, Guildford and King's Lynn, Ⅹ.

10) 김경희. (2004). 평생교육관점에서의 초등교사 전문성 고찰. 평생교육학연구, 10(3), 102.

11) 매일경제. 1997년 11월 13일자. 09면 김영태 기자.

12) Peter F. Drucker. (1993). Post-Capitalist Society. 이재규 역. 자본주의 이후의 사회. 한국경제신문사, 22-23.

13) Alvin Toffler. (1999). Future Shock. 이규행 감역. (2007). 미래쇼크. 한국경제신문사 한경BP.

14) 이상주. (1997). 미래를 위한 한국교육. 교육과학사, 13.

15) Margaret Mead. (1970). Culture and Commitment; 이상주. (1997). 미래를 위한 한국교육. 교육과학사, 13 재인용.

16) 이종태 외. (2006). 미래사회의 변화와 대안적 교과 개념의 탐색. 한국교육과정평가원, 40-41.

17) Peter F. Drucker. (1993). Post-Capitalist Society. 이재규 역. 자본주의 이후의 사회. 한국경제신문사, 295.

18) Robert-Bernstein & Michele Root-Bernstein. (1999). Spark of Genius. 박종성 옮김. (2007). 생각의 탄생. 에코의 서재, 36-43.

19) Robert-Bernstein & Michele Root-Bernstein. (1999). Spark of Genius. 박종성 옮김. (2007). 생각의 탄생. 에코의 서재, 42-43.

20) Stan Davis & Jim Botkin. (1994). The Coming of Knowledge-Based Business. *Harvard Business Review, Sept-Oct. 1994.*

21) Robert-Bernstein & Michele Root-Bernstein. (1999). Spark of Genius. 박종성 옮김. (2007). 생각의 탄생. 에코의 서재, 38.

22) 박수연. (2001). 미래의 학교지도자가 가져야 할 가치관. 교육행정학연구, 19(4), 400-401.

23) 아산사회복지재단 편. (2003). 교육경쟁력, 어떻게 높일 것인가?. 아산사회복지재단, 170.

24) 김홍태. (2001). 지식기반사회의 교육체제 패러다임 전환 연구. 한국교원대학교 대학원 박사학위논문.

25) 허창범. (1996). 절차적 지식과 선언적 지식에 관한 연구. 대불대학교논문집, 제2집, 115-118.

26) 허창범. (1996). 절차적 지식과 선언적 지식에 관한 연구. 대불대학교논문집, 제2집, 115-118.

27) 이미나. (2000). 정보사회에 뒤쳐진 학교. 김호권 외 엮음. (2000). 학교가 무너지면 미래는 없다. 교육과학사, 145-146.

28) 이미나. (2000). 정보사회에 뒤쳐진 학교. 김호권 외 엮음. (2000). 학교가 무너지면 미래는 없다. 교육과학사, 145-146.

29) 서울신문. 2007년 11월 6일자 16면. 김미라 기자.

30) 이종태 외. (2006). 미래사회의 변화와 대안적 교과 개념의 탐색. 한국교육과정평가원, 39.

31) 아산사회복지재단 편. (2003). 교육경쟁력, 어떻게 높일 것인가?. 아산사회복지재단, 171.

32) 이미나. (2000). 정보사회에 뒤쳐진 학교. 김호권 외 엮음. (2000). 학교가 무너지면 미래는 없다. 교육과학사, 145-146.

33) John D. Bransford et al.. (1987). The Ideal Problem Solver. 김언주 옮김. (1993). 사고기능의 교육. 문음사.

34) Brown, Collins and Duguid. (1989). 박수연. (2001). 미래의 학교지도자가 가져야 할 가치관. 교육행정학연구, 19(4), 400-401. 재인용.

35) 이종태 외. (2006). 미래사회의 변화와 대안적 교과 개념의 탐색. 한국교육과정평가원, 40-41.

36) 한겨레. 2008년 5월 19일자 M04면. [이로미의 진로교육 나침반].

37) 한국일보. 2008년 12월 24일자 33면. 김진각 기자.

38) 박선하. (2007). u-러닝에서 학생 중심의 교수 방법 실현 방안. 신라대 교육대학원 석사학위논문.

39) Perelman, L. J.. (1992). School's out : Hyperlearning, the new technology, and the end of education. William Morrow. ; 김희수. (2006). 유비쿼터스로 그려지는 미래교육에 대한 토론. 2006년도 u-러닝 포럼 자료집, 65-66. 재인용.

40) Hiltz, S. R.. (1994) ; 김희수. (2006). 유비쿼터스로 그려지는 미래교육에 대한 토론. 2006년도 u-러닝 포럼 자료집, 65-66 재인용.

41) 박선하. (2007). u-러닝에서 학생 중심의 교수 방법 실현 방안. 신라대 교육대학원 석사학위논문.

42) 이종태 외. (2006). 미래사회의 변화와 대안적 교과 개념의 탐색. 한국교육과정평가원, 40-41.

43) 박선하. (2007). u-러닝에서 학생 중심의 교수 방법 실현 방안. 신라대 교육대학원 석사학위논문.

44) 유영만. (2000). 죽은 기업교육 살아있는 디지털 학습. 한 · 언, 230.

45) Rosie Jones et al.. (2007). InfoSkills Training for Independent Learning. *Learning and Teaching, 5*(1), 4-8.

46) ALA, (1989). *Presidential Committee on Information Literacy: final report. Chicago*. American Library Association.

47) ALA, (1989). *Presidential Committee on Information Literacy: final report. Chicago*. American Library Association.

48) 김성은. (2006). 대학생의 정보활용능력 교육과정 모형 개발에 관한 연구. 상명대학교 대학원 박사학위논문, 13.

49) 김성은. (2006). 대학생의 정보활용능력 교육과정 모형 개발에 관한 연구. 상명대학교 대학원 박사학위논문, 43.

50) 이희정. (2008). 고등학교 정보통신윤리교육 현황 분석 및 지도 방법 개선에 대한 연구. 숙명여자대학교 대학원 석사학위논문, 45.

51) 이희정. (2008). 고등학교 정보통신윤리교육 현황 분석 및 지도 방법 개선에 대한 연구. 숙명여자대학교 대학원 석사학위논문, 20-22.

52) 전점영. (1992). 비판적 읽기 지도에 관한 연구. 전남대 대학원 석사학위논문.

53) 박상준. (2006). 비판적 사고와 문답식 수업. 한국학술정보, 26.

54) 한겨레. 2005년 9월 5일자 27면. 박창섭 기자.

55) 동아일보. 2008년 10월 14일자 57면. 이혜진 기자.

56) Felker. D. W.. (2004). Building Positive Self-concept. 김기정 역. (2004). 긍정적 자아개념. 문음사.

57) 조민희. (2004). 자기주도적 학습을 위한 웹기반 수준별 교수-학습시스템 설계 및 구현. 연세대학교 대학원 석사학위논문, 8-10.

58) 황미자. (2005). 웹기반 프로젝트 학습이 초등학생의 자기주도학습 능력에 미치는 영향. 순천대학교 교육대학원 석사학위논문.

59) Chris Anderson. (2006). The long tail. 이노무브그룹 외 옮김. (2006). 롱테일경제학. 랜덤하우스, 90.

60) 노지영. (2007). 웹 기반 문제중심학습 프로그램의 개발 및 효과 연구. 서강대학교 교육대학원 석사학위논문, 17.

61) 박순영. (2007). e-러닝을 통한 협동학습이 수학의 정의적 특성 및 학업성취에 미치는 효과. 경상대학교 교육대학원 석사학위논문, 51.

62) Keith Sawyer. (2007). Group Genius. 이호준 옮김. (2008). 그룹 지니어스. 북섬.

63) Don Tapscott & Anthony D. Williams. (2006). WIKINOMICS. 윤미나 옮김. (2007). 위키노믹스. 21세기북스.

64) Greg Kearsley. (2000). *Online Education: learning and teaching in cyber space*. Belmont, CA: Wadsworth/Thomson Learning.

65) 최원주. (2004). 자원기반 학습환경에서 학습자의 메타인지 수준과 교수자의 촉진전략이 학업성취도에 미치는 영향. 숙명여자대학교 대학원 석사학위논문, 43.

66) 정혜선. (2007). 강사, 퍼실리테이터로 거듭나라!. (주)시그마프레스.

67) Peter F. Drucker. (1989). The new realities : in government and politics and business, in society and world view. 김용국 역. (1990). 새로운 현실. 시사영어사.

68) Peter F. Drucker. (2000). The Essential Drucker Vols. Ⅰ-Ⅲ. 이재규 역. (2001). 프로페셔널의 조건. 청림출판, 13-18.

69) Alvin Toffler. (1990). Powershift. 이규행 옮김. (1991). 권력이동. 한국경제신문사, 72.

70) Ed Michaels. et al.. (2001). The War for Talent. 최동석 · 김성수 역. (2007). 인재전쟁. 세종서적, 34-35.

71) Tsang, E. W. K.. (1997). Organizational Learning and the learning Organization: A Dictionary between Descriptive and Prescriptive Research. *Human Relations, 50*(1).

72) 주삼환. (2005). 질의 교육과 교육행정. 한국학술정보, 187-189.

73) Roger L. Martin. (2007). The Opposable Mind: Harnessing the Power of Integrative Thinking. 김정혜 옮김. (2008). 생각이 차이를 만든다. (주)지식노마드, 122.

74) 강경석 · 이봉우. (1998). 학교조직의 전문화 · 조직구조특성 · 조직효과성간의 인과관계. 교육행정학연구, 16(3), 127-128.

75) Alvin Toffler. (1990). Powershift. 이규행 옮김. (1991). 권력이동. 한국경제신문사, 72.

76) Tom Peters. (2005). Tom Peters Essentials: Talent. 정성묵 옮김. (2006). 톰 피터스 에센셜 : 인재. (주)북이십일.

77) Ed Michaels. et al.. (2001). The War for Talent. 최동석 · 김성수 역. (2007). 인재전쟁. 세종서적, 40.

78) Ed Michaels. et al.. (2001). The War for Talent. 최동석 · 김성수 역. (2007). 인재전쟁. 세종서적, 121-122.

79) Peter F. Drucker. (2000). The Essential Drucker Vols. Ⅰ-Ⅲ. 이재규 역. (2001). 프로페셔널의 조건. 청림출판, 13-18.

80) 권대봉 · 신현석. (2003). 한국 공교육의 새로운 구상과 전략. 집문당, 209.

81) 권대봉 · 신현석. (2003). 한국 공교육의 새로운 구상과 전략. 집문당, 209.

82) 김홍태. (2001). 지식기반사회의 교육체제 패러다임 전환 연구. 한국교원대학교 대학원 박사학위논문, 257-258.

83) 매일경제. 1997년 4월 14일자 08면. 김상국 경희대 교수.

84) 한겨레. 2006년 6월 30일자 21면. 윤영미 기자.

85) 경향신문. 2008월 11월 28일자 19면. 임현주 기자.

86) 한겨레. 2008년 11월 13일자 31면. 나라 요코하마 / 이정훈 기자.

87) 동아일보. 2007년 10월 20일자 10면. 워싱턴 / 이기홍 특파원.

88) 안승열. (2000). 지식기반사회에 대비한 학교체제 재구조화에 관한 연구. 한국교원대학교 대학원 박사학위논문, 71-72.

89) 김기홍. (2000). 직업교육에서 교사의 전문성과 자질에 관한 연구. 한국교육학연구, 5(1).

90) 안승열. (2000). 지식기반사회에 대비한 학교체제 재구조화에 관한 연구. 한국교원대학교 대학원 박사학위논문, 95.

91) 김경희. (2004). 평생교육관점에서의 초등교사 전문성 고찰. 평생교육학연구, 10(3), 102.

92) 김기홍. (2000). 직업교육에서 교사의 전문성과 자질에 관한 연구. 한국교육학연구, 5(1).

93) 최창현. (2006). 복잡계로 바라본 조직관리. 삼성경제연구소.

94) 신재흡. (2002). 교사가 지각한 학교장의 변혁적 지도성과 학교 조직 문화 및 학교 조직효과성 간의 관계 연구. 교육행정학 연구. 20(3), 91-115.

95) Bruce J. Avolio & Bernard M. Bass. (1993). ; 김화자(2001). 학교장의 변형적 지도성과 교사활력화 및 학교효과성간의 관계. 전북대학교 대학원 박사학위논문, 14. 재인용.

96) 한홍진. (2006). 실업계고등학교 조직 효과성과 관련 변인간의 인과적 모형. 서울대학교 대학원 박사학위논문.

97) Harvir S. Bansal et al.. (2001). The Impact of Internal Marketing Activities on External Marketing Outcomes. *Journal of Quality Management, Vol 6*, 61-76.

98) Bass & Avolio. (1993). ; 김화자(2001). 학교장의 변형적 지도성과 교사활력화 및 학교효과성간의 관계. 전북대학교 대학원 박사학위논문, 14. 재인용.

99) 김기홍. (2000). 직업교육에서 교사의 전문성과 자질에 관한 연구. 한국교육학연구, 5(1).

100) 한국교원단체총연합회. (1997). 학교기능 활성화를 위한 교원 직무체계 정립 연구.

101) 김기홍. (2000). 직업교육에서 교사의 전문성과 자질에 관한 연구. 한국교육학연구, 5(1).

102) 내일신문. 2006년 2월 16일자 15면. 구본홍 기자.

103) 장승권 외. (1996). 학습조직과 경영혁신-학습조직의 이론과 실제. 삼성경제연구소 편, 369-396.

104) 매일경제. 1996년 12월 9일 08면. 워너 케텔휜 IMD교수.

105) Peter F. Drucker. (2000). The Essential Drucker Vols. Ⅰ-Ⅲ. 이재규 역. (2001). 프로페셔널의 조건. 청림출판, 67.

106) Slater, S. & Narver, J. C.. (1995). Market Orientation and the Learning Organization. *Journal of Marketing, 59*(Jul.), 63-74.

107) Peter F. Drucker. (2000). The Essential Drucker Vols. Ⅰ-Ⅲ. 이재규 역. (2001). 프로페셔널의 조건. 청림출판, 67.

108) 내일신문. 2006년 2월 16일자 15면. 구본홍 기자.

109) 동아일보. 2008년 3월 29일자 44면. (하버드비즈니스리뷰 HBR 3월호 데이비드 가빈 하버드 경영대학원 교수의 논문 요약).

110) David A. Garvin. (2000). Learning in Action: A Guide to Putting the Learning Organization to Work. 유영만 옮김. (2001). 살아있는 학습조직. 세종서적, 258.

111) 동아일보. 2008년 3월 29일자 44면. (하버드비즈니스리뷰 HBR 3월호 데이비드 가빈 하버드 경영대학원 교수의 논문 요약).

112) 박수연. (2001). 미래의 학교지도자가 가져야 할 가치관. 교육행정학연구, 19(4), 393-416.

113) David A. Garvin. (2000). Learning in Action: A Guide to Putting the Learning Organization to Work. 유영만 옮김. (2001). 살아있는 학습조직. 세종서적, 71.

114) Peter F. Drucker. (1990). Managing the Non-Profit Organization Practice and Principles. 현영하 역. (1995). 비영리단체의 경영. 한국경제신문사, 281-282.

115) Michael Marquardt & Angus Reynolds. (1994). The Global Learning Organization. 송경근 역. (1994). 글로벌 학습조직. 한국언론자료간행회.

116) 매일경제. 1997년 3월 15일자 08면. 찰리 라만치아 아서디리틀 사장.

117) 한겨레. 2008년 4월 21일자 21면. 이재명 기자.

118) Calhoun W. Wick, & Lu Stanton Leon. (1995). The Learning Edge. 김종철 옮김. (1995). 학습조직. 21세기북스, 46.

| 저자소개 |

한 홍 진 학교 혁신 전문가

경영학과 교육학을 접목시켜 학교 조직 성과를 극대화시키는 데 관심과 노력을 기울이고 있다. 특히 글로벌 트렌드를 학교 조직에 어떻게 적용시킬 수 있는 지를 집중 연구하고 있다.

성균관대 경영학부에서 공부한 뒤 삼성전관 해외영업(본)에서 근무했다. 서울대에서 교육학 석사 학위와 박사 학위를 받았다. 서울대, 아주대, 한국외대 교육대학원에서 시간강사를 하면서 교수능력 신장과 관련된 강의를 했다. 서울대 농생대 교육연수원, 아주대 교육연수원 등에서 직무연수 강의를 하기도 했다. 최근에는 다수 학교의 학교 성과 개선을 위한 컨설팅을 수행해오고 있다.

현재 안산여자정보고교에 재직 중이며, 한국직업교육전문가포럼(KVEEF) 공동대표, 한국상업교육학회 상임이사로 활동하고 있다.

저서로 『산업교육실습의 이해와 실제』(2003, 교육과학사, 공저)가 있다. 논문으로는 「기업교육훈련 성과의 영향변인에 관한 연구」, 「상업계 고등학교 학교효과성 측정 도구 개발」, 「상고 교장의 변혁적 리더십이 조직 효과성에 미치는 영향과 학습조직화의 조절효과」, 「실업계고등학교 조직 효과성과 관련 변인의 인과적 모형」, 「무역학 교육 서비스 품질 측정 도구 개발」 외 다수가 있다(e-mail : creamjob@hanmail.net).

인 지

미래 학교의 5가지 기반

초 판 1쇄 발행——2009년 4월 25일
초 판 2쇄 발행——2010년 2월 25일
초 판 3쇄 발행——2010년 9월 15일
지은이——한 홍 진
펴낸이——전 두 표
펴낸데——도서출판 **두남**
서울시 강동구 성내 1동 455-12 두남빌딩
신고 : 제25100-1988-9호
(구 제2-624호, 1988. 7. 21)
TEL : (02) 478-2065~7, 478-2311
FAX : (02) 478-2068
E-mail : dunam1@unitel.co.kr
http://www.dunam.co.kr

정가 16,000 원

ISBN 978-89-8404-577-4 03370